사랑의 8가지 법칙

8 RULES OF LOVE

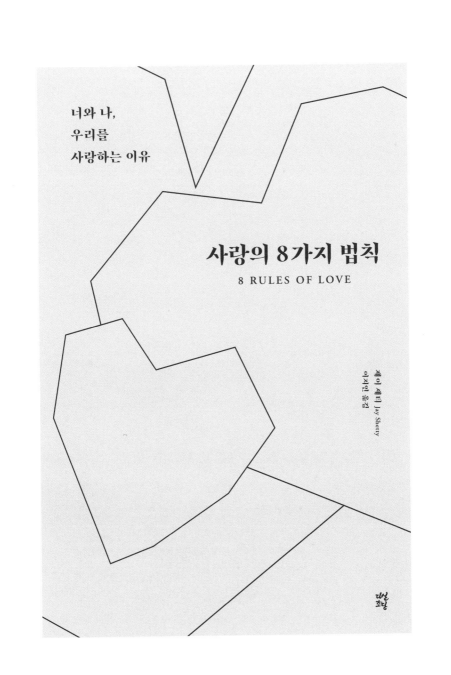

너와 나,
우리를
사랑하는 이유

사랑의 8가지 법칙
8 RULES OF LOVE

제이 셰티 Jay Shetty
이지연 옮김

다산
초당

끝없이 사랑하는 법을 가르쳐주신
어머니,

무조건적으로 사랑하는 법을 알려준
여동생,

실제로 사랑하는 법을 깨우쳐 준
아내에게 바칩니다.

사랑은 매일 조금씩
완성해 가는 행복이다

어느 날 제자가 스승에게 물었다. "좋아하는 것과 사랑하는 것의 차이가 무엇입니까?" 스승이 답했다. "꽃을 좋아하면 꺾게 되지. 하지만 꽃을 사랑하면 매일 물을 준다네."[1] 자주 인용되는 이 이야기는 사랑에 관해 내가 가장 좋아하는 개념을 잘 설명해 준다.

우리는 아름다운 것에 끌리고 그것을 갈망하며 소유하고 싶어 한다. 그래서 꽃을 꺾어 곁에 두고 즐긴다. 그러나 꺾인 꽃처럼 끌림은 결국 시들고, 시든 꽃은 버려지고 만다. 끌림이 발전해 사랑이 되려면 정성 어린 돌봄이 필요하다. 살아 있는 꽃을 보고 싶다면 잘라서 꽃병에 꽂아서는 안 된다. 질 좋은 토양에 심고 물을 주고 해를 보게 해주어야 한다. 그렇게 긴 세월 돌보며 시들지 않도록 최선을 다했을 때에만 꽃의 아름다움을 온전히 느낄 수 있다. 그 싱그러움과 빛깔, 향기, 활짝 핀 꽃송이를 보고 느낄 수 있다. 꽃잎 한 장 한 장이 자세히 보이게 된다. 계절에 따라 꽃이 변해가는 것도 지켜볼 수 있다. 그러다 새싹이 돋으면 어느 때보다 기쁘고 뿌듯하다. 꽃이 피면 짜릿함마저 느껴진다.

사랑도 마찬가지다. 사랑이 시들지 않게 하는 유일한 방법은 꾸준히 돌보고 관심을 기울이는 것뿐이다. 매일 노력해야 한다. 나는 이 책을 통해 여러분에게 사랑의 습관을 기르는 법을 알려주고 싶다. 그래서 지금부터 계절이 바뀌어도 늘 새로운 기쁨을 가져다주는 사랑을 할 수 있도록 여러 가지 실천 방법과 마음가짐을 소개할 것이다.

◆ 좋아하는 것과 사랑하는 것의 차이

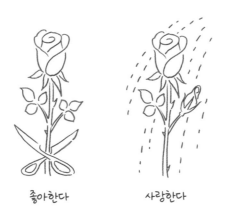

좋아한다   사랑한다

사람들은 흔히 살면서 추구할 수 있는 가장 위대한 일이 바로 '사랑하고 사랑받는 일'이라고 말한다. 그래서 많은 사람이 사랑의 가치를 믿는다. 사랑 이야기에 끌리고 나만의 사랑 이야기를 쓰고 싶어 하며 진정한 사랑을 바란다. 그게 바로 사람의 본능이다. 그러나 잘려서 꽃병에 꽂혀 빛을 잃고 시드는 게 어떤 것인지 아는 사람도 많다. 스스로 그런 꽃이 된 기분을 느껴보았을 수도, 과거에 몇 송이 꽃을 꺾었다가 내다버린 경험이 있을 수도 있다.

또는 아직 사랑을 찾지 못해 찾아다니고 있을 수도 있다. 사랑 때문에 실망하는 경우는 다양하다. 사랑에 빠졌다고 믿었는데 '오해였구나' 할 수도 있다. 사랑이라 생각했는데 욕정임을 깨달을 수도 있다. 사랑이라 확신했는데 거짓이었음이 드러날 수도 있다. 오래오래 지속될 줄 알았는데 빛이 바래는 걸 지켜볼 수도 있다. 사랑을 약속하기가 두려울 수도, 당신이 선택한 사람이 약속을 두려워하는 사람일 수도 있다. 너무 높은 기준을 세워놓고 사람들에게 다가올 기회를 주지 않을 수도 있다. 헤어진 사람이 아직 마음에 남아 있을 수도 있고, 그냥 계속 운이 없었던 것일 수도 있다.

나는 당신이 거짓된 약속에 홀딱 넘어가지 않기를 바라고, 만족하지 않는 사람에게 빠지는 일이 없기를 바란다. 패배감이나 절망감을 느끼거나 가슴이 찢어지는 일이 생기지 않았으면 한다. 그저 당신이 늘 이 세상에 존재하기를 바랐던 그 광대한 사랑을 경험하길 바란다.

수없이 많은 사랑 중에서 나만의 것을 찾다

연인 간의 사랑은 익숙한 동시에 복잡하다. 시대와 문화를 초월해 무수히 많은 방식으로 목격되고 묘사된 것이 연인 간의 사랑이다. 하버드대학교 인간 성장 프로그램Human Flourishing Program에서 강의하는 심리학자 팀 로머스Tim Lomas는 약 50개의 언어에서 사랑을 표현하는 단어들을 분석한 뒤 사랑에는 열네 가지의 유형이 있다고 발표했다.[2]

한편 고대 그리스인들은 기본적으로 일곱 가지 유형의 사랑이 있다고 했다.[3] '에로스Eros'는 성적性的이고 열정적인 사랑이고, '필리아Philia'는 우정이다. '스토르게Storge'는 가족 간의 사랑, '아가페Agape'는 보편적 사랑이며, '루두스Ludus'는 가볍고 구속 없는 사랑이다. '프라그마Pragma'는 의무나 이해관계에 기초한 사랑, '필라우티아Philautia'는 자기애自己愛다.

500년 전에서 3000년 전까지의 중국 문헌을 분석한 글에는 열정적이고 집착하는 사랑에서부터 헌신적 사랑, 가벼운 사랑에 이르기까지 수많은 형태의 사랑이 등장한다.[4] 인도의 타밀족이 사용하는 타밀어에는 종류와 뉘앙스에 따라 사랑을 다르게 표현하는 말이 50가지가 넘는다.[5] 그중에는 '은총으로서의 사랑', '만족스러운 관계에서 느끼는 사랑'뿐만 아니라 '사랑의 감정으로 애간장이 녹는다'는 표현도 있다. 일본어에서 '코이노 요칸恋の予感〔사랑의 예감〕'이란 새로운 사람을 만났는데 그 사람과 사랑에 빠질 것 같은

운명을 느낀다는 뜻이고[6] '고쿠하쿠告白〔고백〕'란 너만을 사랑하겠다고 선언한다는 뜻이다.[7] 인도 북동부에서 사용되는 보도어 단어인 '온스라onsra'는 관계가 빛바랠 것임을 안다는 뜻이다.[8]

영어권 문화에도 사랑을 묘사하는 표현이 수없이 많다. '빌보드 역대 사랑 노래 50위Billboard Top 50 Love Songs of All Time'를 보자.[9] 티나 터너Tina Turner는 사랑을 '전해 들은 감정secondhand emotion'이라고 말한다. 그룹 오하이오 플레이어스Ohio Players는 '롤러코스터'라 하고, 다이애나 로스Diana Ross는 '숙취hangover'라고 말한다. 퀸Queen은 '조그마한 미친 것crazy little thing', 비욘세는Beyoncé는 '나를 완전히 미친 사람처럼 보이게 하는 것looking so crazy right now'이라고 표현한다. 심지어 리오나 루이스Leona Lewis는 '피 흘리듯 사랑을 계속 쏟아내고 있다bleeding love'고 한다.

이처럼 사람마다 사랑을 보는 관점도, 사랑을 묘사하는 방식도 다르다. 나는 당신이 자신만의 사랑을 정의하고, 그 사랑을 매일 실천하고 누리는 데 이 책이 도움이 되기를 바란다.

수천 년 전 고대 경전에서 찾은 사랑의 의미

스물한 살 때 나는 대학 졸업식을 건너뛰고 뭄바이 근처 어느 마을의 아슈람ashram(인도의 수도원)에 들어갔다. 그곳에서 힌두교 승려로 3년을 보내며 다른 승려들과 함께 명상을 하고 고대 경전을 공부하며 자원봉사를 했다. 당시 공부했던 힌두교 경전 중에 가장 오래된 것이 바로 『베다Veda』이다. 5000년도 더 전에 야자수 이파리에 산스크리트어로 쓴 것으로 현재 야자수 이파리들은 대부분 존재하지 않지만 내용은 살아남았고 일부는 온라인에서도 볼 수 있다. 아직까지도 『베다』가 살아남아 현대인들에게 의미를 가질 수 있다는 사실에 나는 늘 경이로움을 느낀다.

나는 16년째 『베다』를 연구하고 있다. 수도자로 살았던 3년간은 깊이 있게 연구했다. 실용적이면서도 이해하기 쉬운 지혜가 『베다』에 숨어 있다는 사실을 알게 된 나는 팟캐스트와 책 그리고 영상으로 그 지혜를 전 세계인들과 공유하기 시작했다. 현재는 개인이나 연인들을 코칭하거나 나와 같은 일을 해줄 코치들을 양성하는 일에 주력하고 있다. 그동안 내가 자격증을 발급한 코치만 해도 2000명이 넘는다. 이들은 모두 내가 『베다』에 나오는 원칙들에 뿌리를 두고 개발한 커리큘럼을 사용한다.

이 책도 마찬가지로 『베다』의 지혜를 토대로 구성했다. 내가 『베다』에 의지했던 이유는 이 고대 경전이 그동안 내가 듣도 보도 못한 방식으로 사랑을 설명했기 때문이다. 오래된 렌즈가 새로운 시각을 제공한 셈이다. 특히 『베다』는 나에게 사랑의 기본 개념을 새롭게 알려주었다. 사랑에도 단계가 있고, 사랑은 그 자체가 하나의 과정이며 누구나 사랑하고 싶어 하고 또 사랑받고 싶어 한다는 사실 말이다. 사랑을 하고 있거나 새롭게 시작하거나 끝내고 있는 사람들을 코칭하면서 보니 이 기본 개념이 현실 상황에도 딱딱 맞아 들어가는 것을 알 수 있었다.

팟캐스트나 영상에 달리는 댓글을 보면서는 사랑하는 사이에서 생기는 갈등이나 어려움은 똑같은 패턴으로 반복된다는 사실을 알 수 있었다. 그때까지 내담자들과 상담하면서 『베다』의 개념들을 활용해 성공적으로 설명할 수 있었던 바로 그런 문제들이었다. 이 책을 쓴 것도 누구나 이 개념들을 접하고 사랑하는 사람들과 함께 이야기를 나눌 수 있기를 바랐기 때문이다.

나는 이 책에 『베다』의 지침뿐만 아니라 상담한 이들에게서 효과를 봤던 방법, 직접 겪으며 얻은 깨달음, 인도에서 머물며 동료들과 함께 배운 내용을 담고자 노력했다. 현대의 과학과 고대의 지혜가 접점을 이룰 수 있다는 사실에 기쁨을 느낀다. 이 책의 내용들은 현대와 고대, 양쪽 모두에 근거를 둔다. 물론 『베다』의 메시지들을 그동안 한 번도 시도된 적 없는 새로운 방식으로, 새로운 목적에 사용할 테지만 말이다. 바로 이 영적인 개념들을 세속적인 연인 관계에 적용해 볼 것이다.

사랑은 운명처럼 다가오지 않는다

주변을 둘러보라. 사랑을 찾아다니는 사람도 있고 아찔한 사랑에 빠져 미래에 대한 기대로 가득한 사람도 있다. 연락을 끊거나 한쪽이 잠수를 탄 연인도, 서로를 공들여 유혹 중인 연인도 있다.

함께하지만 사실은 서로 사랑하지 않는 연인들도 있다. 도대체 어떻게 해야 '정상적인' 관계가 될 수 있는지 알지 못해 헤어지는 사람들도 있다. 물론 서로를 사랑하면서 만족하는 사람들도 있다. 이처럼 사랑은 주위에 가득하지만 우리를 앉혀놓고 어떻게 사랑해야 하는지 가르쳐주는 사람은 없다. 친구한테서도, 가족한테서도 사랑하는 '방법'을 배우기는 어렵다. 아마 그들도 그때그때 임기응변으로 대처하고 있을 것이다.

누구나 사랑에 대해 한마디씩 한다. "사랑만 있으면 돼." "소울메이트soulmate는 만나는 순간에 바로 알아볼 수 있을 거야." "네가 그 사람을 바꾸면 돼." "사랑하는 사이는 서로 편해야 해." "성향이 반대인 사람들이 서로 끌려." 하지만 어느 조언을 따라야 할지, 따른다면 어디에서부터 시작해야 할지 알기는 어렵다. 우리가 제대로 사랑하지 못하는 것은 사랑을 주고받는 법을 교육받은 적이 없기 때문이다. 우리는 타인의 감정에 맞춰 내 감정을 조절하는 법도, 타인을 이해하는 법도 배운 적이 없다. 두 사람 모두 성장할 수 있는 관계를 만들고 키우는 방법 또한 마찬가지다.

사랑에 대한 조언들은 보통 '나에게 딱 맞는 사람'을 어떻게 찾아야 하는지에 머물러 있다. 왜냐하면 많은 이가 자신에게 완벽한 사람, 소울메이트, 운명의 그 사람이 세상 어딘가에 있다고 생각하기 때문이다. 데이팅 앱들도 이런 생각을 부추긴다. 물론 운명의 상대를 만나는 일이 정말로 일어난다면 더할 나위 없이 좋을 것이다. 하지만 모든 사람에게 그런 일이 일어나지는 않는다. 일어난다고 해도 완벽한 상태로 관계를 지속할 수 있는 건 아니다. 이 책이 특별한 이유는 "완벽한 사람이나 완벽한 관계를 찾아낸 다음 나머지는 운명에 맡기자"라고 말하지 않기 때문이다.

아직도 사랑이 온전한 형태로 당신을 찾아와 주기만을 바라며 기다리고 있는가? 나는 당신이 주체적으로 사랑을 키워나갈 수 있게 도와주고 싶다. 사랑으로 가는 긴 여정에서 마주칠 여러 어려움과 불완전함을 수월히 감당할 수 있게 도와주고 싶다. 당신이 이미 완성된 사랑이 아니라 매일 성장하고 확장하고 진화하는 사랑을 만들어내기를 바란다. 언제 어디에서 사랑을 찾을지는 알 수 없지만 사랑을 준비할 수는 있다. 그러면 마침내 사랑을 찾았을 때 그동안 배운 것들을 실천하며 더 성숙한 사랑을 해나갈 수 있게 될 것이다.

사랑을 배우는 네 개의 교실

『베다』는 삶에 네 가지 단계가 있다고 말한다.[10] 나는 이 네 단계를 사랑에 적용해 보고자 한다. 각 단계는 사랑의 법칙들을 공부하는 교실이라고 생각하면 된다. 여기서 사랑의 법칙을 잘 배워두면 나중에 사랑을 만났을 때 잘 알아볼 수 있고 그 사랑을 최대치까지 누릴 수 있다.

『베다』는 사랑을 천상의 것으로 묘사하지 않는다. 일련의 단계이자 경험으로 묘사한다. 그래서 순서가 명확하다. 한 단계에서 교훈을 다 배우면 다음 단계로 넘어간다. 교훈을 배우는 데 어려움이 있거나 어느 단계를 완수하지 못하고 다음으로 넘어갔다면 필요한 교훈으로 되돌아가게 된다. 삶은 우리를 그렇게 뒤로 물려놓을 것이다.

그 네 개의 교실이란 각각 '브라마차리아 아슈람Brahmacharya Ashram', '그리하스타 아슈람Grhastha Ashram', '바나프라스타 아슈람 Vanaprastha Ashram', '산야사 아슈람Sannyasa Ashram'이다.

사전에서 아슈람을 찾아보면 '은둔처hermitage'라는 해석이 나온다.[11] 이처럼 산스크리트어를 영어로 번역하면 흔히 의미의 일부가 사라져 버리곤 한다. 실제로는 더 깊은 의미가 있는데 말이다. 나는 개인적으로 아슈람을 '배움, 성장, 응원의 학교'라고 정의한다. 내가 승려로 생활했던 아슈람처럼 자기계발을 위한 안식처라고 말이다.

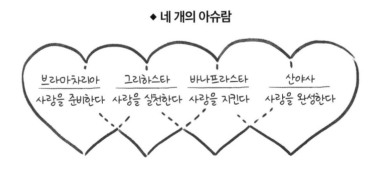

◆ 네 개의 아슈람

브라마차리아 — 사랑을 준비한다   그리하스타 — 사랑을 실천한다   바나프라스타 — 사랑을 지킨다   산야사 — 사랑을 완성한다

우리는 삶의 각 단계마다 무언가를 배우게 되어 있다. 사랑도 마찬가지다. 아슈람마다 도달할 수 있는 사랑의 수준이 있다. 이제부터 각 아슈람의 특징을 하나씩 살펴보자.

브라마차리아 아슈람: 사랑을 준비한다

첫 번째 아슈람인 브라마차리아에서는 사랑을 준비한다. 자동차를 운전할 때 우리는 다짜고짜 차에 올라 시동부터 켜지는 않는다. 일단 안전한 장소에서 조작법과 주행 기술을 익히고 운전면허를 취득한다. 새 직장에 들어간다면 새로운 컴퓨터 프로그램을 배우거나 함께 일하게 될 사람들과 앞으로 맡을 업무에 대해 이야기를 나누거나 어떤 역량이 필요한지 검토하는 등의 준비를 한다. 사랑도 이처럼 준비가 필요하다.

사랑을 준비할 때는 '고독' 속에서 나를 사랑하는 법부터 배워야 한다. 혼자서 나를 이해하고 치유하고 돌보는 방법을 배워야 한다. 그럼으로써 연민과 공감, 인내심 같은 능력이 길러진다. 타인을 사랑하려면 이런 능력들이 반드시 필요하다. 또한 과거의 관계들도 점검할 것이다. 누군가를 만나 이전과 똑같은 실수를 저지르지 않고 앞으로 나아가기 위해서다.

그리하스타 아슈람: 사랑을 실천한다

두 번째 아슈람인 그리하스타에서는 나를 사랑하는 동시에 타인에게까지 사랑을 확장하는 법을 배운다. 이 단계에서는 나와는 다른 가치관과 기호를 가진 타인을 이해하고 인정하면서 그와 '공존'하는 방법을 모색한다.

우리는 사랑을 지나치게 단순화하는 경향이 있다. 사랑은 그냥 '화학 반응'(소위 '케미스트리chemistry')이고 잘 맞느냐 아니냐의 문제라고 생각한다. 물론 끌림을 느끼고 사랑에 빠지려면 처음에는 어떤 교감을 할 수 있는 포인트가 필요하다. 하지만 내가 정의하는 가장 깊은 사랑은 그 사람의 성격을 좋아하고 가치관을 진심으로 존중하며 그가 목표를 달성할 수 있도록 돕는, 장기적이고 헌신적인 관계다.

어쩌면 친구에게도 이런 감정을 느낄 수 있을지 모른다. 부디 그러길 바란다. 하지만 여기에서 이야기하는 관계는 누군가와 매일 얼굴을 보고 일상을 공유하며, 그런 상태를 계속해서 유지하는 관계다. 상대방이 아주 기쁠 때나 크게 실망했을 때나 늘 옆에 있어주면서 일상의 모든 따분함과 치열함을 함께하는 그런 관계 말이다.

그리하스타 아슈람에서는 사랑에 빠졌다는 사실을 알 수 있는 방법과 상대방과 함께 배우고 성장하는 방법, 관계를 망치지 않도록 우선순위를 정해가며 개인 시간과 공간을 운영하는 방법을 알아본다.

바나프라스타 아슈람: 사랑을 지킨다
세 번째 아슈람인 바나프라스타는 평화를 찾기 위해 방문하는

'치유'의 공간이다. 이별이나 사별 후 혹은 가정생활이 요구하는 관심의 정도가 줄어들 때 우리는 바나프라스타에 머문다. 그리하스타에서 타인에게 사랑을 주는 법을 배우고 실제로 많은 사랑을 나눠주고 난 뒤 바나프라스타에서 막간의 시간을 보내는 것이다. 바나프라스타에서는 타인을 사랑했던 경험을 되돌아보며 내 사랑의 능력을 가로막는 장해물이 있는지 찾아보고 용서와 치유에 힘쓴다. 또한 바나프라스타에서는 사랑을 지킬 수 있게 갈등을 해결하는 방법을 배운다. 그리고 언제 어떻게 헤어져야 하는지를 익히며 나 자신을 지키고 사랑할 수 있는 능력을 이어간다.

산야사 아슈람: 사랑을 완성한다

네 번째 아슈람인 산야사에서는 사랑의 완벽한 모습을 배운다. 사랑을 삶의 모든 순간과 모든 사람에게로 확장하는 때다. 이 단계가 되면 사랑에 경계가 없어지고 언제 어디서나 사랑을 경험할 수 있음을 깨닫게 된다. 사랑을 하고 또 하는 방법을 배운다. 살면서 이렇게 완벽한 '교감'의 상태에 도달할 수는 없을 것이다. 그러나 끊임없이 도달하려고 노력해야 할 완벽의 경지다.

이 책은 위 네 개의 아슈람을 순서대로 따라간다. 즉 사랑을 준비하고, 실천하고, 지키고, 완성하는 '사랑의 순환 주기'를 그대로 따른다. 사람들은 아슈람을 하나씩 지나면서도 각 단계가 알려주는 교훈을 배우지 못한다. 첫 번째 아슈람에서는 혼자 있는 것을 거부하며 그 시간이 주는 성장의 기회를 놓쳐버린다. 두 번째 아슈람에서는 누구를 만나든 겪게 마련인 어려움으로부터 교훈을 얻으려 하지 않는다. 세 번째 아슈람에서는 자신의 치유를 스스로 책임지려 하지 않는다. 네 번째 아슈람에서는 모든 사람을 사랑하는 일은 고려조차 해보지 않는다. 그게 가능하다는 사실을 모르기 때문이다.

성숙한 사랑을 위한 여덟 가지 법칙

하나의 아슈람에서 다음으로 넘어가기 위해 개발해야 할 자질들, 즉 배워야 할 법칙들을 추려보니 총 여덟 가지였다. 사랑을 준비하기 위한 두 가지 법칙과 사랑을 실천하기 위한 세 가지 법칙, 사랑을 지키기 위한 두 가지 법칙, 마지막으로 완전한 사랑에 이르는 한 가지 법칙이 그것이다. 이 여덟 가지 법칙은 시대와 공간을 초월한다. 그리고 이 법칙들은 누적된다. 하나 위에 다른 하나가 쌓인다. 이 법칙들을 순서대로 공부하면 더 좋겠지만 지금 몇 살이든, 만남이 어느 단계에 있든 도움이 될 것이다.

법칙 중에는 언뜻 이해가 가지 않는 것들도 있을 것이다. 나는 혼자 있는 시간이 바로 사랑의 시작이라고 이야기한다. 상대방의 목적보다 당신의 목적을 우선하라고 말하며 상대방은 곧 당신의 '구루guru'라고 설명한다. 이런 이야기들은 사랑에 대한 새로운 접근법이지만 사랑을 찾을 확률을 높여줄 것이다. 첫 데이트에서는 무엇을 유심히 봐야 하는지, 선호하는 '타입'이 있다면 어떻게 접근해야 하는지, 상대방에게 나의 어떤 면을 보여주어야 하는지 알 수 있을 것이다. "사랑해"라는 말을 하는 시기와 사랑을 '약속'하는 시기, 갈등을 해소하는 방법과 가정을 운영하는 방법, 마침내 관계를 끝내야 하는 때를 안내해 줄 것이다.

여덟 가지 법칙은 사랑에 대한 마음가짐을 바꿔준다. 당신이 지금 혼자든 곁에 누군가 있든 헤어지는 중이든 상관없이 말이다. 연인이 있더라도 혼자 시간을 의미 있게 보낼 수 있다. 그리고 현재 어떤 상황에 처해 있든 갈등에 접근하는 방식을 바꿔볼 수 있다. 이 법칙들은 살면서 마주하는 모든 상황에 적용할 수 있다. 그렇다고 해서 이 책이 상대방을 교묘히 조종하는 기술들을 모아놓은 책은 아니다. 나는 당신에게 처음 만난 사람의 환심을 살 수 있는 근사한 말을 알려주지는 않을 것이다. 상대방이 바라는 사람이 되는 법이나 그를 내가 원하는 사람으로 만드는 법을 알려주지도 않을 것이다.

우리는 모두 자기 자신의 기호와 성향을 인정해야 한다. 그래야 나에게 좋지 않은 영향을 미치는 사람들에게 시간을 낭비하지 않을 수 있다. 나를 '광고'하는 방법이 아니라 내 '가치관'을 보여주는 법을 배워야만 한다. 온갖 분노나 탐욕, 자존심, 자기 의심 그리고 혼란을 놓아주는 법도 익혀야 한다. 그래야 마음이 흐려지거나 사랑할 수 있는 능력이 저해되지 않는다. 그 과정에서 외로움

을 극복하고 지나친 기대를 놓아주며, 친밀감을 키우고 이별의 아
픔을 치유하는 여러 가지 방법도 배울 수 있을 것이다.

상대방을 이해한 채로 사랑하고 있는가

지금 내 배우자인 라디에게 청혼하기로 마음을 먹었을 때, 나
는 세상에서 가장 멋지고 로맨틱한 프러포즈를 준비하기 시작했
다. 먼저 친구에게 약혼반지에 대해 물어보고 클래식한 다이아몬
드 반지를 샀다. 그리고 2014년 어느 아름다운 봄날 라디에게 저녁
에 런던 브리지 근처에서 만나 템스강 변을 거닐자고 했다(당시 우
리는 런던에 살고 있었다). 나는 라디에게 근사한 곳에서 저녁 식사를
할 거라고 했다. 그래야 내가 계획한 저녁에 어울리는 옷을 입고
나올 듯했다.

그날 저녁 라디와 나는 런던에서도 가장 아름다운 풍경이 펼
쳐진 거리를 함께 지나고 있었다. 갑자기 한 남자가 나타나 라디
에게 커다란 꽃다발을 건넸다. 라디가 깜짝 놀라 꽃다발을 바라보
고 있을 때 어디선가 아카펠라 그룹이 튀어나와 꽃다발을 든 남자
와 함께 브루노 마스Bruno Mars의 〈메리 유Marry You〉를 부르기 시
작했다. 나는 한쪽 무릎을 꿇고 라디에게 프러포즈를 했다. 라디
도 울고 나도 울었다.

라디가 내 청혼을 받아준 뒤 비건 식사가 배달되었고 우리는

템스강 강둑에 미리 설치한 테이블에서 함께 식사를 했다. 라디는 그게 이벤트의 끝인 줄 알았다. 하지만 집으로 향하던 중 모퉁이를 하나 돌자 백마가 끄는 마차가 나타났다. 우리는 마차를 타고 도시를 가로지르며 런던의 주요 볼거리들을 빠짐없이 돌아다녔다. 라디는 "약혼했어요!"라고 소리를 질렀고 행인들은 우리를 보며 환호해 주었다.

마침내 우리는 이 기쁜 소식을 라디의 부모님께 전하러 갔다. 그런데 부모님 댁으로 가는 길에 라디의 얼굴에 붉은 반점이 나타나기 시작했다. 도착했을 때 그녀의 얼굴은 온통 두드러기로 뒤덮여 있었고 라디의 부모님이 뱉은 첫마디는 "축하해!"가 아니라 "얼굴이 왜 그러니?"였다. 라디에게 '말 알레르기'가 있다는 사실을 우리는 그날 처음 알았다.

처음에 나는 완벽한 프러포즈를 연출했다고 생각했다. 그런데 시간이 지나면서 이런 생각이 들었다. 내 아이디어는 모두 디즈니 영화나 SNS에 게시된 프러포즈 영상에서 그대로 가져온 것들이었다. 라디는 아카펠라 음악을 좋아한다. 하지만 요란법석을 좋아하는 성격은 아니다. 템스강을 특별히 좋아하지도, 런던을 가로질러 달리는 데 관심이 있지도 않다. 말 때문에 두드러기로 뒤덮이는 데이트를 꿈꾸었을 리도 없다. 심지어 다이아몬드는 라디가 좋아하는 보석도 아니었다.

라디가 정말로 관심 있어 하는 건 뭘까? 그녀는 음식을 좋아한다. 그렇지만 비건 식당에서 강둑까지 배달되는 동안 음식은 싸늘

하게 식어버렸다. 그 많은 계획을 세우며 나는 라디가 가장 좋아했을 법한 한 가지를 가장 덜 신경 썼고 결과는 최악이었다. 라디는 가족을 정말로 소중하게 생각한다. 내가 그 사실을 염두에 두었더라면 아카펠라 그룹이 아니라 그녀의 가족이 수풀 속에서 깜짝 튀어나오게 계획을 짤 수도 있었을 것이다. 그랬다면 라디는 정말로 좋아했을 것이다.

다행히 재미는 있었고 라디는 청혼을 받아주었으며 프러포즈에 대해 한마디 불평도 하지 않았다. 그렇지만 그 프러포즈는 나와 라디만의 개성이 드러난 이벤트는 아니었다. 나는 그때까지 줄곧 사람들이 과장된 낭만적인 태도로 사랑을 표현하는 모습을 보았다. 그러니 내 감정을 보여줄 수 있는 방법도 그것뿐이라고 생각했다. 하지만 라디의 얼굴을 뒤덮은 두드러기는 내가 뭐가 뭔지도 모르는 채 행동하고 있다고 슬며시 알려주었다. 나는 끊임없이 우리를 폭격하는 '동화 같은 사랑의 이미지'들을 떠올릴 게 아니라 내 앞에 있는 사람을 생각했어야 했다.

나는 그때까지 사랑은 이러저러한 공식을 따른다는 이야기를 듣고 살았다. 사실 우리 모두가 그렇다. 대부분의 사람은 사랑뿐만 아니라 어떤 문제에서든 무의식적으로 전통적인 경로를 따른다. 여전히 프러포즈는 대부분 남자가 한다. 웨딩 전문 사이트 더 노트The Knot에 따르면 프러포즈 이야기의 97퍼센트는 예비 신랑의 청혼기이며[12] 신부의 80퍼센트는 다이아몬드 약혼반지를 받는다.[13] 웨딩 잡지인 《브라이즈Brides》의 설문조사에 따르면 신부의

80퍼센트 이상이 흰색 드레스를 입고 여성의 76퍼센트 이상이 남편의 성姓을 따른다.[14] 미국에서는 여전히 핵가족이 가장 흔한 형태의 가족이다.[15] 두 세대 이상의 성인들이 한 지붕 아래에 사는 경우는 다섯 집 중 한 집밖에 되지 않는다. 1950년과 별 차이가 없다. 미국인의 72퍼센트는 어릴 때 살던 도시나 그 인근에 거주한다.[16] 그리고 개방적인 부부 관계를 '좋아한다'고 말하는 사람의 숫자는 늘었지만[17] 실제로 상호 합의하에 일부일처제가 아닌 관계를 맺는 경우는 4~5퍼센트 정도에 불과하다.[18]

내가 '프러포즈'라는 이름으로 라디 앞에 펼쳐 보였던 동화책 같은 사랑은 우리 둘의 관계를 지속시켜 줄 수 있는 사랑이 아니었다. 동화나 영화, 노래 그리고 신화는 하루하루 어떻게 사랑을 실천해야 하는지 알려주지 않는다. 매일 사랑을 실천하기 위해서는 서로에게 사랑이 어떤 의미인지를 알아내야 한다. 여기서 기억해야 할 점이 있다. 기존에 믿었던 사랑의 의미는 잊어야 한다. 완벽하지 못한 내 이야기를 당신에게 들려주는 이유는 그 때문이다. 나도 사랑에 대해 모든 걸 알고 있지는 않다. 그러나 라디는 나에게 사랑에 대한 많은 것을 가르쳐주었다. 나는 지금도 계속해서 라디와 함께 사랑을 배워나가고 있다.

이 책에서 공유하는 조언들은 나 역시도 '과거에 알았더라면 얼마나 좋았을까' 싶은 것들이다. 앞으로 열심히 실천해 갈 내용들이기도 하다. 사랑을 할 때 중요한 것은 완벽한 프러포즈나 관계를 만들어내는 게 아니다. 나 자신이나 내가 사랑하는 사람, 그리고 인생 자체에 내재한 이 불완전함을 헤쳐 나갈 방법을 배우는 것이다. 나는 이 책이 당신에게 바로 그런 도움을 주기를 바란다.

2부   너를 이해하며 사랑을 실천한다

공존

4부　내 곁의 모두를 아끼며 사랑을 완성한다

교감

1부
——

고독

나를 이해하며
사랑을 준비한다

첫 번째 아슈람인 브라마차리아에서는 사랑을 준비한다.

혼자 있는 법을 배우고 지난 관계들을 돌아보며

다음 사랑을 더욱 성숙하게 해낼 방법을 연구한다.

혼자서 가만히 나를 사랑하고 이해하며

내 고통을 치유하고 나를 돌보는 법을 배우는 브라마차리아에서는

힌두어로 '아트마 프레마^{atma prema}', 즉 자기애1를

경험하게 될 것이다.

홀로 지내며 나를 관찰하라

보여줄 수 있으면 좋으련만. 외로울 때,
어둠 속에 있을 때 당신이라는 존재가 얼마나 놀라운 빛을 내는지.[1]

– 하피즈(Hafiz)

세상에 외롭고 싶은 사람은 아무도 없다. 이 말에 동의하지 않는 사람은 없을 것이다. 사실 많은 사람들이 혼자가 되느니 차라리 행복하지 않은 관계라도 유지하는 쪽을 택한다. 인터넷을 켜 검색 엔진에 '앞으로 내가 한 번이라도will i ever'를 입력해 보라. 자동 완성 기능이 곧바로 '앞으로 내가 한 번이라도 사랑을 할 수 있을까will i ever find love'를 보여줄 것이다. 사람들이 자신의 미래에 대해 가장 자주 묻는 질문이기 때문이다.

◆ 사람들은 혼자가 되는 걸 두려워한다

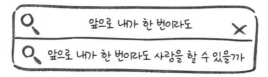

이 질문은 사람들의 불안을 단적으로 보여준다. 외로움을 겁내고 혼자 살아갈 자신이 없어 하는 모습 말이다. 그러나 바로 이런 불안감이 사랑을 찾는 데 방해가 된다. 토론토대학교 연구진은 조사를 통해 혼자가 되는 걸 두려워하는 사람은 만족스럽지 않은 관계에 안주할 가능성이 높아진다는 사실을 발견했다.[2] 이들은 연인 또는 배우자에게 의존할 가능성이 높았고 반대로 헤어질 가능성은 낮았다. 심지어 그 관계가 자신의 필요를 충족시키지 못하고 있을 때조차 말이다. 흔히 외로움을 치료하는 확실한 방법은 누군가를 만나는 것이라고 생각한다. '옆에 아무도 없으니 외로운 것 아닐까?' 그러나 외로움을 겁내면 둘 사이에서 좋은 결정을 내릴 수가 없다.

필라델피아에 거주하던 내담자 리오는 연인인 이슬라와 1년 가까이 만난 상태였다. 직장 때문에 갑자기 오스틴으로 이사를 가게 된 이슬라가 리오에게 말했다. "당신은 당신한테 최선인 선택을 해야 해. 분명히 밝혀두고 싶어. 나는 우리 사이가 앞으로 어떻게 될지 확신이 없어." 확신이 없기는 리오도 마찬가지였다. 그러나 그는 이슬라가 떠나고 한 달 후 그녀를 따라 오스틴으로 이사했다.

"친구들은 대부분 만나는 사람이 있었거든요. 이슬라가 없으니 저는 솔로나 마찬가지였어요. 외롭고 싶지 않더라고요. 그래서 이슬라 곁으로 가기로 한 거죠." 리오는 이사에 대해 차분히 생각해보지 않았다. '직장은 어떻게 해야 할까? 필라델피아에 남겨두고 가는 게 뭘까? 오스틴에 내가 아는 사람이 있나? 나는 오스틴을 좋아했었나? 이렇게 이사하는 게 이슬라와의 관계에 도움이 될까?' 리오는 그저 외로움을 피하기에 급급했다. 결국 어떻게 됐을까? 리오가 이사를 하고 고작 한 달 만에 이슬라는 이별을 통보했다. 외로움을 피하기 위해 살던 곳을 떠난 리오는 이제 아는 사람 한 명 없는 곳에서 원격 근무를 하는, 그 어느 때보다도 외로운 신세가 됐다.

불안하고 절박하기 때문에 누군가를 만나거나 관계를 지속하고 싶은가? 아니면 나에게 기쁨과 만족을 주는 사람이기 때문에 만남을 이어가고 싶은가? 외로움은 성급히 새로운 사람을 만나게 한다. 잘못된 관계를 벗어나지 못하게 한다. 그리고 내가 마땅히 만날 만한 사람이 아니라 그보다 못한 사람까지 받아들이게 한다.

솔로일 때 시간을 잘 활용해야 한다. 연인이 있을 때도 일부러 시간을 내서 내가 무엇을 좋아하고 어떤 가치관을 가진 사람인지 이해하려고 노력해야 한다. 나를 사랑하는 법을 배우면 연민과 공감, 인내심이 생겨 다른 사람을 더욱 잘 사랑할 수 있다. 이렇게 보면 혼자라는 사실은 외로운 일이 아니라 타인을 사랑할 준비를 하는 첫 단계다. 편안하고 자신감 있게 주체적인 선택을 하고 내 마음을 따르며 지난 경험을 돌아볼 수 있는 소중한 시간이다.

당신이 외로움을 겁내는 이유

혼자가 되는 걸 두려워하는 게 놀랄 일은 아니다. 지금까지 살아온 모든 시간이 혼자가 되는 걸 두려워하게 만들었기 때문이다. 운동장에서 혼자 노는 아이는 외톨이라고 불렸다. 생일 파티에 근사한 친구들이 오지 않으면 내가 인기 없는 사람처럼 느껴졌다. 결혼식에 함께 갈 파트너를 찾을 수 없으면 패배자 같은 기분이 들었다. 점심시간에 혼자서 밥을 먹어야 한다는 끔찍한 두려움이 하이틴 영화에 얼마나 자주 등장하는 주제였는지 영화 〈슈퍼배드〉에 잠깐 카메오로 등장한 스티븐 글랜스버그Steven Glansberg는 영어권의 속어를 설명해 주는 사이트인 어반 딕셔너리Urban Dictionary에 표제어로 등재되어 있을 정도다.[3] '매일 점심시간에 혼자 밥을 먹으면서 디저트까지 먹는 그 아이'라고 말이다.

우리는 졸업 파티에 함께 갈 데이트 상대가 있어야 하고 졸업 앨범에 남길 내용이 있어야 하며 늘 친구들 한 무리에 둘러싸여 있어야 한다는 메시지를 주입받았다. 혼자라는 건 결국 외롭다는 뜻이었다. 외로움은 기쁨이나 성장, 사랑의 적敵인 것처럼 묘사되어 왔다. 외로움을 떠올려 보라고 하면 외딴섬에 발이 묶인 사람, 길을 잃어 어리둥절하고 절망적인 상황을 상상한다. 영화 〈캐스트 어웨이〉의 주인공처럼 '윌슨'이라는 이름의 배구공 말고는 대화할 사람이 아무도 없다고 말이다.[4] 외로움은 최후의 장소다. 그곳에 가고 싶어 하거나 살고 싶어 하는 사람은 아무도 없다.

인도에서 3년간 승려로 지내며 나는 그때까지 인생에서 혼자 지낸 시간을 모두 합친 것보다도 더 많은 시간을 혼자서 보냈다. 아슈람에는 승려가 많았지만 모두 대부분의 시간을 홀로 침묵 속에서 보냈고 연애도 당연히 하지 않았다. 이 정서적인 고립 덕분에 나는 누군가를 사귀고 있을 때의 즐거운 압박감 속에서는 개발하기 힘든 여러 능력을 키우고 연습할 수 있었다.

처음 명상 수행을 할 때는 MP3 플레이어를 가지고 갈 수 없다는 사실을 알고 잔뜩 겁에 질렸다. 당시 음악은 내 삶이었기에 쉬는 시간에 음악을 듣지 않으면 대체 뭘 해야 할지 상상이 가지 않았다. 그러나 곧 내가 정적靜寂을 좋아한다는 사실을 알게 됐다. 아무것도 없어도 즐거울 수 있었다. 집중을 깨뜨릴 대화나 추파나 기대치가 없었다. 만지작거릴 기기나 음악 같은 것들이 머릿속을 채우지도 않아 그 어느 때보다 현재에 집중할 수 있었다.

어느 아슈람에서 교훈을 제대로 배우지 않고 지나가면 삶은 어떤 식으로든 당신을 그 단계로 도로 밀어 넣는다. 브라마차리아의 핵심 교훈들은 대부분 혼자 있을 때 배우는 것들이다. 먼저 평소에 얼마나 많은 시간을 혼자서 보내는지, 그 시간을 어떻게 느끼는지 알아보자. 지금 연인이 있든 없든 평소 상태를 알아두는 게 중요하다. 혼자 있는 시간을 스스로를 이해하고 사랑을 준비하는 데 사용하고 있는지 잘 살펴보라.

성숙한 사랑을 위한 팁:
혼자일 때 시간을 어떻게 보내는지 평가하기

1. 혼자 보내는 시간 기록하기

일주일 동안 혼자서 보내는 시간을 모조리 기록해 보라. 옆에 아무도 없어야 한다. 그 시간에 TV를 켜두거나 아무 생각 없이 휴대전화를 만지작거리지 마라. 독서나 산책, 명상, 운동, 요리 같은 취미 생활, 박물관이나 미술관 관람, 수집, 공작 등 혼자 하는 적극적인 활동은 무엇인지 기록하라. 수면 시간은 포함하지 않는다. 굳이 평소의 행동에서 벗어날 필요는 없다. 일상적 습관을 관찰하라.

혼자 보낸 시간 옆에 무엇을 했는지 쓰고 옆에 사람이 없어서 신경이 쓰였는지 기록한다. 혼자 설거지를 하는 게 재미있을 수도, 설거지를 하다 보니 새삼 혼자 먹으려고 요리를 했다는 사실이 씁쓸할 수도 있다. 혼자 산책을 하는 게 즐거울 수도, 외로울 수도 있다. 마음이 왜 편안했는지 혹은 불편했는지 생각해 보라. 혼자 있어도 편안할 때는 언제인가? 이 연습을 하는 이유는 평소 혼자일 때 시간을 쓰는 방식을 확인해서 앞으로는 어떻게 보낼지 결정하기 위해서다.

시간	활동	편안 혹은 불편	이유

2. 해보지 않은 활동 시도하기

이제 평소에 시간을 어떻게 보내는지 알았으니 혼자서 한 번도 해보지 않았던 활동을 매주 하나씩 시도하라. 그 시간을 어떻게 보낼지 심사숙고해서 선택하기 바란다. 아래 예시를 참고하여 이전에 거의 혹은 한 번도 혼자 해본 적 없는 활동을 골라라.

- 영화나 공연 혹은 스포츠 경기 관람
- 박물관 혹은 미술관 방문
- 저녁 식사 예약
- 식당에서 휴대전화 보지 않고 식사하기
- 등산
- 혼자 생일 축하하기
- 혼자 명절 보내기
- 혼자 파티 참석하기
- 일회성 자원봉사 참여
- 온라인 강의 듣기

한 달간 매주 이렇게 해보라. 선택한 활동을 하는 동안 자신이 새로운 상황에 어떻게 반응하는지 유심히 살펴보라. 혼자 있기 어렵게 하는, 거슬리는 생각 같은 게 있는가? 스스로 아래의 질문들을 해보며 그 경험을 곱씹어 보라.

- 편안해지는 데 시간이 얼마나 걸리는가?
- 다른 사람과 함께였다면 그 시간이 어떻게 달랐을 것 같은가?
- 이제 혼자서도 더 즐겁게 시간을 보낼 수 있을 것 같은가?
- 다른 사람이 있었으면 좋겠는가?

- 혼자서 뭘 해야 할지 모르겠는가?
- 누군가 함께 있었다면 그 사람의 반응에 따라 활동에 대한 의견이 달라졌을 것 같은가?
- 휴대전화나 TV, 팟캐스트 등에 신경을 쓰거나 딴생각을 하고 싶다는 유혹이 있었는가?
- 그 경험이 좋은 이유는 무엇인가?
- 혼자 있는 시간의 장단점은 무엇인가?

만약 혼자 저녁 식사를 하러 가는 게 불편하다면 어떻게 하면 좀 더 편안해질지 생각해 보라. 무언가에 집중하거나 생산적으로 활동하고 있다는 생각이 들 수 있게 책이나 할 일을 가져갈 수도 있다. 웨이터와의 친근한 대화 몇 마디로 혼자 식사하기가 수월해질 수도 있다. 혼자 영화를 봤는데 그 경험을 공유하고 싶어진다면 혼자서 표현할 방법을 찾아라. 블로그에 리뷰를 작성하거나 일기를 써도 좋다. 강의를 들을 때도 마찬가지다. 강의를 들으며 무엇을 배웠고 어떤 기분을 느꼈는지 음성 메모를 남겨라.

영화나 강의에 대해 다른 사람과 의견을 교환하는 것도 좋지만 다른 사람의 취향에 영향을 받지 않고 혼자 생각이나 의견을 발전시키는 연습을 하라. 혼자 하는 등산에 익숙하지 않다면 달성하기에 어렵지 않고 즐겁게 할 수 있는 목표를 세워라. 시간 기록을 단축한다거나 관심을 사로잡는 풍경이나 사물을 찾아보는 일처럼 말이다. 혼자 간직하거나 SNS에 올릴 사진을 찍는 목표를 세워도 좋다.

이처럼 혼자 보내는 시간을 평가하는 이유는 나라는 사람에게 좀 더 편안해지기 위해서다. 다른 사람의 우선순위나 목표와 무관한 나만의 기호를 알기 위해서고 나 자신과 대화하는 법을 배우기 위해서다.

혼자일 때 우리는 더욱 찬란해진다

독일의 신학자 파울 틸리히Paul Tillich는 말했다. "언어는 혼자 있을 때의 고통을 표현하기 위해 '외로움loneliness'이라는 단어를 만들어냈다. 그리고 혼자 있을 때의 찬란함을 표현하기 위해 '고독 solitude'이라는 단어를 만들어냈다(다만 영어의 'solitude'는 우리말 '고독' 처럼 '외롭고 쓸쓸하다'는 의미는 없고 단순히 '혼자임'을 뜻하기 때문에 이 책에 서는 주로 '혼자 있는 시간' 등으로 옮겼다—옮긴이)."[5]

외로움과 고독의 차이는 똑같은 시간을 어떤 렌즈를 통해 들여 다보고 또 어떻게 보내느냐 하는 점이다. 외로움이라는 렌즈는 우 리를 불안하게 하고 쉽게 잘못된 결정을 내리도록 한다. 고독이라 는 렌즈는 마음을 열고 호기심을 갖게 한다. 그래서 고독은 사랑을 만들어갈 토대가 된다.

혼자 있는 게 사랑에 실패했다는 뜻은 아니다. 혼자일 때부터 사랑은 시작된다. 조수석에 사람이 없으면 길을 선택하는 방식이 바뀌고 운전석에 앉아 있는 나 자신이나 유리창 너머 세상에 더 기 민해진다. 한 연구에서 미술관 관람객 500명 이상에게 특수한 장 갑을 나눠주었다.[6] 관람객들이 움직이는 패턴과 심박수 같은 생리 데이터를 수집하기 위해서였다.

여기서 나온 데이터를 분석해 보니 함께 온 사람과 대화를 나누 는 것처럼 집중을 방해하는 요소가 없었던 사람들이 예술 작품에 더 강한 정서적 반응을 보였다는 사실이 밝혀졌다. 연구진은 혼자

온 사람들이 "모든 감각을 훨씬 더 기민하게 열어두고" 전시를 볼 수 있었다고 썼다.

관람객들은 관람 전후로 설문지도 작성했다. 단체로 전시를 보러 온 사람들은 혼자 온 사람들보다 이 관람 경험이 생각이나 정서를 덜 자극했다고 응답했다. 물론 잡담을 하느라 예술 작품을 그냥 지나친다고 해도 잘못된 것은 아니다. 하지만 이 관람객들이 혼자였을 때 얼마나 많은 영감을 받을 수 있었을지 한번 생각해 보라. 그리고 이를 삶 전반으로 확장하여 적용해 보라. 다른 사람들에게 둘러싸여 있으면 전시된 작품의 디테일만 놓치는 게 아니다. 나 자신을 더 잘 이해하고 반성할 기회까지 놓치게 된다.

실제로 여러 연구 결과를 보면 혼자 있는 시간을 전혀 허락하지 않는 사람은 무언가를 배우기 어렵다고 한다. 『몰입』에서 미하이 칙센트미하이 Mihaly Csikszentmihalyi는 이렇게 말했다. "우리의 최근 연구에 따르면 재능 있는 많은 10대 청소년이 능력을 개발하지 못하는 이유는 인지적 결함 때문이 아니라 혼자 있는 시간을 견디지 못하기 때문이었다."[7] 그의 연구에 따르면 10대들은 악기 연주나 글쓰기 같은 창의적 능력을 개발할 가능성이 낮았는데, 이런 능력을 효과적으로 개발하려면 혼자 연습해야 하는 경우가 많기 때문이다.[8] 이 점은 우리도 마찬가지다. 혼자 있는 시간을 꺼리면 여러 능력을 개발하기 어려워진다.

혼자 시간을 의미 있게 보내는 법

마냥 혼자 시간을 보낸다고 해서 사랑에 필요한 기술이 저절로 생기거나 나 자신을 이해할 수 있게 되는 건 아니다. 하지만 그 시간을 나 자신을 알아가는 데 쓴다면 사랑을 준비할 방법은 많다. 자신의 성격과 가치관, 목표를 잘 알고 있을 때 두 삶이 교차하는 지점도 잘 감당할 수 있다. 외로움에 빠져들지 않고 혼자 있는 시간을 의미 있게 쓰려면 세 단계를 거쳐야 한다. 바로 현재에 집중하고 불편함을 극복하며 자신감을 키우는 것이다.

◆ 혼자 의미 있게 시간을 보내는 과정

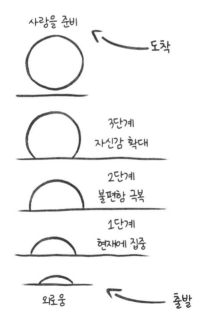

첫 번째 단계: 현재에 집중한다

혼자 있는 시간을 제대로 활용하는 첫 번째 단계는 바로 현재에 집중하는 것이다. 우리는 옆에 누가 없더라도 신경 쓰이는 게 많고 바빠서 정작 내 삶으로부터 멀어져 있는 경우가 많다. 내 기분이 어떤지, 내가 어떤 선택을 내리고 있는지 주의 깊게 살펴보면 내 삶의 우선순위, 즉 가치관을 알 수 있다. 그렇게 현재에 집중하면서 내 가치관을 파악하면 내가 과연 어떤 사람이고 그게 정말로 내가 되고 싶은 사람인지 알 수 있다.

우리는 평생 다른 그 누구보다 나 자신과 더 많은 시간을 보낸다. 시간을 내서 내 강점을 평가하고 노력이 더 필요한 부분은 기꺼이 인정하는 과정을 거쳐라. 그런 다음 누군가를 만난다면 내가 적극적으로 어필해야 할 부분과 개선할 부분을 이미 아는 상태가 된다. 보통은 사람을 만날 때 자기 자신을 아는 게 중요하다는 생각을 잘 하지 않는다. 하지만 스스로를 안다는 말은 강점은 잘 살리고 약점은 보완할 수 있다는 뜻이다.

내 가치관을 알고 있으면 상대방에게도 내 가치관을 존중해 달라고 할 수 있다. 서로의 가치관을 존중하지 않으면 상대방의 선택이나 의사결정을 이해하기 힘들고, 이는 혼란과 갈등을 부른다. 서로 가치관이 다르다고 해서 이를 두고 싸우거나 내 가치관을 변호할 필요는 없다. 다만 내 가치관을 알아야 나 자신을 존중할 수 있고, 상대방의 가치관을 알아야 상대방을 존중할 수 있다. 이는 상대방도 마찬가지다.

성숙한 사랑을 위한 팁:
내 가치관을 파악하는 방법

삶의 여러 영역에서 당신이 내린 선택들을 살펴보라. 당신의 가치관과 일치하는가? 습관적 선택이니 이제부터는 바꾸고 싶은가? 다음의 '시간 관리, 습관, 금전, 사회적 교류'라는 네 가지 영역에서 취하는 선택과 태도 중 자신에게 해당하는 설명을 고르거나 없다면 직접 적어보라. 자기 자신을 더 구체적으로 알수록 마음에 드는 면은 더 섬세하게 발전시키고 바꾸고 싶은 면은 더 많이 개선할 수 있다.

시간 관리
- SNS: 일상을 기록하고 보여주기를 좋아한다 vs. SNS를 좋아하지 않으며 현재에 집중하고 싶다
- 여가와 여행: 세상을 구경하고 싶다 vs. 그냥 편하게 쉬고 싶다
- 데이트 루틴: 집에서 요리하는 것을 좋아한다 vs. 번화가로 외출하는 것을 좋아한다
- TV: 매일 무언가를 시청한다 vs. 좋아하는 프로그램만 신중하게 선택해 시청한다
- 시간 약속: 늘 정시에 도착한다 vs. 자주 늦는다
- 계획: 계획표를 작성하고 지킨다 vs. 꼬박꼬박 무언가를 해야 하는 게 싫다

습관
- 체계: 늘 깔끔하고 요금을 제때 납부한다 vs. 지금보다는 체계적이었으면 좋겠다
- 운동: 활동적인 일을 좋아하거나 건강을 위해 운동한다 vs. 운동

을 해야 할 동기부여가 되지 않는다

- 음식: 건강하게 먹기 위해 최선을 다한다 vs. 인생은 짧으니 맛있는 걸 먹는다
- 잠: 가능하다면 늦잠을 자고 싶다 vs. 일찍 일어난다

금전

- 여윳돈: 미래를 위해 저축하는 데 초점을 맞춘다 vs. 있으면 쓴다
- 휴가: 호화 여행을 즐긴다 vs. 알뜰 여행을 즐긴다
- 집, 옷, 차: 소박하다 vs. 고급스러운 것을 선호한다
- 구매: 충동구매를 한다 vs. 심사숙고 후 구매한다

사회적 교류

- 친구: 많은 사람과 시간 보내기를 좋아한다 vs. 일대일로 만나거나 혼자 있기를 좋아한다
- 가족: 가능한 한 자주 만난다 vs. 꼭 필요할 때만 만난다
- 대화: 어떤 주제든 세세하게 이야기한다 vs. 말수가 적은 편이다

두 번째 단계: 불편함을 극복한다

이전까지 혼자 시간을 보내는 습관이 없었다면 처음에는 어색하거나 불편한 기분이 들 수도 있다. 아무도 없이 나와 내 생각뿐이라는 게 힘들 수도 있다. 하는 일이 없는 느낌이 들 수도, 혼자 뭘해야 할지 모를 수도 있다. '이게 정말로 도움이 되나' 하는 생각이 들지도 모른다.

혼자라는 기분에 익숙해지려면 도전을 해야 한다. 먼저 38쪽의

'혼자일 때 어떻게 시간을 보내는지 평가하기'에 나오는 항목들처럼 작은 일을 시도해 보고 다음에는 좀 더 몰입할 수 있는 큰일에 도전해 보라.

내가 뭘 좋아하는지, 나는 어떤 사람인지 더 많이 알수록 혼자 있어도 어색하지 않다. '같이 하는 사람'이라는 안전망이 없어도 기꺼이 내 관심사를 추구하는 데 시간을 쓸 수 있다. 스스로 어떤 활동을 선택하는지 확인하고 그 활동으로 나의 새로운 면들을 알게 되면 혼자서 보내는 시간을 최대한으로 활용할 수 있을 것이다.

성숙한 사랑을 위한 팁: 혼자 있는 시간을 최대한으로 활용하는 법

새롭게 시도해 보고 싶은 일이 무엇인가? 아래 세 가지는 혼자 있는 시간을 활용해 나 자신을 더 잘 파악할 수 있는 방법들이다. 가장 끌리는 것 하나를 골라라. 당신의 기호를 알아보는 연습도 될 것이다. 다른 방법을 직접 생각해 보아도 좋다.

1. 새로운 것을 배운다

적어도 몇 주 이상 걸리는 일이 좋다. 몇 달 혹은 그 이상이 걸려도 괜찮다. 늘 듣고 싶었던 노래 강좌를 신청해 보라. 스케이트를 배워라. 요리 수업에서 발효 반죽을 굽는 법을 터득하라. 왜 그 일에 끌렸는가? 여태 시도하지 않았던 이유는 무엇인가? 새롭게 배운 일이 자신감이나 자존감에 어떤 영향을 미치는가? 그 일이 당신이 생각하는 당신의 이미지나 되고 싶은 사람의 이미지와 잘 맞는가? 악기를 배울 때처럼 선생님이 있어도 된다. 새로운 활동이 나에 대해 무엇을 알려주는지 혼자 생각해 볼 기회를 만드는 게 중요하다.

2. 혼자 여행을 떠난다

혼자 떠날 주말여행을 계획하며 스스로를 관찰하라. 당신이 얼마나 독립적인 사람인지 금세 알 수 있을 것이다. 혼자 있는 게 겁나는 사람에게는 더욱더 좋은 활동이다. 아래 질문들은 당신을 파악하는 데 도움이 될 것이다.

- 나는 우유부단한가, 결단력이 있는가?
- 나는 짐을 가볍게 꾸리는가, 많이 싸는가?
- 나는 느긋한가, 활동적인가?
- 나는 활동에 만족해하는가, 따분해하는가?
- 나는 깔끔한가, 지저분한가?
- 나는 체계적인가, 즉흥적인가?
- 나는 생각이 많은가, 내면이 조용한가?
- 나는 결단력이 있는가, 자신의 선택을 의심하는가?
- 나는 남의 시선을 의식하는가, 자신감이 있는가?
- 내가 여행에서 가장 크게 매력을 느끼는 부분은 무엇인가?
- 나는 다음번에 어디를 가고 싶어 하는가?

3. 한 번도 해보지 못한 분야의 일을 한다

직장인이라면 쉽지 않겠지만 가능한 상황이라면 새로운 형태의 일에 한번 도전해 보라. 도서관에서 자원봉사를 해보면 어떨까? 식당 서빙이나 육아 도우미, 남을 가르치는 일을 해보라.

물론 이런 일은 대체로 사람들과의 교류가 필요하지만 중요한 것은 혼자 그 일을 선택하고 추진한 뒤 해당 경험을 되돌아보는 행동이다. 예컨대 다음과 같이 질문해 보라.

- 무슨 일을 하든 당신에게서 바뀌지 않는 면은 무엇인가?
- 당신의 어떤 새로운 면을 발견했는가?
- 그동안 궁금했던 일과 용돈벌이가 되는 일 중 무엇을 선택했는가?
- 사람들과 교류하는 게 좋은가, 독립적으로 일하는 게 좋은가?
- 분명한 지시 사항이 있는 게 좋은가, 나만의 방식을 찾아내는 게 좋은가?
- 무언가 시도하기 전에 허락을 구하는가, 시도한 뒤에 용서를 구하는가?
- 일을 하면 기운이 나는가, 기진맥진하는가?
- 당신 삶에서 이 새로운 기회를 확대해 보고 싶은가?

세 번째 단계: 자신감을 키운다

혼자 있는 게 편해졌다면 이제부터는 자신감을 키우는 연습을 하라. 옥스퍼드 영어사전은 '자신감confidence'이라는 단어를 '본인의 능력이나 자질을 잘 알고 있을 때 나오는 자기 확신의 감정'이라고 정의한다.9

연인과의 관계에서 자신감이 중요한 이유는 자신감이 있어야 좋아하는 사람과 대화를 나눌 때 끊임없이 상대방의 동조를 구하거나 그 사람의 반응에 따라 내 자존감이 오락가락하는 일이 없기 때문이다. 내 취향이나 선택에 대해 상대방에게 일일이 허락을 구하지 않아야 친절한 말 한마디에 흔들리거나 섣불리 오해하는 일이 없다.

종종 자신감이 부족하면 '나는 사랑받을 만한 사람이 아닌가' 하고 생각하게 된다. 하지만 당신은 사랑받을 만한 사람이다. 내가 장담한다. 그렇지만 이렇게 말해도 당신이 체감하지 못한다는 사실을 알고 있다. 자신감을 쌓으려면 시간을 내서 자기 자신을 위한 일들을 해야 한다. 우리에게는 선택권이 있다. 나에게 마음에 들지 않는 면이 있다면 싫다는 내 생각을 바꾸든지 싫어하는 측면을 좋게 바꾸어야 한다. 끊임없이 스스로를 살펴보고 삶을 개선하려 노력하는 습관을 들여야 한다.

사람들은 대부분 목표를 세울 때 외적인 달성 여부에 중점을 둔다. 경제적 자유를 얻고 싶다거나 집을 사고 싶다는 식으로 말이다. 하지만 51쪽의 '나를 성장시켜 자신감 얻기'에서는 달성이 아닌 성장을 중심으로 목표를 세워볼 것이다.

내 목표가 무엇인지 알면 사랑을 준비하는 데도 도움이 된다. 내 연인이 될 수도 있는 사람과 목표에 대해 이야기하다가 그 목표가 나에게 왜 중요한지 설명할 수 있다. 상대방은 당신의 설명을 들으며 응원할 수도, 무시할 수도 있다. 중립적인 태도를 보일 수도 있다. 만약 그 사람이 당신의 목표에 주목하지 않는다면 다음과 같은 말로 다시 한번 알려줄 수도 있을 것이다. "사실 이게 나한테는 중요한 목표예요. 왜냐하면…." 당신이 정말로 원하는 사람은 당신의 목표를 존중할 뿐만 아니라 그게 당신의 '목표인 이유'까지 존중하는 사람이다.

좋은 감정으로 만나는 사람이더라도 당신이 목표에 기초한 어떤 행동을 하기 전까지는 그 목표가 당신에게 정말로 중요한지 아닌지 알지 못한다는 사실을 기억하라. 때로는 본격적으로 실행에 나서야만 상대방도 적극적으로 협조할 수 있다. 그리고 내 목표가 무엇인지 모르면 그게 상대방의 목표와 얼마나 잘 교차할지도 알 수 없다.

한 연구에 따르면 자신감이 있는 사람은 직장 생활에 더 만족하고[10] 신체적, 심리적으로 더 건강하며[11] 연애를 할 때도 더 만족스럽고 좋은 관계를 맺는다고 한다.[12] 어쩌면 이렇게 생각하는 사람도 있을 것이다. '반대 아닐까? 연애가 잘되어야 자신감이 커지는 거 아냐?' 그럴듯한 생각 같지만 연구 결과는 다르다. 실제로 자존감이 높은 사람은 연애 중 관계가 삐걱거려도 자존감에 영향을 받지 않았다. 얼마나 행복한 연애를 하고 있느냐가 나라는 사람의 가치를 대변한다고 생각하지 않는 것이다.

성숙한 사랑을 위한 팁: 나를 성장시켜 자신감 얻기

당신의 삶을 다음과 같이 다섯 개 영역으로 나눠 다각도로 살펴보자.

각각 성격, 정서, 건강, 신체 건강, 관계, 금전이다. 영역마다 지금 내 상태와 가장 가깝다고 생각되는 답을 골라 체크하고, 내가 바라는 상태는 어떤 것인지 생각해 보라. 가장 성장하고 싶은 분야는 어디인가?

1. 성격

☐ 나는 나 자신이 싫다

☐ 남들이 나를 좋아하면 나 자신이 좋다

☐ 결점은 있지만 내 가치를 인정하고 나를 더 개선하려 노력한다

  ☐ 지금 상태도 좋다   ☐ 바꾸고 싶다: _____

2. 정서 건강

☐ 불안하고 안정되지 않을 때가 많다

☐ 할 일을 위해 내 감정은 제쳐둔다

☐ 내 감정을 이해하며 잘 이겨내려고 노력한다

  ☐ 지금 상태도 좋다   ☐ 바꾸고 싶다: _____

3. 신체 건강

☐ 내 몸에 신경 쓰지 않고 있거나 내 몸이 마음에 들지 않는다

☐ 더 좋은 모습을 갖추는 게 중요하기 때문에 적극적으로 건강관리를 한다

☐ 내 몸을 잘 돌보고 있으며 내 몸에게 감사하다

  ☐ 지금 상태도 좋다   ☐ 바꾸고 싶다: _____

4. 관계

☐ 불안한 관계를 맺을 때가 있다

☐ 연애에서 기쁨을 얻는다

□ 상대방의 성장을 돕기 위해 우리 관계에 투자한다

   □ 지금 상태도 좋다　　　□ 바꾸고 싶다: _____

5. 금전

□ 돈 생각을 하면 걱정되고 불안하다

□ 돈 생각을 하면 신나고 가슴이 부풀며 나보다 돈 많은 사람이
부럽다

□ 돈 생각을 하면 만족스러우며 혹시라도 내가 더 많은 돈을 원한
다면 더 많이 베풀기 위해서다

   □ 지금 상태도 좋다　　　□ 바꾸고 싶다: _____

예를 들어 당신이 가장 성장하고 싶은 영역이 금전이라고 해보자. 원
래 당신은 과소비를 하고 그게 항상 문제가 됐다. 그래서 혼자 시간
을 보낼 때 이 부분을 개선하는 데 집중하고 싶다. 목표를 세우고 달
성하는 방법만으로도 책 한 권을 쓸 수 있지만 우선 성장 계획을 세
우는 것부터 시작하자. 변화의 세 가지 요소를 활용해야 한다.

◆ 변화의 세 가지 요소

1. 코칭

요즘은 온라인으로 얼마든지 쉽게 전문가를 찾고 지식과 정보에 접근할 수 있다. 먼저 널리 이용할 수 있는 자원부터 찾아보라. 책이나 팟캐스트, 수업, 친구, 전문가, 테드 강연, 온라인 강의, 각종 영상 등을 어렵지 않게 찾을 수 있을 것이다. 이를 바탕으로 목표를 달성 가능한 여러 개의 작은 단계로 나눠라. 그러면 처음에는 도저히 정복할 수 없을 것처럼 보였던 과제도 어디부터 공략해야 할지 알 수 있을 것이다.

2. 지속성

수집한 정보들을 이용해 연속성 있는 계획을 짜보라. 연말까지 추진할 목표를 세우되 '달성'이 아닌 '실천'을 중심으로 하라. 즉 '100만 달러 모으기' 식으로 목표를 세워서는 안 된다. 목표는 이 영역에서 성장하는 데 도움을 주는 '지속적 노력에 대한 다짐'이 되어야 한다.

3. 커뮤니티

당신의 노력을 응원해 줄 커뮤니티를 찾아라. 어떤 주제든 지역 혹은 온라인 커뮤니티나 동호회가 있다. 같은 처지의 사람들, 변화를 위해 노력 중인 사람들, 그리고 당신이 바라는 변화에 어느 정도 도달한 사람들이 섞여 있는 모임을 찾는 게 좋다. 동기부여에 초점을 맞춘 곳이 좋을지, 정보 공유에 초점을 맞춘 곳이 좋을지, 둘이 적당히 섞인 곳이 좋을지 잘 판단해서 결정하라. 혹시 아는가? 어쩌면 그곳에서 미래의 짝을 만나게 될지!

'나'를 기준으로 두는 연습

혼자 시간을 생산적으로 보내면 자신의 성격과 가치관, 목표를 차츰 알 수 있다. 그리고 그 과정에서 연인 관계의 모든 단계에 적용할 수 있는 여러 자질이 개발된다. 그 자질 중 하나가 바로 다른 사람의 영향을 받지 않고 나 자신을 바라보고 알아가는 능력이다. 멕시코 출신의 화가 프리다 칼로Frida Kahlo는 이렇게 말했다. "제가 자화상을 그리는 이유는 혼자 있는 시간이 많기 때문이에요."[13] 공부가 아니면 또 뭐겠는가? 내가 자각한 내용을 시각적으로 묘사하려는 시도니까 말이다. 이처럼 혼자 있는 시간은 복잡한 나 자신을 이해할 수 있게 해준다.

내 친구 마리와 그녀의 룸메이트 이본은 처음 얻은 아파트에 날아다니는 거대한 물방개가 있어 종종 골치 아파했다. 마리는 이렇게 고백했다. "나는 손도 델 수 없었어. 다행히 룸메이트인 이본이 물방개를 잘 잡더라고. 집에 왔는데 물방개가 있으면 나는 밖에 나가서 음료수를 마시면서 이본을 기다렸어." 그러던 어느 주말 이본이 집을 비우게 됐다. 혼자서 보내게 된 주말의 첫날, 마리는 집에 왔다가 방에서 물방개를 발견했다. 자신의 베개 위에서 말이다. "패닉에 빠져서 이본한테 전화를 걸었어. 이본은 그냥 후려치라고 했는데, 그렇게 할 수가 없는 거야. 그냥 거기 앉아서 한참을 물방개를 노려보고 있었어. 그러다 갑자기 이런 생각이 드는 거야. '나비는 좋아하면서 물방개는 이토록 미워하다니 이 얼마나 불공평한

대접인가' 하는 생각 말이야. 그래서 창문을 열고 빗자루로 물방개를 살살 쓸어서 밖으로 날려 보냈어."

곤충 한 마리 때문에 생긴 사소한 사건이었지만 마리는 자신의 새로운 면을 알게 됐다. 만약 계속 이본이 대신 문제를 해결해 주었다면 결코 알아내지 못했을 면이었다. 혼자 있으면 나 자신밖에 의지할 사람이 없다. 그래서 내가 신경 쓰는 게 무엇이며 나는 어떤 사람인지 알게 된다. 무엇보다 고난을 스스로 헤쳐 나가는 법을 배우게 된다. 물론 누가 도와준다면 고마운 일이다. 그렇지만 혼자 있으면 도움을 기대하지도, 남의 도움에 의지하지도 않게 된다.

내 책 『수도자처럼 생각하기』를 읽은 사람이라면 기억할 수도 있는데, 그 책에서 가장 자주 인용했던 경전이 바로 『바가바드 기타Bhagavad Gita』였다. 거의 3000년 전에 쓰인 서사시 『마하바라타 Mahabharata』의 일부인 『바가바드 기타』는 전투를 앞둔 어느 날 밤에 전사 아르주나Arjuna와 신神인 크리슈나Krishna가 나누는 대화로 이루어져 있다. 현대인들에게 이 경전이 무슨 교훈이 될까 싶겠지만 사실 『바가바드 기타』는 여러 『베다』 중에서도 자기계발서에 가장 가까운 경전이다. 『바가바드 기타』에서 크리슈나는 이렇게 말한다. "아르주나, 감각은 너무 강렬하고 충동적이어서 그걸 통제하고자 애쓰는 분별 있는 사람의 마음까지도 뺏어갑니다."[14] 우리는 자칫 피상적인 것, 진짜가 아닌 것에 마음이 끌릴 수 있다는 것이다. 평소에 훈련하지 않는다면 오늘 처음 보는 사람을 그 자리에서 좋아하거나 신뢰하게 될지도 모른다. 나는 이 사람을 알지도, 이해하지도 못한다는 사실을 망각한 채로 말이다.

혼자 있는 시간은 감각, 다시 말해 마음을 수련하는 데 도움이 된다. 혼자 있으면 단 하나의 마음, 단 하나의 생각 흐름에만 신경을 쓰게 되기 때문이다. 요즘은 감각에 과도한 자극이 끊임없이 쏟아져 들어온다. 사람들뿐만 아니라 온갖 걸러지지 않은 정보들이 우리를 폭격한다. 너도나도 관심을 사로잡으려 경쟁한다. 그런 소음 속에서는 뭐가 중요한지 알아차릴 수가 없다. 사랑도 마찬가지다. 사랑을 맹목적이라고 하는 이유는 사랑할 때의 감각적 자극에 압도되면 상황을 뚜렷이 변별할 수가 없기 때문이다. 감각은 가장 새롭고 좋아 보이고 빛나는 쪽으로 우리를 끌어당긴다. 무언가를 심사숙고해서 결정할 여지를 주지 않는다. 즉 감각은 최선의 결정을 내리지 않는다.

『바가바드 기타』는 이렇게 말한다. "강렬한 바람이 물 위의 배를 쓸어가듯 방황하는 감각 하나에도 인간의 지능은 무용지물이 된다."[15] 그런 끌림 자체가 잘못된 것은 아니다. 문제는 우리가 매력적인 모습과 기분 좋은 느낌, 그럴듯한 말에 쉽사리 휩쓸린다는 점이다. 하지만 혼자 있으면 감각 자극과 의사결정 사이에 적당한 간격을 만들어내는 법을 배우게 된다. 만약 우리가 끊임없이 사랑을 찾아다니고 끊임없이 상대방에게 초점을 맞춘다면, 나 자신을 이해해야 하는 중요한 과제는 자꾸 잊어버리게 될 것이다. 나 자신을 이해하지 못하면 상대방의 취향과 가치관을 맹목적으로 따라갈 위험이 있다. 상대방의 비전이 곧 내 비전이 되는 것이다.

상대방의 비전이 정말로 좋아 보여서 그 비전에 동참하기로 선택할 수도 있다. 요리의 달인을 만났다면 감사한 마음으로 레시피를 고스란히 받아들일 수도 있다. 그렇지만 나 자신을 모른다는 이유, 단순히 그 이유만으로 나를 남과 똑같이 재단해서는 안 된다. 내 내담자들 중에는 결혼한 지 20년이 지날 때까지 자기 자신을 잃어버렸다는 사실조차 깨닫지 못하는 사람이 너무나 많다. 자신이 어떤 사람인지 남이 알려주는 그대로 받아들였기 때문이다. 그러나 내 취향도 기꺼이 상대방 앞에 내놓을 수 있다면 오히려 더 자발적으로 그리고 자신 있게 상대방의 취향을 내 취향에 통합시킬 수 있을 것이다.

우리는 혼자 있을 때 내린 선택을 통해 내가 어떻게 살고 싶은지, 또 어떻게 사랑하고 사랑받고 싶은지 기준을 세운다. 내 관점에서 내 이야기를 써내려 갈 수 있으면 외부의 영향력을 조금씩 극복할 수 있다. 영화나 책에서 보았던 것, 부모님이나 양육자가 보여준 모습, 연인이나 배우자의 바람 등에서 차츰 벗어날 수 있다. 혼자 있는 시간은 모든 만남의 이전과 현재와 이후에 '내'가 있다는 사실을 인식하게 해준다. 사랑하는 이가 옆에 있더라도 나만의 길을 만들어갈 수 있게 해준다.

이 시간을 거쳐야만 내 삶의 이야기와 다른 사람의 이야기가 서로 교차할 때 '순간의 열병'을 기준으로 선택하지 않는다. 사랑에 대한 남의 비전을 따라가거나 내가 뭘 원하는지도 모르는 채 사건이 벌어지는 대로 수수방관하는 일이 생기지 않는다. 오히려 그동안 내가 발전시켜 온 기준을 서서히 표현하면서 그게 상대의 기준과 잘 맞는지 살펴보게 된다. 그러다 다시 혼자가 되면 지난 시간을 돌아보고 더 발전할 수 있다.

자제력과 인내심을 배우는 시간

혼자 있을 때 개발할 수 있는 핵심적인 능력 두 가지가 바로 자제력과 인내심이다. 둘은 서로 연결되어 있다. 자제력을 키울수록 더 많이 인내할 수 있다. 이 두 가지 능력이 없으면 순간의 감각에 굴복하거나 마음 가는 대로 끌려가기 쉽다.

자제력은 무언가에 끌리더라도 즉각 반응하지 않고 시간이나 공간의 간격을 만들어내는 것이다. 불교의 가르침을 전파했던 리그진 시크포Rigdzin Shikpo는 이렇게 썼다. "욕망이란 다른 사람이나 물건을 향해 밖으로 투영하는 것이다. 우리는 그게 밖에, 즉 내가 욕망하는 대상에 있다고 생각한다. 그러나 사실 욕망은 내 몸과 마음속에 있다. 그래서 우리는 욕망을 말할 때 욕망이 만들어내는 감정을 가지고 이야기하는 것이다."[16]

내가 욕망하는 사람과 그를 욕망하는 내 감정을 서로 분리할 수 있으면 욕망에 덜 휘둘리는 기분이 들기 시작한다. 그리고 한발 물러나 덜 조급한 마음으로 거리를 두고 그 욕망을 평가할 수 있다. 이렇게 틈을 만들어내면 감각을 마냥 따라가는 일이 없다. 나의 반응이 '내가 되고자 하는 사람'으로서의 반응인지 확인할 수 있다. 나를 알면 알수록 자제력, 즉 간격을 만드는 능력이 생긴다.

혼자 있는 시간은 강력한 끌림과 그에 대한 내 반응 사이에 시공간의 틈을 제공한다. 틈이 생기면 속으로 묻게 된다. '이게 정말로 나에게 건강한 일일까? 나를 성장시킬까? 장기적으로 나에게 좋을까?' 자제력을 키우면 잠깐 멈춰서 이런 질문을 할 수 있다. 그리고 인내심을 키우면 시간을 두고 답을 생각할 수 있다. '느낌상 좋은 것'과 '성장을 가져올 것' 사이의 차이를 알 수 있다.

나에게 건강한 일들은 처음에는 힘들어 보여도 근사한 결과를 가져오는 경우가 많다. 대표적인 예는 운동이지만 더 복잡한 의사결정의 경우에도 마찬가지다. 주말에 휴식을 포기하고 친구의 이사를 도와주거나 지속되기 힘든 관계를 끝내는 것도 그런 경우다. 반면 건강하지 않은 일들은 처음에는 근사해 보이지만 결과가 좋지 않다. 커다란 초콜릿케이크를 한 조각 먹으면 정말 행복해질 것 같지만 결과적으로는 건강에 좋지 않다. 더 중요한 의사결정에도 이런 일이 벌어진다. 결혼식에 혼자 참석하기 싫어서 사람들이 오해할 걸 알면서도 처음 만난 사람을 대동하는 것처럼 말이다.

혼자일 때도 부족함 없이 완전하다는 것

우리는 '나의 반쪽'을 찾으라고 교육받았다. 나를 '완성'시켜 줄 사람 말이다. 곁에 둘 사람을 찾지 못한 사람은 불완전하다는 뜻일까? 가볍게 주고받는 이런 말들이 실제로는 우리를 타인에게 의존하게 만든다. 결코 충족될 수 없는 의존성을 갖게 한다. 누군가가 나를 완성해 주기를 바라는 것은 상대방에게 이렇게 말하는 것이나 다름없다. "지루하니까 재미있게 해줘. 지쳤으니까 힘을 줘. 화났으니까 웃겨줘. 실망했으니까 위로해 줘. 우울하니까 기운 나게 해줘." 상대방이 나의 통증을 즉각 해결해 주길 바라는 것은 사람을 인간 진통제 취급하는 것이다.

이런 기대가 순전히 잘못이라는 건 아니다. 연인이나 부부들에게는 실제로 서로를 조절하는 능력이 있다. 내 몸의 변화는 상대방의 신체에도 변화를 유발한다. 반대의 경우도 마찬가지다. 신경과학자 리사 배럿Lisa Barrett은 이렇게 말했다. "아끼는 사람과 함께 있으면 호흡이나 심장박동이 서로 동기화될 수 있다."[17] 이런 교감은 아기 때부터 이미 시작된다. 아기는 처음으로 양육자의 신체 리듬에 자신의 리듬을 맞추는데, 이는 훗날 성인기까지 이어진다.

그러나 배럿은 이렇게 지적한다. "당신의 신경계 안정에 가장 좋은 것은 '사람'이다. 당신의 신경계에 가장 안 좋은 것도 '사람'이다." 다른 사람과 동기화되면 그의 좋은 기운에도 연결되지만 나쁜 기운에도 역시 연결된다. 그래서 자기 조절이 필요하다. 내 마음을 위로하고 진정시키고 기운이 나게 해야 한다. 내 감정을 조절할 때도 늘 타인에게 의존한다면 스스로를 진정시키고 돌보는 것조차 할 수 없는 유아와 다름없을 것이다. 만약 운이 좋다면 내가 슬플 때 기분을 나아지게 하는 방법을 아는 연인을 만날지도 모른다. 꼭 연인이 아니어도 다른 사람들이 나를 도와줄 수도 있다. 이런 건 모두 기분 좋은 일이지만 어쩌면 나에게 정말로 필요한 건 아닐지도 모른다. 누군가 다 괜찮을 거라고 안심시켜 준다면 분명 듣기 좋을 테고, 나를 사랑하고 응원해 주는 사람이 있다는 사실에 마음도 놓일 것이다. 하지만 정작 우리에게 필요한 건 혼자 있는 시간일지도 모른다. 상황을 개선할 방법을 고민할 시간 말이다.

혼자 있으면 나에게 필요한 것을 남이 주리라 기대하기 전에 스스로 찾아서 주게 된다. 당신은 스스로에게 친절한가? 자신에게 솔직한가? 정서적으로 자신을 위로하는가? 자신의 노력을 응원하는가? 당장 대답할 필요는 없다. 더 많은 시간을 혼자 보내다 보면 이 질문들의 답도 더 잘 알게 될 것이다. 사람들은 대체로 내가 나를 대하는 모습을 보고 나를 어떻게 대할지 결정한다. 예를 들어 당신이 무례한 말을 가만히 듣고만 있다면 다른 사람들은 당신이 그런 말을 들을 만한 사람이라고 생각한다.

타인과의 관계로는 나 자신과의 관계를 치유할 수 없다. 심리 치료나 친구, 연인, 배우자와의 관계가 슬픔의 근원을 이해하고 해결하는 데 도움을 줄 수는 있다. 그러나 연인이나 배우자가 나를 이해하지 못한다고 느끼는 사람도 많다. 서양 문화에서는 내 감정을 분석하는 책임을 타인에게 맡기라고 권하는 경우가 많다. 그러다 보니 나도 내 감정을 이해하지 못하면서 남이 내 감정을 이해해 주기를 기대하는 일이 생긴다. 다른 사람들이 곁에서 도움을 줄 수는 있겠지만 스스로 노력하지 않는다면 나를 이해하는 일은 결코 남이 대신 해줄 수 없다. 말로는 "그래, 네 말이 맞아"라고 하면서 조언을 받아들이지 않는 친구가 누구나 한 명쯤은 있을 것이다. 비난할 필요 없다. 그저 자기 문제는 스스로 해결해야 하는 사람들일 뿐이다.

연인이나 배우자가 내 문제를 해결해 주기를 바란다는 건 다른 사람이 내 학기말 보고서를 대신 써주기를 바라는 것과 같다. 직접 수업을 듣고 자료를 공부하고 보고서를 써보지 않는다면 아무것도 배우지 못할 것이다. 그러면 이렇게 말하고 싶어질지도 모르겠다. "좋아요. 의미 있는 인생을 사는 방법을 가르쳐주는 그 수업이라는 게 대체 어디에서 열리나요? 기꺼이 가서 들을게요!" 하지만 당신은 이미 그 수업을 듣고 있다. 혼자 있는 시간에 말이다.

누군가 나를 완성시켜 주거나 내 반쪽이 되어주길 바라는 대신 내가 온전한 한 사람으로서 누군가를 만나면 진정으로 교감하고 사랑할 수 있다. 나는 시간을 어떻게 보내고 싶고, 무엇을 중요하게 생각하며, 어떻게 성장하고 싶은 사람인지 알 수 있다. 함께 있으면 행복할 누군가를 기다릴 자제력과 이미 함께하는 사람을 감사히 여길 인내심이 생긴다. 내가 타인의 삶에 가치를 더할 수 있는 사람임을 알게 될 것이다. 이렇게 기초를 튼튼하게 쌓으면 타인에게 매달리거나 이별을 두려워하지 않고도 사랑을 줄 수 있다.

물론 연인이나 배우자는 교감을 통해 우리를 치유해 준다. 그러나 혼자 있는 시간을 잘 활용하면 훨씬 더 유리한 위치에서 치유를 시작할 수 있다. 우리가 바라는 것은 누군가와 '함께' 여정에 오르는 것이다. 상대방이 곧 나의 여정이 되어서는 안 된다.

*

첫 번째 아슈람은 나를 사랑하는 방법을 배우도록 설계되어 있다. 그러나 이곳이 주는 교훈들을 제대로 배우지 않는다면 당신이 얼마나 사랑받을 만한 사람인지, 상대방에게 보여줄 당신의 강점은 무엇인지 알 수 없을 것이다. 누군가와 만날 준비를 하면서 나자신에게 진실한 모습으로 사는 일은 매일 연습해야 하는 과제다. 그런 의미에서 제1법칙은 이 책에 나오는 여러 법칙 중에서도 가장 어렵고 또 중요한 법칙이다.

혼자서 나를 알아가기 위해 들이는 모든 노력은 타인을 사랑하는 데도 도움을 준다. 둘 사이에 내가 뭘 기여할 수 있는지 알 수 있을 뿐만 아니라 나를 이해하고 사랑하는 법을 배우는 과정 자체가 타인을 사랑하는 데 드는 노력을 더 잘 이해할 수 있게 도와주기 때문이다. 나를 이해하는 데 많은 노력이 필요하다는 사실은 아끼는 사람과 함께하더라도 그들을 이해하기는 쉽지 않을 것임을 알려준다. 어쩌면 혼자 있는 시간이 주는 가장 중요한 교훈은 나역시 완벽하지 않음을 이해하게 도와주는 것이다. 이 점을 이해할때 우리는 비로소 아름답고도 불완전한 타인을 있는 그대로 사랑할 준비가 될 것이다.

내 과거를 먼저 돌아보라

남이 이끄는 대로 따라가지 마라. 네 마음을 깨워라. 네 경험을 쌓아라.
네 갈 길을 직접 정해라.[1]

– 『아타르바 베다(Atharva Veda)』

워크숍에서 조니를 만났을 때 에멧은 즉각 어떤 교감을 느꼈다. "세상에서 가장 자연스러운 일 같았어요. 몇 번 데이트를 하고 나서는 주말마다 함께 보냈죠. 조니는 나를 사랑한다고 했어요." 그러나 세 달 후 조니는 에멧에게 헤어지자고 했다. "누군가가 저한테 '나는 네가 원하는 걸 줄 수 없어'라고 말한 게 벌써 세 번째예요. 저는 그냥 진지한 관계를 원하는 것뿐인데 말이죠! 연애를 잘하지 못하는 카르마karma가 있나 봐요." 에멧은 내게 그렇게 말했다. 어떤 의미에서는 맞는 말이다. 하지만 카르마란 에멧을 포함한 대부분의 사람들이 생각하는 그런 뜻이 아니다. 카르마란 인과법칙이다. 모든 행동은 반응을 낳는다. 다시 말해 지금 어떤 결정을 내리면 그 결정이 옳든 그르든 미래에 겪을 일을 좌우한다. 사람들은 카르마란 '나쁜 짓을 하면 나에게도 똑같이 나쁜 일이 일어난다'는 뜻이라고 생각한다. 예컨대 누가 나에게 이별을 고하는 것은 과거에 내가 다른 사람에게 이별을 고했기 때문이라는 것이다.

카르마의 원리는 그렇지 않다. 카르마는 오히려 '의사결정을 내릴 때의 마음가짐'에 가깝다. 우리가 무언가를 제대로 이해하지 못한 채로 어떤 선택을 내리거나 행동을 취하면 그에 따른 반응을 얻게 된다. 예를 들어 파티에 갈 거라는 사실을 배우자에게 숨겼는데 파티에서 배우자의 친한 친구를 마주쳤다. 그는 내 배우자에게 나를 봤다고 말했고 배우자는 화가 났다. 이게 바로 카르마다. 어떤 선택을 내렸다면 그 결과를 감당해야 한다. 그러나 오해는 하지 마라. 카르마의 목적은 벌이나 보상을 주는 게 아니다. 오히려 카르마는 우리에게 무언가를 알려주려고 한다. 파티 사건의 경우 숨기지 말고 솔직하라고 알려주는 것처럼 말이다.

나는 당신이 삶의 좋은 일과 나쁜 일을 모두 카르마 탓으로 돌리기를 원치 않는다. 그건 생산적인 태도가 아니다. 카르마를 지난 일을 설명하기 위한 수단으로 쓰기보다는 지금 활용할 수 있는 도구라고 생각하는 편이 더 도움이 된다. 과거의 경험을 이용해 지금 최선의 선택을 내리게 해주는 도구라고 말이다.

과거의 경험이 모여 현재의 내가 된다

카르마는 마음에 새긴 '인상印象'으로 시작된다. 태어날 때부터 우리가 선택하지 않은 수많은 것들이 이미 결정되어 있다. 우리에게 쏟아지는 수많은 정보와 경험이 결국 훗날의 우리를 만든다. 환경, 부모, 친구, 교육, 종교적 가르침 같은 것들 말이다. 비록 내가 고른 것은 아니지만, 우리는 이런 주변 요소가 주는 메시지를 관찰하고 흡수한다.

삼스카라Samskara란 '인상'이라는 뜻의 산스크리트어다.[2] 어릴 때 우리는 삼스카라를 수집한다. 어린 시절 경험에서 얻은 인상들은 사고와 행동, 반응에 영향을 미친다. 어느 인상이 점점 더 강해지면 의사결정에도 영향을 주기 시작한다. 그릇에 우유를 먼저 부은 다음 시리얼을 붓는 습관이 있는 집에서 자랐다면 당신에게는 그 방법이 정상이다. 나중에 부모로부터 독립을 했는데 룸메이트가 당신의 방법이 틀렸다고, 시리얼을 먼저 붓고 우유를 붓는 게 훨씬 합리적이라고 알려준다. 그러면 선택권이 생긴다. 어릴 때 흡수했던 인상을 고수할 것인가, 아니면 새로운 방법을 시도해 볼 것인가? 나이가 들면서 무엇을 보고 누구의 말을 귀담아들을지 선택함으로써 여러 인상을 조율할 수 있는 지혜가 생긴다. 또 과거의 여러 인상을 다시 떠올리고 편집하고 삭제할 기회도 생긴다.

어릴 때 접한 것들은 우리의 선택이 아니었다. 그러나 그것들은 인상을 남긴다. 어른이 되면 그 인상들을 이용해 나만의 선택을 한다. 이 선택들이 무언가 영향을 미치고 결과를 빚고 반응을 만들어 낸다. 그 결과에 만족한다면 아마도 인상을 바꾸지 않을 것이다. 그러나 결과가 마음에 들지 않는다면 다시 생각해 볼 수 있다. 그 인상이 나를 안 좋은 선택으로 몰고 갔는지 판단하게 되는 것이다. 만약에 그랬다면 새로운 인상을 형성해 순환을 깰 수 있다. 그때부터는 새로운 선택을 하게 될 테고 그에 따라 내가 얻는 반응도 달라질 것이다.

다음의 그림은 '카르마의 순환'을 보여준다. 우리는 카르마로 배운 교훈을 가지고 더 좋은 의사결정을 내려야 한다. 하지만 쉽지는 않다. 바쁜 일상 속에서는 그냥 '내가 아는 게 맞을 거야'라고 생각해 버리기 쉽다. 그러다가 예상치 못한 곳에서 사랑이나 시리얼을 만나면 바로 그 삼스카라 때문에 길을 잃을 수도 있다.

◆ 카르마의 순환[3]

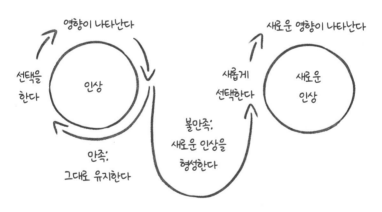

인상이 사랑에 미치는 영향

내 내담자 중 전에 사귄 남자 친구가 깊은 인상을 남긴 사람이 있었다. 그 남자는 야망이 대단했고 새로운 커리어에 발판을 마련하려 안간힘을 쓰던 중이었다. 그녀는 그의 추진력이 좋았지만 그가 자신을 위해 많은 시간을 내주지 않아 불만이었다. 결국 그 남자와 헤어진 그녀는 아주 자상한 남자를 만났다. 첫 데이트 후 남자는 다시 보고 싶다며 호감을 표현했다. 이후로 남자는 늘 그녀를 위해 시간을 냈다. 메시지를 보내고 데이트 계획을 짜고 하루를 잘 보냈는지 꼭꼭 챙겼다. 그녀가 바라던 바로 그런 연애였다. 몇 주 지나지도 않았는데 두 사람은 거의 모든 시간을 함께 보내고 있었다. 그로부터 몇 달 후 그녀는 중요한 사실을 깨닫게 되었다. 남자는 그냥 자상한 게 아니었다. 집착했다. 남자가 그녀를 그렇게 챙긴 건 사랑해서가 아니라 불안해서였다. 남자는 소유욕이 강했고 그녀가 자신을 떠날까 겁을 냈다.

내 내담자는 과거의 인상을 기초로 그 남자를 선택했다. 하지만 선택할 당시 시야가 너무 좁아져 있었다. 카르마는 그녀가 가진 인상이 과거의 경험에 대한 반작용에 급급한 수준이라고 알려주었다. 그녀는 온통 자신에게만 초점을 맞출 사람이 필요하지도, 그런 사람을 원하지도 않았다. 그저 함께일 때 자신에게 온전히 집중해 줄 사람을 원했다. 두 남자를 만나고 헤어지며 그녀는 카르마를 통해 자신이 찾는 사람이 어떤 사람인지 더 정확히 알게 되었다.

어릴 때 형성되는 여러 인상은 사랑이 어떤 모습이고 느낌이어야 한다고 말한다. 무엇이 매력적인지 혹은 이상한지 알려준다. 상대방을 어떻게 대해야 하는지, 나는 어떤 대접을 받아야 하는지 말해주고 어떤 직업을 가진 사람을 만나야 하고 저녁 식사는 누가 계산해야 하는지 일러준다.

내 인상들이 어떻게 형성되었고 선택에 어떤 영향을 미치고 있는지 알지 못한다면 똑같은 카르마를 반복하게 된다. 똑같은 인상은 계속 똑같은 선택을 낳을 것이다. 내가 사랑받았던 방식에 대한 반작용에 급급한 수준으로 타인을 사랑하게 될 것이다. 그러나 내 인상들이 어떻게 형성되었는지 이해할 수 있다면 큰 그림을 보고 새로운 인상을 형성할 기회를 가질 수 있다. 예를 들어 내가 연인의 죄책감을 잔뜩 자극하는 게 어린 시절 어머니가 나의 죄책감을 자극했던 탓임을 안다면 그 사이클을 깰 수 있다. 내가 가진 여러 인상을 이해하는 것은 통제할 수 없었던 어린 시절에 만들어진 삼스카라에서 벗어날 수 있는 첫걸음이다.

새로운 인상을 기초로 내리는 선택은 의식적인 선택이다. 그래서 어느 쪽의 결과가 더 내 마음에 드는지 살펴볼 수 있다. 부모가 사랑하는 방식이 열정적이면서도 불안정했다면 사랑은 그런 모습이어야 한다는 인상을 형성했을지도 모른다. 하지만 그렇게 불안정한 사랑의 결과가 마음에 들지 않는다면(종종 어릴 때 이 점을 깨닫기도 한다) 새로운 인상을 형성해서 부모의 방식과는 다른 사랑을 찾겠다고 결심할 수도 있다. 그렇다면 지나치게 호들갑을 떠는 사랑을 피하는 게 나의 우선순위가 될지도 모른다. 새로운 인상도 나름의 어려움을 야기한다. 몸을 사리게 될 수도, 싫은 것에만 초점을 맞춘 나머지 내가 좋아하는 게 뭔지 생각해 보는 것을 잊을 수도 있다. 그러나 마음을 열고 첫 삼스카라로부터 풀려났기 때문에 시행착오를 통해 새로운 인상을 형성할 기회가 생긴다.

카르마는 거울이다. 내 선택이 나를 어디로 이끌었는지 보여준다. 잘못된 사람을 고르고 같은 실수를 반복하는 것은 과거에 버리지 못하고 온 삼스카라 때문이다. 무의식적으로 과거를 길잡이로 삼지 말고 그 경험을 교훈 삼아 더 좋은 의사결정을 내리기 바란다. 삼스카라의 영향력을 조절하려면 내가 가지고 있는 삼스카라가 무엇인지부터 알아야 한다. 이 과정을 해보는 이유는 두 가지다. 첫째, 과거로부터 교훈을 끌어내면 그 당시 받은 상처를 치유할 수 있다. 둘째, 더 이상 똑같은 실수를 저지르지 않을 수 있다.

내 안의 어린아이가 말해주는 것들

누군가를 만날 때 기대하거나 욕망하는 내용은 최초로 경험했던 사랑에 좌우된다. 사랑이 어떤 모습이고 느낌이어야 한다는 생각을 어디에서 가장 먼저 흡수했는지 생각해 보라. 아마 부모가 사랑을 나누는 모습에서 가장 큰 영향을 받았을 것이다. 내가 그들로부터 받았거나 받지 못한 사랑도 영향을 주었을 것이다. 처음 보았던 로맨스 영화나 처음 진지하게 만났던 사람과의 관계도 마찬가지다. 사랑을 찾아다닐 때 우리는 무의식적으로 과거의 경험을 흉내 내거나 배척한다. 초창기 경험에 지나치게 휘둘리는 경우도 많다. 좋은 쪽으로든 나쁜 쪽으로든 과거의 경험은 선택에 영향을 미친다. 우리가 깨닫는 것 이상으로 판단에 개입한다.

먼저 '시각화'를 한번 해보라. 지금의 나를 잠시 잊고 무의식에 접속해 보는 것이다. 다른 시간, 다른 장소로 떠나고 싶을 때 시각화는 내가 아는 가장 좋은 방법이다. 사람들에게 이 명상을 소개하면 대부분 어린 시절 자신에게 어떤 불안이 있었음을 발견한다. 내 안에 어린아이가 있고 그 아이가 여전히 자기 의심과 싸우고 있음을 발견한다. 그런데 이 명상을 했던 어느 남자는 어린아이가 자신을 보며 이렇게 말했다고 했다. "이봐요, 아저씨. 그만 잊어버려요. 추스르고 인생의 다음 장으로 넘어가요." 남자의 자존심이 그의 여린 부분이 드러나는 걸 가로막고 있었다. "참고 견뎌. 우린 강해. 뭐든 해결할 수 있어"라고 말하면서 말이다.

이 남자처럼 치유할 게 아무것도 없다고 느낄 수도 있다. 하지만 그중에는 오히려 상처가 너무 깊어 보이지 않는 경우도 있다. 우리는 스토아학파처럼 극기克己를 강조하며 스스로에게 괜찮다고 말한다. 이는 과거를 반드시 짚고 넘어가야 한다는 사실을 직시하지 않는 것이다. 1년 뒤 남자는 뜬금없이 나에게 이런 메시지를 보냈다. "사랑하는 사람들이나 나 자신에게 좀 더 연민을 가져야 한다는 걸 알았어요. 그런데 제가 도저히 그렇게 생겨먹지를 않아서

요. 남의 생각이나 감정을 찬찬히 곱씹을 시간이 없나 봐요." 나는 이렇게 답장했다. "시간을 내서 본인의 감정부터 고민해 보시는 게 어떨까요." 비록 1년이 걸렸지만 남자는 마침내 준비가 되었다.

다음의 '내 안의 어린아이를 만나는 명상법'은 유년기부터 우리의 선택을 좌우해 온 '선물'과 '빈자리'를 확인하도록 도와준다. 하지만 이 명상은 내가 가진 나쁜 인상들을 놓아주고, 누군가를 만날 때 의식적 선택을 내리기 위한 첫걸음에 불과하다. 명상을 익힌 뒤에는 더 깊이 이해하고 배우기 위해 인상에 영향을 미치는 세 가지 요소를 점검할 것이다. 바로 부모, 미디어, 첫사랑의 경험이다.

성숙한 사랑을 위한 팁:
내 안의 어린아이를 만나는 명상

과거가 남긴 인상들을 찾아서 사랑에 대한 생각에 어떤 영향을 주었는지 알아보자. 이 명상을 '고대 유물 발굴'이라고 생각해도 좋겠다. 유물 중에는 땅속 깊숙이 묻히거나 반쯤 땅 위로 드러난 보물도 있고, 아무짝에도 쓸모없는 잡동사니도 있다. 그 유물들은 지나간 세월이 얼마나 풍요로웠는지 그리고 당신에게 어떤 상흔을 남겼는지 보여줄 것이다. 인생에 관해 많은 것을 알려줄 것이다.

열세 살 혹은 열네 살 때의 당신을 찾아가 아직 해결되지 않았고 충족되지 않은 욕망들을 알아보자. 어린 당신에게 필요한 말들을 모두 해줘라. 필요한 지혜를 모두 나눠주고 안아줘라. 어린 당신을 품어줘라. 그 아이에게는 어떤 말이 필요했는가? 어떤 말이 필요했는데 한 번도 듣지 못했는가?

너는 아름다워.

너는 용감해.

네 자신을 믿어.

괜찮을 거야.

너는 멍청하지 않아.

그렇게 말해주면 어린 당신은 뭐라고 답할까?

돌아와 그 말을 해줘서 고마워요.

너무 스트레스받지 말아요.

노래를 다시 시작해 봐요.

대화를 갖고 나서 어린 당신을 꼭 안아줘라. 이런 통찰을 주어서 고맙다고 이야기하라.

부모가 준 선물과 빈자리에 대하여

《뉴욕타임스》의 '현대인의 사랑Modern Love' 코너에 칼럼을 쓴 코코 멜러스Coco Mellors는 진지한 관계를 원하지 않는다고 분명히 밝힌 이웃 남자에게 빠져든 이야기를 들려준다.[4] 멜러스는 자신도 진지한 건 원하지 않는다고 말했지만 사실 거짓말이라는 걸 알고 있었다. "당시에는 몰랐지만 나는 익숙한 패턴을 반복하고 있었다.

나는 아버지의 사랑을 갈구하며 자랐다. 아버지는 내 이웃처럼 그날그날 애정이 넘칠 수도, 자리를 비울 수도 있는 사람이었다."

힌두교에서는 '마타 피타 구루 데이밤Matha Pitha Guru Deivam'이라는 산스크리트어 구절을 자주 왼다.5 '어머니, 아버지, 스승님, 신이시여'라는 뜻이다. 어머니는 첫 번째 구루다. 어머니는 사랑을 알려준다. 애정 어린 말과 행동으로 보살핌이 무엇인지 알려준다. 그 옆에는 아버지가 있다. 어린 시절 부모나 나를 보살펴 주는 사람과의 관계가 이후 다른 사람들과의 역학 관계의 기초가 된다는 건 프로이트주의의 기본 원리다.6 멜러스처럼 우리는 어른이 되어도 어쩔 수 없이 그 관계를 흉내 낸다. 어릴 때 우리는 부모에게 완전히 의존한다. 그래서 부모의 관심을 끌고, 부모의 사랑을 불러일으키고, 부모의 사랑을 느낄 방법을 알아낸다. 부모의 사랑은 훗날 자녀의 사랑 방식을 결정한다. '마타 피타 구루 데이밤'은 간단한 개념이지만 함축된 의미는 아주 크다.

캘리포니아대학교 정신의학과의 세 교수 토머스 루이스Thomas Lewis, 패리 아미니Fari Amini, 리처드 래넌Richard Lannon은 공동으로 집필한 책『사랑을 위한 과학』에서 이렇게 말한다. "사랑할 때 아무 생각 없이 하는 모든 행동에는 내가 무의식적으로 알고 있는 내용들이 담겨 있다. 아이가 옳은 부모 밑에서 자란다면 아이는 옳은 원칙들을 배운다. 즉 사랑은 보호, 보살핌, 의리, 희생임을 배운다. 아이가 이를 아는 것은 부모에게 들은 말 때문이 아니라 아이의 뇌가 혼돈 속에서도 자동적으로 몇 개의 원형을 골라내기 때문이다.

그러나 정서적으로 건강하지 못한 부모 밑에서 자란 아이는 자기도 모르게 문제가 있는 관계에서 배운 교훈들을 기억에 새기게 된다. 사랑은 숨 막히고 분노는 무섭고 의존은 창피한 일이라는 식의 수만 가지 잘못된 교훈을 배운다."[7]

내 생각에는 '옳은' 부모 밑에서 자란 아이도 사랑에 대해서는 나름의 문제에 부딪힌다. 만약 아이가 사랑을 보호, 보살핌, 의리 그리고 희생이라고 생각하며 자라왔다면 그걸 사랑과 동일시하게 될 것이다. 어린 시절 트라우마를 경험한 사람이 아닌 이상(경험한 경우에도 종종) 그게 사랑의 '정상적인 모습'이라고 여기게 된다. 그렇다면 나를 사랑하는 누군가가 이와는 다른 모습, 예컨대 기쁨이나 시간, 풍요로움 등으로 사랑을 보여줄 때 그 모습도 진정한 사랑의 표현임을 인정하거나 알아채려면 더 긴 시간이 필요할 수도 있다.

부모가 당신을 사랑했을 때 착하고 친절한 사람이 될 수도 있지만, 반대로 만나는 사람에게 불가능한 수준의 사랑을 기준으로 들이밀 수도 있다. 일부러 점검해 보지 않는다면 내가 어떤 '삼스카라'를 가졌는지도 모른 채 그저 내 생각이나 느낌이 합리적 반응이려니 여기기 쉽다. 부모의 '선물'이 때로는 '빈자리' 못지않게 많은 함정을 만들 수 있다. 우리는 부모의 사랑에 빈자리가 있었다면 다른 사람으로 그 자리를 채우려고 한다. 부모가 선물 같은 사랑을 주었다면 다른 사람도 나에게 부모와 똑같이 해주기를 바란다.

◆ 부모의 선물과 빈자리

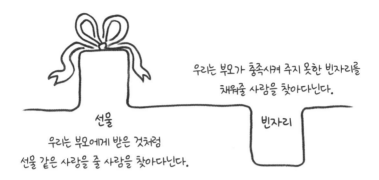

우리는 부모가 충족시켜 주지 못한 빈자리를 채워줄 사람을 찾아다닌다.

선물
우리는 부모에게 받은 것처럼 선물 같은 사랑을 줄 사람을 찾아다닌다.

빈자리

나에게는 어머니의 사랑이 선물과 같았다. 그 덕분에 남들에게도 사랑을 나눠줄 수 있었다. 그러나 부모님은 한 번도 내 럭비 경기에 오지 않았다. 그 빈자리 때문에 처음에 나는 또래들에게 인정을 받으려고 했다. 학교 친구들이 나를 강하고 터프한 아이로 생각해 주길 바랐다. 집에서 받지 못한 응원을 간절히 바랐기 때문이다.

승려가 되었을 때까지도 나는 인정받고 싶은 마음, 그 갈증을 충족시킬 방법을 찾지 못했다. 그러나 아슈람에서 카르마의 거울을 들여다보면서, 내가 그토록 바라던 인정을 받는다고 해도 결코 만족하지 못하리라는 사실을 깨달았다. 남들로부터 아무리 진정성 있고 긍정적인 피드백을 받아도 만족스럽지가 않았다. 그리고 다들 느껴본 적 있겠지만, 훌륭한 결과를 얻기까지 우리가 얼마나 험난한 과정을 거쳐왔는지 남들이 제대로 이해하기란 쉽지 않다.

처음에 우리는 가장 가까운 사람들에게 인정받으려고 한다. 그

게 충족되지 않으면 모든 사람에게 인정을 받으려고 한다. 그러다가 마침내 자기 안에서 그걸 찾는다. 나는 부모님이 만든 빈자리로 인해 이 교훈을 배웠다. 나는 나 자신에게 만족하는 법을 배워야 했다.

부모의 선물과 빈자리는 누군가를 만날 때 다양한 방식으로 작용한다. 내 부모님은 생일 때마다 특별한 사람이라는 기분이 들 수 있는 선물을 주셨는데, 라디의 가족은 즐거운 시간을 보내는 것으로 선물을 대신했다고 한다. 우리 둘 다 어린 시절의 이 경험을 소중하게 생각한다. 하지만 내 생일이 온다면 어떨까? 나는 선물을 기대하고 있는데 라디는 즐거운 시간을 준비할지도 모른다. 결국 나의 기대치가 무엇이고 그 출발점이 어디인지 잘 알수록 내 욕구를 소통하고 상대와 맞춰나가는 일도 더 잘할 수 있다.

자신이 겪었던 선물과 빈자리에 반응하는 방식은 사람마다 다르다. 부모님이 싸우는 모습을 보며 자랐다면 따지기를 좋아하는 사람이나 방어적인 사람이 될 수 있다. 어쩌면 스스로를 치유해서 의식적으로 남들을 그렇게 대하지 않으려고 노력할 수도 있다. 남들이 갈등을 잘 극복할 수 있게 도와주는 사람이 될지도 모른다. 부모가 불안정한 가정을 꾸렸다면 언제나 평화를 유지하려고 노력하며 진짜 감정을 숨기는 사람으로 자랄지도 모른다.

카르마는 우리에게 대응법을 골라보라 하고, 선택은 사람마다 조금씩 다르다. 정답은 없다. 중요한 것은 카르마가 언제 내 관계에 도움이 되었고, 언제 나는 아직도 무의식적 선택을 내리고 있는지 아는 것이다. 아버지가 이기적인 사람이었다면 당신도 이기적인 사람만 몇 명째 만나고 있을지 모른다. 마침내 이를 깨닫고 좋은 사람에게 정착할 때까지는 말이다. '카르마의 교훈을 배운다'는 건 바로 이런 뜻이다.

많은 사람들이 '어린 시절 내 환경이 충분치 못했다'고 느낀다. 이유는 다양하다. 기본적 욕구조차 충족되지 못했던 사람도 있을 테고, 더 나은 인생 기반을 확보할 기회를 얻지 못했던 사람도 있을 것이다. 부모가 아무리 나를 믿어주고 장점을 격려하고 실망했을 때마다 세상이 끝난 게 아니라고 말해주고 지속적으로 자신감을 북돋워 줬다고 해도 완벽한 정신세계를 깔끔하게 포장해서 건네줄 수는 없다. 그리고 많은 부모가 본인 스스로도 자신감이나 자존감, 자기계발, 자기애, 자기돌봄 등에 어려움을 겪는다. 본인도 완벽하지 않은 부분을 자녀에게 알려주기란 쉽지 않다.

그렇다면 우리는 이대로 망한 걸까? 장담하지만 절대 아니다. '내 부모가 이렇게 해줬어야 했는데, 저렇게 해줬으면 좋았을 텐데' 하고 아쉬워할 시간에 지금 할 수 있는 일이 무엇일지 고민하라. 태어난 환경이 아무리 불완전했어도 각자의 카르마를 통해 무언가를 배울 수 있고, 그걸 길잡이로 원하는 관계를 맺을 수 있다.

부모가 크고 작은 방식으로 나를 충족시켜 주었든 소홀히 했든 일단 둥지를 떠나면 처음에 우리는 내 내면이 아니라 타인, 즉 외부를 향해 인정과 만족을 바라게 된다. 우리는 내 마음의 빈 곳을 채워줄지도 모른다고 생각되는 사람에게 끌리지만, 정작 나와 더 잘 맞을 수 있는 사람에게는 마음을 열지 못할지도 모른다. 이때 카르마의 거울을 들여다보면 엉뚱한 사람들을 쫓아다니는 짓을 그만두는 데 도움이 된다. 그리고 채워지지 않은 어린 시절의 정서적 욕구는 스스로 채우기 시작할 수 있다. 내 삶에 영향을 끼친 요소들을 잘 알게 되면 상대방의 부모가 그에게 끼친 영향도 더 잘 보이고, 나 자신과 상대방 모두를 더 잘 이해하고 인내할 수 있다.

성숙한 사랑을 위한 팁: 어린 시절에 생긴 정서적 욕구 알아보기

어린 시절부터 이어져 온 정서적 욕구가 무엇인지 파악해 보자. 당신 자신을 잘 이해할수록 더 현명하게 관계를 맺을 수 있을 것이다.

1. 기억
어린 시절 가장 좋았던 기억 세 가지는 무엇인가? 가장 안 좋았던 기억 세 가지는? 힘들었던 때는 언제인가? 그때 부모가 문제를 극복하도록 도와주었는가? 그 일은 당신에게 어떤 영향을 미쳤는가?
부모의 사랑만으로도 마음이 진정되었을 수도, 오히려 그 때문에 의존적으로 변했을 수도 있다. 부모의 냉정한 반응 때문에 자존감이 손상되었을 수도, 오히려 시련에 대한 회복력이 커졌을 수도 있다. 중요한 것은 당신의 부모가 세계 최고의 부모였느냐가 아니라 부모의 태도가 당신의 발달에 어떤 영향을 미쳤는가 하는 점이다.

2. 기대
부모는 당신에게 어떤 기대를 품었는가? 그 기대는 동기부여가 되었는가, 부담이 되었는가? 지금의 관계에는 어떤 영향을 미치고 있는가?

부모가 특정 수준의 성공을 기대하거나 특정한 유형의 사람과 만나기를 바랐다면 그 기대에 불필요하게 집착했을 수도, 반대로 거부했을 수도 있다. 그 기대가 아직까지 당신의 인생에 영향을 주고 있는가? 내 친구는 부모가 야망 있는 사람과 결혼하라고 귀에 못이 박히게 이야기했다. 최근 그녀의 연인은 이렇게 말하며 이별을 고했다. "나는 네 비즈니스 파트너가 되고 싶지 않아. 네 남자 친구이고 싶어." 결국 친구는 부모의 바람을 그만 놓아주고 진정한 인생의 동반자에 대해 다시 생각해 봐야 했다.

3. 모범

사랑하는 관계에 있어서 당신의 부모는 어떤 모범이 되었는가? 마음에 들었던 부분은 무엇인가? 싫었던 부분은 무엇인가?

사람을 만날 때는 부모가 했던 행동을 거부하거나 되풀이하는 경우가 많다. 부모가 싸움이 많았으면 갈등을 회피할 수도 있다. 부모 사이에 어떤 역학 관계가 있었다면 당신도 똑같은 역학 관계를 기대하거나 혹은 무슨 수를 써서든 그런 역학 관계만큼은 피할 수도 있다.

4. 정서적 응원

부모가 어떤 종류의 사랑 혹은 정서적 응원을 해주기를 바랐는가? 당신이 못 받은 것은 무엇인가?

이러한 질문들을 통해 당신의 관계에 영향을 미치는 선물이나 빈자리가 무엇인지 알았다면 이제 다음의 다섯 가지 단계를 따라 문제에 대응해 보자.

1단계: 인식한다

첫 단계는 그 인상이 언제 어디서 당신을 엇나가게 만드는지 인식하는 것이다. SNS에 드러나는가? 특정한 사람들과 있을 때인가? 연인이나 배우자와 무언가를 축하할 때인가? 여행 중일 때인가?

2단계: 상기한다

어떤 사람이 되거나 되고 싶지 않은지 스스로 기억하고 있어야 한다. 원하지 않는 방식으로 행동할 위험이 있는 순간에 기억이 날 만한 문구를 만들어라. 상대방이 평소에 잘 해주지 않는 응원을 기대하는가? 그가 어떤 집단에 들어가서 활동하는 모습을 보면 질투가 나는가? 그의 특정한 행동이 늘 분노를 유발하는가? 그런 순간에 당신이 바뀌고 싶다는 걸 스스로 일깨울 수 있는 방법을 찾아내라.

복잡할 건 없다. 화장실 거울에 포스트잇을 붙여놓거나 일기장에 나만 확인할 수 있는 메모를 적어두거나 상대방에게 지금 내가 노력 중인 부분을 상기시켜 달라고 부탁하는 것도 한 방법이다.

3단계: 반복한다

상기할 문구를 주문처럼 외워라. '사랑에는 죄책감이 없다', '분노는 답이 아니다', '짐작하지 말고 물어봐라' 등의 문구를 택해 스스로에게 계속 반복해서 말하라. 이렇게 하면 필요한 순간 머릿속에 떠오를 가능성이 더 높아진다.

4단계: 줄인다

상대방에게 보이는 특정한 반응이나 기대가 완전히 사라지진 않았지만 빈도가 줄어들고 있는 게 눈에 보일 것이다. 상대방에게도 이를 알려서 당신이 노력 중임을 알게 하라.

미디어가 남긴 사랑의 환상

우리가 사랑하는 방식에 영향을 미치는 삼스카라는 부모 말고
도 많다. 어릴 때부터 영화와 TV, 음악 등 여러 미디어가 '이상적
인 사랑은 이런 것'이라며 낭만적인 사랑의 개념을 심어놓았다. 백
설공주는 "언젠가 왕자님이 올 거야Someday my prince will come"라고
노래했고[8] 각종 미디어는 우리에게 꿈에 그리는 사람이 나타날 거
라고, 그러면 운명처럼 그 사람을 금세 알아보고 정신없이 사랑에
빠져들어 해피엔딩에 이를 거라고 약속했다.

영화 〈포레스트 검프〉에서 배우 톰 행크스Tom Hanks가 연기한
주인공 검프가 등교 첫날 스쿨버스에 오르자 마음씨 착한 소녀 제니
는 그에게 옆자리에 앉을 것을 권한다.[9] 영화의 내레이션은 이렇게 이
어진다. "내 평생 그렇게 아름다운 무언가를 본 것은 처음이었다. 제
니는 마치 천사 같았다." 그리고 거기서부터 러브 스토리가 시작된다.

이처럼 영화나 소설은 첫눈에 사랑에 빠지는 일을 믿으라고 한
다. 그러나 심리학 교수 알렉산더 토도로프Alexander Todorov는 책

『얼굴의 가치Face Value』에서 첫인상은 틀리기 쉽다고 설명한다.[10] "우리는 행복해 보이는 사람이 더 신뢰할 만하다고 생각하고 지쳐 보이는 사람은 덜 똑똑하다고 생각한다. 그러나 이런 인상은 전혀 사실이 아니다. 우리는 스스로 '전형적'이라고 생각하는 얼굴에 긍정적 성격을 부여한다." 그리고 이렇게 덧붙인다. "인간의 '평균적' 얼굴이란 존재하지 않음에도 불구하고 우리는 '내가 정의해 놓은 전형적 얼굴'에 가까운 얼굴을 좋아한다." 이렇듯 첫인상이란 못 미더운 것이지만 펜실베이니아대학교 심리학자 팀이 단체 남녀미팅 행사에 참여한 1만 명이 넘는 남녀의 데이터를 조사한 결과 대부분 상대방에게 끌리는지 여부를 3초 내에 결정했다.[11]

여러 연구에 따르면 첫인상은 생각지도 못한 요소의 영향을 쉽게 받는다. 예일대학교 심리학자들은 한 연구에서 실험 참가자들에게 잠깐 동안 뜨거운 커피 혹은 차가운 커피를 들고 있게 했다.[12] 그런 다음 모르는 사람에 대한 정보가 적힌 책자를 주고 이 사람을 평가해 보라고 했다. 그러자 뜨거운 커피를 들고 있었던 사람들은 차가운 커피를 들고 있던 사람들보다 책자에 적힌 사람을 훨씬 더 따뜻한 사람으로 묘사했다(그러니 여러분도 첫 데이트를 하게 되면 상대방에게 아이스크림보다는 핫초콜릿을 쥐여줘라).

'맥락 효과context effect'라는 게 있다.[13] 사람을 마주쳤을 때 주변 분위기가 그 사람의 첫인상에 미치는 영향을 설명하는 용어. 방금 로맨틱 코미디 영화를 보고 나오는데 영화관 로비에서 누군가를 마주쳤다고 생각해 보라. 다큐멘터리 영화를 보고 나오면서 그 사람을 마주쳤을 때보다는 더 연애 상대로 생각해 보게 될 것이다. 혹은 결혼식장(로맨틱 코미디 영화를 100번 정도 본 효과와 비슷하다)에서 누군가를 만났다고 한번 상상해 보라. 술집에서 만났을 때보다 더 결혼 상대처럼 보일지도 모른다.

영화가 보여주는 이미지는 사랑이 어떤 식으로 시작되어야 하는지 그 기준을 정립한다. 그래서 우리는 종종 당연한 수준의 로맨스를 달성하지 못하고 있는 듯한 기분을 느낀다. 영화 〈500일의 썸머〉에서 카드 문구를 쓰는 직업을 가진 주인공 톰은 상사에게 밸런타인데이 카드를 보여주면서 이렇게 말한다. "누가 저한테 이 카드를 주면 저는 먹어버릴 거예요. 이런 카드며 영화며 팝송이 문제예요. 이런 것들이 온갖 거짓말과 두통거리와 세상 모든 문제를 만들어낸다고요."[14]

할리우드 혼자서 저지르는 일은 아니다. 어릴 때 내가 보았던 인도 영화들도 똑같았다. 나도 발리우드Bollywood(인도 영화 업계)가 내세우는 로맨틱한 해피엔딩을 꿈꿨다. 당신은 내가 수도자로 지냈으니 그런 관념을 탈피했을 거라고 생각할 것이다. 그러나 프롤로그에서 밝혔듯이 라디에게 청혼을 하려고 마음먹었을 때 내가 떠올린 이미지 역시 미디어가 남긴 인상에서 나온 것이었다. 강둑, 아카펠라, 마차 같은 것들 말이다. 천만다행으로 라디와 나는 어찌어찌 잘 풀렸지만 라디의 알레르기 반응은 나에게 주변 미디어의 영향력에 굴복할 게 아니라 내 앞에 있는 사람을 생각해야 한다는 사실을 상기시켜 주었다.

약혼반지를 고를 때도 친구에게 어떤 반지를 사야 하는지 물어보았다. 친구는 두세 달치 월급 정도 되는 가격으로 최대한 좋은 반지를 사라고 했고 나는 그렇게 했다. '두세 달치 월급' 같은 수치가 어디서 나왔는지 물어보지는 않았다. 만약 물어봤다면 친구는 아마 이렇게 대답했을 것이다. "내가 약혼할 때 누가 그렇게 알려 줬어." 몇 년이 지난 후 나는 제2차 세계대전 이전에는 약혼반지에 다이아몬드가 들어가는 경우가 10퍼센트에 불과했다는 걸 알게 됐다.[15] 전쟁 이후 다이아몬드 업계에서 다이아몬드를 사랑과 결혼을 상징하는 '공식적인' 보석으로 만든 것이다.

이 전략이 성공하자 거의 50년이 지난 후 다이아몬드 업계는 다시 남자가 반지에 돈을 얼마나 써야 하는지도 정의하기에 이르렀다. 1977년에 보석 회사 드비어스De Beers가 내보낸 광고는 해변에 있는 어느 연인의 그림자를 보여준다.[16] 남자의 그림자는 역시나 그림자로 묘사되는 여자의 손가락에 다이아몬드 반지를 끼워준다. 화면에서 색상을 가진 것이라고는 금테를 두른 반지뿐이다. 두 사람은 키스를 하고 그 위로 내레이션이 깔린다. "다이아몬드 약혼반지. 달리 어떻게 두 달 치 월급이 영원할 수 있을까?" 남자가 약혼반지에 정확히 얼마를 써야 하는지 세상에 일러준 건 바로 보석 회사였다! 이게 이해관계가 아니면 대체 뭘까? 이 광고는 내 친구가 태어나기도 전에 방송되었다. 그런데도 아직까지 친구와 나와 다른 수백만 명에게 영향을 끼치고 있는 것이다. 누군가를 사랑한다면 다이아몬드에 큰돈을 써야 한다고 말이다.

요즘은 이전만큼 로맨틱 코미디 영화가 많이 만들어지지는 않는다. 그렇지만 내가 가진 사랑에 대한 인상을 점검하려면 어릴 때 뇌리에 심어진 인상들을 다시 살펴보아야 한다. 비판적인 시각으로 영화를 보지 않았던 시기, 영화의 옳고 그름을 판단하는 경험이 전혀 없었던 시기에 심어진 인상들 말이다. 2015년 영화 〈신데렐라〉에서는 릴리 제임스Lily James가 신데렐라 역할을 맡았다. 당시 스와로브스키Swarovski에서 제작한 크리스털이 박힌 유리 구두는 실제로 제임스의 발에 맞지 않았다. "그 구두가 발에 맞는 아가씨는 아무도 없을 거예요."[17] 제임스는 《워싱턴포스트》와의 인터뷰에서 이렇게 말했다. "그러니 왕자님은 혼자 살다 죽겠지요." 이처럼 '오래오래 행복하게 살았습니다'라는 미디어의 환상은 실제로 우리가 오래오래 행복하게 사는 데 장애물로 작용한다.

성숙한 사랑을 위한 팁:
미디어가 심은 사랑의 환상 점검하기

사랑에 대한 느낌을 형성하거나 바꿔놓은 노래 혹은 영화가 기억나는가? 처음 듣거나 보았던 때를 떠올려보라. 거기서는 사랑을 어떤 특징으로 표현했는가? 그 특징들을 그대로 믿는가? 과거에 누군가를 만났을 때 그 특징들이 그대로 구현된 적이 있는가?

- "'안녕하세요'라고 했을 때 난 벌써 당신한테 넘어갔어요."[18] _영화 〈제리 맥과이어〉
- "널 끊는 법을 알았으면 좋겠어."[19] _영화 〈브로크백 마운틴〉

- "나한테는 당신이 완벽해요."[20] _영화 〈러브 액츄얼리〉
- "원하시는 대로."[21] _영화 〈프린세스 브라이드〉
- "달을 갖고 싶나요? 말만 해요. 내가 올가미를 던져서 끌어내릴 테니."[22] _영화 〈멋진 인생〉
- "나도 그냥 한 남자 앞에서 나를 사랑해 달라고 말하고 있는 한 여자에 불과해요."[23] _영화 〈노팅 힐〉

미디어가 러브 스토리에 심은 인상을 알고 나면 더 이상 누군가를 만날 때 할리우드식 '완벽'을 요구하지 않을 수 있고, 천천히 시작하거나 다르게 펼쳐지는 사랑도 기꺼이 시도해 볼 수 있다.

첫사랑의 그늘에서 벗어나는 법

사랑에 대한 생각을 크게 좌우하는 또 하나의 요인이 바로 첫사랑이다. 2015년에 예술가 로라 블루Rora Blue는 인터넷에 익명 게시판을 하나 만들어 사람들에게 첫사랑에게 보내는 메시지를 써달라고 했다.[24] 100만 명이 넘는 사람들이 참여했는데 그 내용들은 다음과 같았다. "네가 날 망쳐놨어. 하지만 난 아직도 종이 접시나 냅킨 같은 곳에 너에게 보내는 편지를 쓰곤 해." "너는 항상 내 뼈에 새겨져 있을 거야." "너를 사랑하면서 나를 잃어버린 게 좋았어. 그런데 이렇게 오랜 시간이 지났는데도 아직 나를 찾지 못했어." "두 눈을 계속 감고 있으면 그이가 너로 보여."

첫사랑이 인상을 만들어내는 데는 생물학적인 이유가 있다. 뇌에서 핵심적인 역할을 하는 부위 즉 전전두엽prefrontal cortex이 완전히 발달하려면 스물다섯 살 정도가 되어야 한다.[25] 신경과학자 대니얼 에이먼Daniel Amen에 따르면 전전두피질은 말이나 행동에 앞서 생각하거나 실수로부터 무언가를 배울 수 있도록 돕는 역할을 한다.[26] 전전두피질이 아직 완전히 발달하지 않은 젊은 사람들은 정신생활의 상당 부분이 편도체를 통해 이뤄진다. 편도체는 공포나 불안 같은 정서적 과정과 관련된 뇌 중추다. 따라서 젊은 사람들은 감정으로 '생각'한다.

이를 통해 알 수 있는 건 나이가 들어 이성과 자제력이 발달하면 열정이 사그라들어 더 이상 이전처럼 거침없는 감정을 느끼지 않는다는 사실이다. 어린 시절 사랑의 열정을 느껴본 적이 있는 사람은 어른이 된 후 그 어떤 감정보다 어린 시절의 사랑을 강렬하게 기억할지도 모른다. 이상적인 사랑이 아니었다고 해도, 심지어 건강한 사랑이 아니었다고 해도 말이다.

처음으로 열병에 걸린 것처럼 사랑한 사람은 당신의 마음을 찢어놓을 수 있다. 그 관계가 주는 교훈을 받아들이지 않고 두 번째 사랑을 한다면 지루하게 느끼거나 나답지 않은 행동을 할 수 있다. 세 번째에도 같은 방식으로 사람을 만나면 이번에는 사기를 당할 수도 있다. 카르마는 당신이 변할 때까지 만나는 상대방을 바꿔가며 계속해서 똑같은 교훈을 일러주거나 한 사람과 관계를 맺는 내내 똑같은 교훈을 말하고 또 말할 것이다.

『베다』의 가르침에 따르면 지능에는 세 가지 수준이 있다.[27] 가장 높은 수준은 누가 불에 손을 가져다 대면 손을 덴다고 알려줬을 때 그 말을 경청해서 깨달음을 얻고 절대로 불에 손을 대지 않는 것이다. 두 번째 수준은 직접 겪어야 아는 것이다. 불에 손을 가져다 댔다가 손을 데고 나면 다시는 불에 손을 가져가지 말아야겠다는 교훈을 배우는 것이다. 세 번째 수준은 손을 계속해서 데면서도 끝까지 교훈을 얻지 못하는 것이다.

카르마의 교훈을 받아들이지 않으면 세 번째 수준의 지능에 머물러 자신에게 계속 흉터를 남기게 된다. 그 행동을 했을 때 어떤 상처를 받았고 어떤 기분을 느꼈는지 과거의 경험으로 축적된 정보가 있다는 사실을 자꾸 잊어버린다. 연애에 운이 따라주지 않는다고 느낄 때 실제로는 이미 가지고 있는 정보를 무시하고 카르마가 주는 교훈도 줄기차게 거부하고 있는 경우가 많다. 과거에서 아무것도 배우지 못하면 똑같은 실수를 반복하게 된다. 카르마는 그 선택을 반성하라고 말한다. 그렇게 선택한 이유를 생각해 보고, 다음번에는 어떻게 달리 처신할지 판단해 보라고 한다.

왜 매번 똑같은 스타일에만 끌릴까

다음은 우리가 만나는 사람들을 다섯 가지 유형으로 정리한 것이다. 유심히 보고 각각의 카르마가 어떤 교훈을 주는지 살펴보자.

◆ 당신이 사랑에 빠지는 다섯 가지 유형

반항아

도망자

골칫덩어리

잠자리 상대

화려한 사랑

반항아

영화 〈나는 네가 지난 여름에 한 일을 알고 있다〉에서 줄리는 레이에게 이렇게 말한다.[28] "난 이거 싫어. 정말 싫어. 너는 또 가서 머리 빡빡 밀고, 시커먼 옷 입고, 온몸이 타투로 뒤덮이고 피어싱 잔뜩 한 아이한테 홀랑 넘어가겠지." 레이가 대답한다. "흠, 매력적인데?"

이런 캐릭터는 각종 문학 작품과 영화에 계속해서 등장한다. 『제인 에어』의 로체스터,[29] 『폭풍의 언덕』의 히스클리프,[30] 영화 〈트와일라잇〉의 에드워드[31]도 그랬다. 현 체제에 반항하는 사람에게 끌리는 게 반드시 실수라고는 할 수 없다. 그러나 모험과 미스터리가 의리와 책임감으로 변하기를 계속 바라고 있다면 이제는 지난 선택에서 교훈을 배울 때다. 왜 이 유형에게 끌리는가? 그들은 당신이 원하는 성격의 관계를 추구하는 편인가? 만약 더 깊은 약속을 나누는 관계를 맺고 싶고 그렇게 할 준비가 되었다면 이제 반항적인 매력에만 빠져들지 말고 마땅히 갖춰야 할 자질들을 가진 사람을 선택해야 한다.

도망자

정서적이나 시간적으로 여유가 없는 사람에게 끌리는 경우가 있다. 이 사람들은 계속 움직이다가 가끔씩 딱 희망을 가질 만큼만 멈춰 선다. 당신은 무슨 주문에라도 걸린 것처럼 그들이 가던 길을 멈추고 당신에게 관심과 시간을 쏟아줄 거라고 스스로를 설득한다. 그들이 당신에게 주목하기만 하면 된다고 말이다. 그러면 틀림없이 당신과 사랑에 빠질 거라고 확신한다. 그래서 전력을 다해 그들을 뒤쫓는다.

어디에 있을까? 나와 시간을 보내지 않고 어디서 시간을 보내고 있을까? 언제 전화가 올까? 어떻게 하면 그 사람이 나를 볼까? 어떻게 해야 절박하게 보이지 않으면서 나를 만나게 만들까? 이런 추격전에 빠져 있다는 건 그 사람을 잘 알지도 못하고 서로 맞는지 확인할 방법도 없다는 뜻이다. 서로에 대해 알아가는 것도, 함께 성장하는 것도 아니다. 당신은 그 사람과의 관계에 모든 에너지를 투자하지만 돌아오는 건 아무것도 없다.

데이팅 사이트 매치닷컴Match.com의 최고 과학 자문 책임자인

인류학자 헬렌 피셔Helen Fisher는 책 『나는 누구를 사랑할 것인가?』에서 '비싸게 구는 것'이 그녀가 '좌절 매력frustration attraction'이라고 이름 붙인 현상을 만들어낸다고 설명한다.[32] "장벽은 로맨틱한 사랑의 감정을 심화시킨다. 아마도 보상이 지연되면 즐거움이나 에너지, 집중 그리고 동기부여와 관련된 뇌 경로가 계속 작동하기 때문일 것이다." 그러면서 피셔는 비싸게 굴기의 최후가 어떤지 연구진이 들여다보았더니 장기적 관계 정립에 도움이 된다는 증거가 전혀 없었다고 덧붙였다. 즉 당신이 추격을 하는 입장이든 추격을 당하는 입장이든 상대방과 함께 시간을 보내지 않으면 단단한 관계는 만들어지지 않는다는 것이다.

만약 추격의 스릴에 끌리는 타입이라면 지금 무엇을 선택하고 있는지 제대로 알기를 바란다. 계속해서 투어를 다니는 뮤지션과 사귄다면 그 사람이 커리어를 포기하고 온종일 당신과 시간을 보내주기를 바랄 수는 없을 것이다. 시간이 없는 사람도 대체로 그렇다. 당신만큼 바쁜 사람을 찾고 있기에 그 사람에게 끌리는가? 아니면 바쁜 부모 밑에서 자라 당신이 그 정도밖에 사랑받을 수 없다고 생각하는가? 카르마를 잘 활용하려면 내가 선택하려는 사람이 어떤 사람인지, 나는 왜 그 사람을 선택하는지 제대로 알고 있어야 한다. 그리고 제1법칙에서 이야기했듯 내가 원하는 삶에 그 사람이 잘 맞을지도 따져보아야 한다.

골칫덩어리

종종 구원이 필요한 사람들이 있다. 당신은 그 사람을 돌봐주어야 할 것 같고, 관심과 도움을 주고 안정감을 제공해 줘야 할 것 같은 기분이 든다. 그 사람의 돌봄이 필요한 부분이 남을 보살피는 당신의 성향에 어필할지도 모른다. 단기적으로 당신은 유능하고 상황을 통제하는 사람이 된 것 같은 기분이 든다. 그 사람은 당신을 필요로 하고 당신은 그 사람을 더 잘 살게 만들 수 있을 것 같다. 그러나 장기적으로 그 사람이 바뀌지 않는다면 지쳐서 그를 원망하게 될 것이다. 줄곧 그를 돌보고 있었기 때문이다. 두 사람은 동등한 관계가 아니다. 그 사람보다 당신이 둘의 관계에 훨씬 더 많이 투자하고 있다.

관계를 지배하게 되면 자존심을 세울 수 있으며 스스로 중요한 사람이 된 듯한 기분을 느낄 수 있다. 자기 자신을 의심할 필요도, 상대방의 제안에 따를 필요도 없다. 그러나 이는 그토록 원하던 장기적 교감을 형성하는 데 방해가 된다. 상대방에게 끌린 것이 아니라 둘 사이의 역학 관계에 끌린 것이기 때문이다. 만약 가이드나 리더, 조언가 역할을 수행하는 게 너무 좋다면 삶의 다른 영역에서도 얼마든지 그런 역할을 찾을 수 있다.

스스로 어떤 역할을 맡고 있는지 모르겠다면 다음 쪽의 '관계에서 내가 맡은 역할 알아보기'를 참고하라. 자신이 관계에서 어떤 역할을 맡고 있는지 점검하고 더 나은 역할이 있는지 알아볼 수 있을 것이다.

성숙한 사랑을 위한 팁:
관계에서 내가 맡은 역할 알아보기

다음의 질문은 최근 관계에서 어떤 역할을 수행했고 새로운 관계에서 어떤 역할을 기대하는지 점검하게 해준다. 원하는 역할이 맞는지 확인해 보라. 물론 모든 역할을 조금씩 모두 수행할 테고 잠깐은 '해결사'나 '의존자'가 되는 것을 의식적으로 허용하겠지만 장기적으로는 서로의 '응원자'가 되는 방향으로 나아가야 한다.

유형 1. 해결사
계속해서 상대방의 문제를 해결하고 그를 보살피고 도와주며 더 나은 사람으로 만들려고 시도했는가? 그의 목표를 이루는 책임을 당신이 떠맡으려고 했는가?

유형 2. 의존자
상대방에게 너무 많이 의지하는 기분이었는가? 문제가 생길 때마다 그를 찾아갔는가? 그가 해결책을 찾아주기를 기대했는가?

유형 3. 응원자
상대방의 성격을 좋아하고 가치관을 존중하며 그가 목표를 향해 나아갈 수 있게 도와주려 했는가? 그가 시간을 쓰는 방식과 자기 공간을 지키는 방식을 존중했는가, 방식을 바꾸기를 바랐는가?

해결사는 부모 같은 사고방식을 갖고 있다. 상대방을 돌보고 보살피는 게 자신의 책임인 것처럼 느끼며 그의 행복이 최우선순위가 된다. 이런 마음가짐이 도움이 될 때도 물론 있겠지만 지나치기가 더 쉽다.

부모처럼 돌보려고 하면 상대방은 아이처럼 행동한다.

의존자는 어린아이 같은 사고방식을 갖고 있다. 상대방에게 의지한다. 모든 걸 다 알아서 해주기를 바라며 그러지 않으면 화가 난다. 지배적인 태도의 사람을 만났을 경우 종종 의존자의 사고방식이 자리잡는다. 누군가 관계를 주도하면 편안할 수 있다. 그러나 자신의 방식대로 살아가지 않으면 자신의 삶에서 밀려날 수도 있다.

응원자는 상대방을 지지한다. 두 사람은 서로의 부모도 아니고 자녀도 아닌 평등한 관계다. 그렇지만 책임을 지고 인내심을 키우려고 노력한다. 상대방의 성장을 돕지만 세세한 것까지 관리하려고 들지는 않는다. 동화 『골디락스와 세 마리 곰』이 시사하듯 과하지도 부족하지도 않은 '딱 맞는' 균형점을 찾으려고 노력한다.

모두 응원자가 되어야 하는 이유

누군가를 만나면 자연스럽게 세 역할을 번갈아 맡는다. 그러나 늘 똑같은 역학 관계에서 벗어나지 못하는 사람은 피해야 한다.

24시간 해결사가 되었다면 상대방이 자신의 인생 여정을 돌보지 않는다는 뜻이다. 그 여정을 대신 살아갈 권리는 없다. 어쩌면 망가진 적도 없는 '원래 그런 사람'을 고치는 것도 당신 역할은 아니다.

반대로 당신이 24시간 깨지기 쉽다면 자신감이 결여되어 있고 남의 인정을 바란다는 뜻이다. 스스로 망가졌다 생각하며 남이 고쳐주기를 바란다는 뜻이다. 그런 면을 지지하는 사람은 당신이 스스로 성장이나 기쁨, 성공을 책임지는 데 방해가 된다.

이상적인 모습은 응원자다. 모두 응원자가 되기 위해 노력해야 한다. 평등한 입장에서 소통하고 상대방이 그러하듯 당신도 늘 상대방에게 무언가를 가르쳐주어야 한다. 서로 배우고 가르친다는 사실을 이해할 때 비로소 '파트너십(partnership)'이 생긴다.

잠자리 상대

상대방이 여기저기에서 잠자리를 하고 다닌다면 그 사람은 한 사람과의 약속에는 전혀 관심이 없음을 분명히 밝힌 것이다. 당신이 약속을 나누는 단 한 사람이 되기를 바란다면 이 관계를 계속 유지할 가치가 있는지 잘 생각해 보아야 한다. 섹스에 정신이 팔리면 누구와 함께할지 혹은 이 사람과의 관계를 유지할지 올바른 판단을 내리지 못할 수 있다. 이렇게 정신이 팔리는 가장 큰 이유 중 하나는 옥시토신oxytocin이라는 호르몬이다. 신경과학자인 대니얼 에이먼은 옥시토신이 '사랑에 빠져 있다'라는 감정과 관련되어 있다고 말한다.[33] 옥시토신 분비는 유대감과 신뢰감 형성을 도와줄 뿐만 아니라 가속화할 수도 있다.

일반적으로 남성은 여성보다 옥시토신 수준이 낮다. 그런데 섹스를 하면 남성의 옥시토신 분비는 500퍼센트 이상 치솟는다.[34] 뉴욕대학교의 신경과학자 로버트 프롬크Robert Froemke는 옥시토신이 볼륨 조절 다이얼처럼 움직여서 "뭐가 되었든 이미 경험 중인 내용과 관련된 뇌 활동을 활성화하고 확대시킨다"라고 말한다.[35] 섹스 도중에, 그리고 이후에 우리는 사랑에 빠져 있다고 느끼지만 실제로 그건 사랑이 아니다. 더 가까워졌다고 느끼는 건 화학적인 반응일 뿐 정서적으로 가까워진 건 아니다. 게다가 옥시토신은 부정적인 기억에 대한 일시적 차단 효과가 있다.[36] 그러니까 신경 쓰였던 작은 일들이나 앞서 싸웠던 일 같은 게(실제로는 중요한 경고 신호였을 수도 있다) 섹스 후에는 기억에서 옅어질 수 있다.

내가 팟캐스트에서 부부관계 전문가 존 가트맨John Gottman과 줄리 가트맨Julie Gottman을 인터뷰했을 당시 존은 옥시토신이 "나쁜 판단을 유도하는 호르몬"이 될 수 있다고 했다.[37] 그는 이렇게 말했다. "호르몬이 안전하고 안정된 느낌을 주니까 계속 다 괜찮을 거라고 생각하는 거예요. '날 믿으면 안 돼'라고 상대방이 붉은 깃발을 마구 흔들고 있는데도 경고 신호를 보지 않는 거죠."

진실한 약속에는 관심이 없음을 분명히 밝혔는데도 여전히 재미로 얽혀 있는 교감이 존재할 수는 있다. 그러나 그런 사람으로부터는 배울 게 별로 없다는 사실을 알아야 한다.

화려한 사람

『바가바드 기타』에는 여섯 가지 '화려함'이 등장한다.[38] 지식, 유명세, 돈, 아름다움, 힘, 금욕이 그것이다. 때로 우리는 한 가지 화려함을 가진 사람에게 끌린다. 그것만으로 내가 사랑에 빠졌다고 섣불리 확신한다. 가수 비욘세의 노래 〈헤일로Halo〉('후광'을 뜻한다)에서는 누군가를 둘러싼 광채만으로도 이 사람이 "나에게 필요한 모든 것이라고 설득하기에 충분하다"고 말한다.[39] 그러나 누군가의 후광이 반드시 그 사람이 어떤 사람인지를 정확히 알려주는 것은 아니다. 심리학에서 말하는 '후광 효과halo effect'는 한 가지 특징을 기초로 그 사람에 대해 부정확한 인상을 형성하는 인지 편향이다.[40] 예를 들어 어떤 사람이 매력적이면 우리는 그 사람한테 다른 긍정적인 속성까지 부여할 가능성이 높다. 그 사람이 똑똑하고 위트 있고 친절하기까지 하다는 식으로 말이다. 이런 유형의 후광 효과를 특히 '매력 고정관념attractiveness stereotype'이라고 부른다. 한 연구에 따르면 선생님들은 대면 수업일 때 매력적인 학생들에게 더 후한 성적을 주었지만 학생들을 볼 수 없는 온라인 수업일 때는 그러지 않는 모습을 보였다. 종업원이 매력적일 경우 팁을 더 많이 받았다는 연구도 있다. 외모가 훌륭한 사람을 보면 우리는 무의식적으로 그 사람이 부자이거나 야망이 크거나 호감이 간다고 생각할 수 있고 결과적으로 그 사람에게 끌릴 수 있다.

『바가바드 기타』는 여섯 가지 화려함이 욕망의 오류 가능성을 보여준다고 말한다. 우리는 관심을 원한다. 그러나 '좋아요' 100만 개를 받아도 사랑받는 느낌은 들지 않는다. 우리는 아름다움을 원한다. 그러나 대개 아름다워지려고 행하는 일은 육체의 젊음을 유지하려는 노력 하나뿐이다. 젊음이 아름다움의 유일한 형태가 아닌데도 말이다. 우리는 돈을 원한다. 그러나 돈으로 행복을 살 수는 없다. 증거가 필요하다면 인터넷에 '복권 당첨자'를 검색해 보라.

나와 함께할 사람에게 화려함을 바란다면 일시적일 게 분명한 허상에 사로잡혀 있는 것이다. 『바가바드 기타』는 신성한 사랑은 상대방의 위대함을 알면서도 그 위대함이 아닌 달콤함에 끌리는 것이라고 했다.[41] 상대방의 뛰어난 점, 그가 이룬 업적이 그 사람을 정의하는 것은 아니다. **상대방이 가졌거나 이룬 것 때문에 그 사람에게 끌리는 게 나쁜 시작이라는 뜻은 아니다. 하지만 그걸로 끝이어서는 곤란하다.**

능력이나 성취는 자질이나 행동만큼 중요하지 않다. 우리는 사람의 능력만 보고 그에게 이러저러한 자질이 있을 거라고 생각하는 실수를 저지른다. 말을 잘하면 신뢰할 만한 사람이라고 생각한다. 글을 잘 쓰면 자상한 사람일 거라고 믿는다. 매니저라는 직업을 가지고 있으면 계획적인 사람이라고 판단한다. 그러나 그가 가진 진짜 자질이 무엇인지 아는 방법은 함께 시간을 보내면서 관찰하는 방법뿐이다. 친밀하게 그리고 깊이 있게 알 때에만 그 사람의 달콤함과 사랑스러움을 발견할 수 있다.

성숙한 사랑을 위한 팁:
과거의 관계에서 배운 점 파악하기

성공적인 관계인지 아닌지를 관계의 지속 기간을 기준으로 판단하는 경우가 많다. 그러나 관계의 실제 가치는 얼마나 많이 배우고 성장했느냐에 따라 달라진다. 그 점을 안다면 그동안 내린 선택들을 점검할 수 있을 것이다. 누구를 왜 선택했는지 평가해 보고 무엇이 잘못됐는지 알아낸다면 다음번에는 어떤 사람과 함께할지, 당신이 바꿔야 할 부분은 어디인지 더 잘 알 수 있을 것이다.

1. 최근에 만나고 헤어진 사람과 함께하기로 선택했을 당시 어떤 에너지에 빠져 있었는가? 다음 세 가지 유형의 에너지를 살펴보라.

- 첫째, 무지의 에너지.[42] 그냥 심심해서, 주위에 아무도 없어서, 외로워서 그 사람을 골랐다. 무지한 상태에서 내린 선택은 우울

이나 스트레스, 고통으로 이어질 수 있다.

- 둘째, 격정의 에너지.[43] 앞서 말한 화려함 중 하나를 원해서 그 사람을 골랐다. 격정에서 내린 결정은 시작은 좋지만 더 깊은 이해와 존중으로 이어지지 않으면 끔찍하게 끝날 수 있다.
- 셋째, 선의의 에너지.[44] 교감을 느끼고 서로 잘 맞는 것 같아서 그 사람을 골랐다. 서로를 존중하고 관계가 끝난 뒤에도 존중하는 마음이 일부 남는 경우가 많다.

2. 왜 끝났는가? 최대한 정직하게 당시의 문제점을 평가해 보라.
3. 교훈을 배워라. 다음번에는 어떤 부분을 다르게 시도할 수 있겠는가? 선의의 에너지에서 출발할 수 있겠는가? 화려함 말고 좋은 관계를 만드는 다른 자질들을 살필 수 있겠는가?

내가 보여주는 모습에 어울리는 사람이 온다

앞서 말한 화려함은 카르마를 실용적으로 이해하는 방법을 알려준다. 만약 누군가의 야망을 보고 끌렸다면 결국 얻게 되는 것도 바로 야망이 우선순위인 사람이다. 야망 자체가 잘못된 것은 아니다. 당신이 많은 시간을 공유할 수 있는 사람을 원했다는 사실을 뒤늦게 깨닫지만 않으면 된다.

그런데 앞에 놓인 사람들 중에서 만나고 싶은 사람이 한 명도 없는 듯한 느낌이 들 때가 있다. 그렇다면 스스로 물어보아야 한다.

'왜 내 곁에는 이런 사람들뿐이지? 왜 나한테 끌리는 사람들은 이런 사람들이지? 어떻게 해야 내가 원하는 사람이 나한테 끌리지?' 이 역시도 답은 카르마에 있다. 당신이 세상에 무언가를 내놓으면 결국 똑같은 것을 돌려받게 된다. 이게 바로 카르마의 가장 기본적인 원리다. 만약 돈으로 스스로를 가치 있는 사람이라 내세운다면 당신에게 끌리는 사람들은 돈이 사람을 가치 있게 만든다고 믿는 이들일 것이다.

세상에 당신을 보여준다는 건 당신이 원하는 관계에 대한 신호를 보내는 것과 같다. 어떤 대접을 받고 싶은지, 어떤 사람을 얻을 가치가 있다고 생각하는지 주장하는 것이다. 내 내담자 중에 성공한 기업가가 있었다. 그는 나에게 만나는 사람마다 돈 때문에 자신을 만나는 것 같다며 속상한 마음을 털어놓았다. 하지만 그의 SNS는 온통 슈퍼카를 타고 있거나 새로 산 집 앞에 서 있는 사진뿐이다. 그는 이렇게 말한다. "저는 실제로 만나보면 정말 달라요." 하지만 그걸 누가 아는가? 특정한 유형의 사람들이 그에게 끌린다고 해서 놀랄 일은 아니다.

보유한 재산으로 깊은 인상을 주려고 한다면 그 재산을 유지하기 위해서는 무슨 일이든 하겠다고 다짐하는 것이나 다름없다. 그러나 언젠가 시간을 달리 쓰고 싶어질지도 모르고, 상대방이 당신을 자산가치 이상으로 평가해 주기를 바라게 될지도 모른다. 몸을 이용해서 좋은 평가를 얻고 싶어 한다면 나이 드는 것을 받아들이기 힘든 처지로 스스로 내몰고 있는 것과 같다. 몸은 언젠가 바뀔 테니 말이다.

사회적 지위를 이용해 마음을 얻고자 한다면 어느 날 갑자기 상대방이 더 지위가 높은 사람에게 끌리고 있다는 사실을 알게 될지도 모른다. 지위가 바뀐 뒤 당신은 그 힘든 시기를 함께 응원하며 헤쳐 나가줄 이를 원하게 될 수도 있다. 지적인 모습을 보여 기억에 남고 싶어 하다가 상대방에게 정서적 교감을 느낄 수 없다는 걸 깨달을 수 있다. 섹스를 통해 관계를 맺고자 한다면 육체적 교감에 대해 높은 기준을 세우고 있는 것이나 마찬가지다. 후자의 경우 끌림이 줄어든다면 한쪽 혹은 양쪽 모두 그 기준을 충족시키기 어려워질지도 모른다.

화려한 포장에 속지 마라

첫 데이트든 SNS든 데이트 앱의 프로필이든 세상에 나를 보여줄 때는 "저의 이 버전을 좋아해 주세요."라고 말하게 된다. 그러니 나를 보여줄 때는 '이렇게 하면 누군가 끌리겠지' 하는 모습이 아니라 '나의 이 모습에 끌릴 누군가가 있었으면' 하는 모습, 즉 내가 바라는 모습을 내놓는 게 중요하다. 둘은 엄연히 다르다. 꾸며낸 모습에 누군가가 끌렸다면 영원히 그런 사람인 척하지 않는 이상 상대방은 결국 나의 진짜 모습을 발견하게 된다.

한 연구에 따르면 온라인 데이트를 하는 사람의 53퍼센트가 프로필에 거짓을 기재한다고 한다.[45] 거짓말은 여자가 남자보다 많이 하며 외모에 관한 내용이 많고(예컨대 어려 보이도록 옛날 사진을 게재한다든지) 남자는 경제적 상황에 한해 여자보다 거짓말을 많이 한다고 한다. 남자들은 잠재적 연인이나 배우자의 육체적 매력을 중시하는 경향이 있고 여자들은 경제적 성공을 높이 평가하는 경향이 있음을 감안하면 어떤 결과가 펼쳐질지 어느 정도 짐작이 가능하다. 더 교묘하게 스스로를 포지셔닝하고 창조한 역할을 지속해서 연기할 의향이 있다고 해도 진정한 자신의 모습으로 사랑받고 있는 게 아니라는 걸 마음속으로는 늘 알고 있을 것이다. 상대방이 사랑에 빠진 대상은 내가 아니라 내가 만들어낸 캐릭터다. 그리고 그렇게 만든 사람은 다른 누구도 아닌 나 자신이다. 다른 사람인 척한다는 건 삶에 수많은 갈등을 불러오는 일이다. 그런 일에 시간과 에너지를 낭비하지 마라.

물론 내 최고의 모습을 보여주고 싶은 건 자연스러운 일이다. 가지고 있는 자질 중 화려한 것을 그 수단으로 사용할 수도 있다. 대화 중 내가 어느 대학을 나왔는지 은근슬쩍 흘리고 데이트 상대를 값비싼 레스토랑에 데려가서 부를 과시하고 누군가를 가장 잘 유혹할 것 같은 사진을 데이팅 앱에 올릴 수도 있다. 나 자신을 순자산가치로 판단하고, 물질적 소유나 친구, 팔로어, 신체적 매력 등으로 내 가치를 보여주는 데 금세 익숙해질 수도 있다. 그러나 이런 지표에 높은 가치를 두면서도 여전히 자존감이 낮은 사람을 우리는 한 명쯤 알고 있다.

가난한 자는 신전 밖에서 구걸하고 부자는 신전 안에서 구걸한다는 말이 있다. 러셀 브랜드Russell Brand는 이렇게 표현했다. "나를 행복하게 만들어줄 거라고 생각했던 것들, 즉 돈이니 명성이니 남의 의견이니 하는 것에서 멀어질수록 더 많은 진실이 드러난다."[46] 우리는 가지고 있는 화려함을 이용해 다른 사람들에게 스스로를 광고하지만 장기적으로는 전혀 도움이 되지 않는 행위다. 진짜 성격과 가치관, 목표를 보여주어야 나에게 가장 중요한 가치를 인정받으며 사랑받을 수 있기 때문이다.

반대의 경우도 마찬가지다. 상대방에게 끌린 이유가 그가 가진 화려함 때문이었는지, 그리고 그게 전부였는지 잘 생각해 보라. 육체적으로만 끌리는 사람, SNS에 게시된 모습으로만 눈길을 사로잡는 사람, 일과 관련해서만 교감을 느끼는 사람, 외적으로 성공했다는 사실만 강조되는 사람과 함께하고 싶지는 않을 것이다. 이런 자질은 일시적인 상황이나 특징에 결부되어 있다. 그런 것들은 오래가지 않는다. 그게 사라지면 둘 사이도 끝이 난다.

라디를 처음 만났을 때 나는 아무것도 가진 게 없었다. 아니, 이걸로는 설명이 부족하다. 당시 나는 나 자신만 라디에게 보여주면 됐다. 라디는 그것만으로도 충분해 보였다. 그리고 그때부터 줄곧 우리는 함께하고 있다.

받고 싶은 사랑을 스스로 줄 것

그동안 쌓인 삼스카라, 즉 과거의 경험이 남긴 인상을 이해하고 나면 그게 자신의 선택에 어떤 영향을 미쳤는지, 그 결과가 마음에 드는지 살필 수 있다. 우리는 모두 같은 실수를 반복하고 싶어 하지 않는다. 그래서 과거에서 얻은 선물들을 현재로 가져오려 하지만 만나는 사람이 예상한 대로 정확히 그 선물을 줄 거라 단정해서는 안 된다. 마찬가지로 과거의 빈자리를 현재의 관계로 가져와서 상대방이 그걸 채워주기를 기대해서는 안 된다. 빈자리는 스스로 채워야 한다.

지금 만나는 사람 혹은 앞으로 만나게 될 사람을 관찰할 때는 왜 이 사람에게 끌렸는지 생각해 보라. 더 이상 나에게 필요하지 않은 과거의 기준이 판단에 영향을 미치지는 않았을까? 부모가 나에게 충분한 관심을 기울이는 가정에서 자랐더라도 그에게 충분한 관심을 기대할까? 어릴 때 봤던 영화 때문에 정신없이 사랑에 빠져들어야 한다고 믿고 있는 건 아닐까? 멀리 살고 자주 볼 수 없었던 첫사랑의 기억 때문에 만남의 빈도에 집착하고 있지는 않나?

내 내담자 중 아내가 퇴근 후 제시간에 집에 오지 않으면 크게 화를 내는 사람이 있었다. 나는 왜 그렇게 강하게 반응하느냐고 물었다. 상담을 진행하던 중에 그는 어릴 때 어머니가 제때 집에 온 적이 없었고, 그 때문에 아버지가 괴로워했다는 사실을 깨달았다. 아버지의 불안을 '물려받은' 것이다. 나는 아내가 늦는 게 그에게 어떤 의미인지 물었다. 그는 잠시 생각에 잠기더니 이렇게 말했다. "나를 신경 쓰지 않는 것 같고, 나와 함께 시간을 보내고 싶지 않은 것처럼 느껴져요."

나는 아내에게 늦은 귀가의 이유를 물어보라고 했다. 그리고 "왜 매일 늦는 거야?"라고 비난조로 묻지 말고 "요즘 무슨 일 하고 있어? 신나는 일인 거야, 스트레스받는 일인 거야?"라고 물어보라고 했다. 알고 보니 그의 아내는 어느 프로젝트 때문에 스트레스를 받고 있었고 프로젝트 기간이 끝나는 석 달 후에는 집에 일찍 올 수 있을 거라고 생각하고 있었다. 프로젝트가 어떤 내용이고 대략 언제쯤 끝나는지 알면 남편의 마음이 좀 편해질 수 있다는 걸 아내는 깨닫지 못하고 있었다.

중요한 것은 그가 아내의 늦은 귀가 이유가 자신이 해석했던 것과는 전혀 다르다는 사실을 깨달았다는 점이다. 이후로도 두 사람이 완벽하게 행복했던 것은 아니다. 그러나 적어도 남편은 물려받은 불안으로 계속 끙끙대지 않고 상황을 있는 그대로 받아들일 수 있었다. 남편은 아내에게 주말에는 시간을 내달라고 했고, 두 사람은 서로의 바람을 충족시킬 방법을 찾아냈다.

누군가를 만나는 일이 부모에게 받거나 받지 못한 것에 대한 반작용이 되거나 어린 시절 받은 상처에 연고를 발라주는 일이 되어서는 안 된다. 상대방이 나의 정서적 빈자리를 채워주기를 바라는 건 그에게 부당한 압박을 가하는 일이다. 내 행복을 책임지라고 요구하는 행위다. "그가 내 차에 기름을 넣어주지 않으면 나는 차를 운전하지 않을 거예요"라고 말하는 것과 같다.

지금 당장 기분이 나아져야 하는데 왜 다른 사람이 기분을 풀어줄 때까지 기다리는가? 그래서 스스로를 치유하며 그 치유 과정을 온전히 책임지는 일이 매우 중요하다. 상대방을 탓하거나 책임을 전가해서는 나아지지 않을 것이다. 그럼에도 불구하고 과거에 생긴 빈자리를 채우려고 든다면 잘못된 사람을 선택하게 될 뿐이다. 빈자리를 모두 다 채워줄 수 있는 사람은 없다. 내가 짊어진 정서적 짐을 누군가가 다 없애줄 수는 없다. 자신의 필요를 스스로 충족시키고 나면 비로소 사람을 만난다는 게 어떤 의미인지 더 잘 보일 것이다.

상대방에게서 받고 싶은 건 언제나 스스로에게 줄 수 있다는 사실을 잊지 마라. 자기 자신에게 한턱 쏘고 싶으면 한 번도 가보지 못한 식당에 갈 계획을 세워라. 자신만을 위한 생일 파티를 준비해도 된다. 다가올 행사에 입을 근사한 옷을 사도 된다. 직장에서 존중받는 기분을 느끼고 싶다면 프로젝트에 공헌할 때마다 스스로에게 어떤 이점이 있는지 목록을 작성해 봐도 좋다.

우리는 대부분 누군가를 만나고 사귀는 핵심적인 이유가 인정받고, 존중받고, 사랑받는 기분을 느끼고 싶기 때문이라고 생각한다. 하지만 그런 욕구를 매일 조금씩 스스로 충족시킨다면 어떨까? 상대방이 대단한 방식으로 그 욕구를 채워주기를 기다릴 필요가 없어지지 않을까?

성숙한 사랑을 위한 팁:
마음의 빈자리를 스스로 채우는 방법

빈자리는 스스로 채워야 한다. 다음 질문들을 통해 나에게 어떤 욕구가 있고 이를 어떻게 충족시켜야 하는지 생각해 보자.

- 한 번도 부모에게 인정받는다고 느낀 적이 없다. 인정받는다면 무엇으로 인정받고 싶은가? 인정받는다고 느낄 수 있게 매일 스

스로 할 수 있는 일은 무엇인가?

- 한 번도 부모가 나를 특별한 아이로 생각한다고 느낀 적이 없다. 특별한 사람이라는 느낌을 받고 싶다면 어떤 면에서 특별한 사람이라고 느끼고 싶은가? 특별한 사람이라는 느낌을 받을 수 있도록 매일 스스로 할 수 있는 일은 무엇인가?
- 부모는 당신의 감정이나 의견을 존중하지 않았다. 존중받는다고 느끼고 싶다면 무엇으로 존중받고 싶은가? 스스로를 존중하기 위해 매일 할 수 있는 일은 무엇인가?

쉬운 질문들은 아니다. 그러니 시간을 가지고 천천히 생각해 보라. 금방 답이 떠오르지 않을 수도 있다. 하루 정도 고민해 보고 떠오르지 않으면 일주일 정도 고민해 보라. 과거에서 시작되어 반복적으로 떠오르는 부정적인 생각이 무엇인지 서서히 드러날지도 모른다.

'누가 내 이름을 불러주기 전에는 나는 아무것도 아니야'라고 스스로에게 계속 이야기한다면 불안과 스트레스, 압박감에 더 취약해진다. '나는 충분히 훌륭하지 않아'라고 이야기한다면 정말로 충분히 훌륭하지 않은 사람이 된다. 새로운 생각 패턴으로 기존의 부정적인 패턴을 깨야 한다. 억지스럽고 가짜같이 느껴질 수도 있지만 긍정적인 생각 패턴을 계속 연습한다면 정말로 그렇게 살게 될 것이다.

하루의 시작과 끝, 나를 돌보는 3분

하루의 시작과 끝에 3분만 시간을 내라. 그리고 빈자리를 스스로 채우고 있는지 확인하라. 무언가를 시작하거나 끝내기 전에 새로운 습관을 시도하는 건 자연스러운 일이다. 무엇보다도 꼭 필요한 행동이나 신념을 생활에 도입하는 데에 이보다 더 훌륭한 방법은 없다.

아침에 따로 떼어놓은 3분 동안에는 혼자 조용히 앉아서 더 좋은 하루를 만들기 위해 할 수 있는 일을 한 가지 생각해 보라. 한동안 보지 못했던 친구와 점심을 먹어도 좋다. 요가 수업에 참석해도 좋고, 아침에 한 시간 동안 전화를 받지 않기로 해도 좋다. 일어나서 막연히 오늘 하루가 근사하기를 바라는 건 하루를 남의 손에 맡기는 짓이다. 그러지 말고 더 좋은 하루를 만들기 위해 스스로 할 수 있는 일을 한 가지 골라라.

하루 끝의 3분 동안은 아침에 골랐던 그 한 가지가 어땠는지 생각해 보라. 오늘 하루에 도움이 되었는가? 내일도 똑같은 일을 해볼 텐가, 아니면 다른 걸로 골라볼 텐가?

*

사랑을 준비하는 과정은 혼자 있는 시간과 자기 점검이라는 두 가지 법칙으로 시작된다. 가장 먼저 우리는 혼자 있는 시간의 외로움을 생산적인 시간으로 바꾸는 연습을 했다. 과거라는 상자를 열어서 삼스카라를 꺼내고 카르마에서 교훈을 얻었다. 지금 누군가를 만나고 있든 찾고 있든 떠나고 있든 이 법칙들은 사랑에 필요한 기술들을 익히고 활용하는 데 도움을 줄 것이다. 이제 당신은 대부분의 사람들보다 더 잘 사랑할 준비가 되어 있다! 다른 사람과 사랑을 나눌 수 있는 문이 열린 것이다.

『바가바드 기타』를 번역했던 에크낫 이스워런Eknath Easwaran은 이렇게 말했다. "사랑은 연습을 통해 자란다. 다른 방법은 없다."[47] 이제 사랑의 실천 단계로 들어가서 사랑을 알아보고 정의하고 키우고 믿는 능력을 쌓을 것이다. 그리고 준비가 되면 사랑을 한껏 품에 안아볼 것이다.

나에게 쓰는 러브레터

✳ 나에게 편지를 쓰면 나 자신과의 대화에 물꼬가 트여 몰랐던 생각이나 감정을 자각하게 된다. 편지를 통해 인생의 다음 단계로 걸음을 옮기고 더 나은 선택을 내릴 수 있을 것이다.

사랑하는 나에게

우리는 처음부터 함께해 왔지. 네 덕분에 나는 이 삶을 경험하게 됐어. 너는 그 누구보다 나에게 가까운 사람이야. 내가 무엇을 보고 무슨 일을 했는지 빠짐없이 알고 있는, 같은 눈으로 세상을 목격한 유일한 사람이야. 내 가장 깊숙한 곳에 있는 생각들까지 아는 사람이지. 가장 어두운 곳에 있는 두려움과 가장 크게 자리한 꿈까지 모두 아는 사람이야.

우리는 함께 참 많은 일을 겪었지. 실은 모든 일을 함께 겪었어. 최고였던 순간과 바닥이었던 순간까지. 너는 가장 멋진 순간, 다시 겪고 싶은 순간을 나와 함께했어. 무슨 일이 벌어져도 내 옆을 떠나지 않았지. 우리는 진정한 파트너야. 너는 내가 "우리는 언제나 함께일 것"이라고 한 점 의심 없이 말할 수 있는 유일한 사람이야.

그렇게 충실하게 내 옆을 지키며 나를 돌봐줬는데도 나는 가끔씩 너를 무시했어. 나한테 뭐가 최선인지 말해주고 가야 할 방향을 쿡쿡 찔러줬는데도 그 말을 항상 경청하지는 않았어. 나는 너에게 의지하기보다는 밖을 봤어. 남들이 어떻게 하는지, 남들이 뭐라 말하는지. 그렇게 한눈을 파는 바람에 네 목소리를 듣지 못했어. 너를 돌보지는 않고 가끔은 지나치게 닦달했어. 그런데도 너는 나를 한 번도 버리지 않았지. 늘 나를 용서해 줬어. 평가하지 않고, 비난하지 않고 언제나 집으로 돌아오는 나를 환영해 줬어.

전부 다 고마워. 나를 소중히 다뤄줘서 고마워. 꿋꿋이 이겨내 줘서 고마워. 나의 승리도, 실수도 함께 겪으며 기꺼이 함께 배우고 성장해 줘서 고마워. 계속해서 내 안에 있는 최고의 모습을 나에게 알려줘서 고마워. 무조건적인 사랑이 무엇인지 보여줘서 고마워.

사랑하는 내가

고독을 위한 명상

✳ 이 명상은 자기애에 초점을 맞춘다. 스스로에 대한 사랑과 감사를 연습하는 것은 사랑이 뿌리를 내리는 토양을 비옥하게 하여 수많은 형태의 사랑이 자라고 꽃피게 하는 일이다. 되도록 저녁 잠자리에 들기 전과 아침에 일어나기 전에 침대에서 시도해 보기를 바란다.

명상 준비

1. 편안한 자세를 취한다.
2. 눈을 감는 게 좋다면 눈을 감는다. 그렇지 않다면 초점만 가볍게 풀어주어도 된다.
3. 눈을 감고 있든 뜨고 있든, 시선을 부드럽게 아래로 낮춘다.
4. 숨을 크게 들이쉰다. 그리고 내쉰다.
5. 처음에는 마음이 잡히지 않아도 괜찮다. 마음을 차분하고, 균형 잡히고, 고요한 곳으로 부드럽게 다시 데려온다.

자기애의 명상

1. 평소처럼 자연스럽게 호흡한다. 잠시 시간을 가지고 내 호흡

의 패턴을 확인한다.

2. 내 몸에 초점을 맞춘다. 몸 어디가 침대와 닿아 있고 어디는 닿아 있지 않은지 느껴본다. 이불을 덮고 있다면 피부에 닿는 이불의 촉감을 느껴본다.

3. 이제 발바닥에 관심을 가져간다. 발바닥이 지금 어떤 느낌인지 생각해 본다. 내 발 덕분에 가능한 일들을 생각하며 발에 감사를 표현한다. "나를 도와줘서 고마워. 땅 위에 서게 해줘서, 땅과 연결되게 해줘서 고마워." 뭐가 되었든 당신에게 자연스럽고 기분 좋은 언어를 사용하면 된다.

4. 관심을 위로 옮겨본다. 종아리, 무릎, 허벅지까지 올라가며 어떤 느낌인지 느껴본다. 각각의 신체에 감사한 마음을 표현한다. "한결같이 그대로 있어줘서 고마워. 세상을 돌아다닐 수 있게 도와줘서 고마워."

5. 관심을 팔로 가져온다. 위쪽 팔과 팔꿈치, 아래쪽 팔, 손을 느껴본다. 감사를 전한다. "주변 세상과 교류할 수 있게 도와주는 모든 일에 감사해. 나 자신을 돌보고 표현할 수 있게 해줘서 고마워."

6. 이제 관심을 얼굴로 가져온다. 냄새를 맡게 해주는 코와 음식을 먹게 해주는 입, 앞을 보게 해주는 눈, 소리를 듣게 해주는 귀를 느껴본다. 감사를 표현한다. "내 삶을 풍부하게 만들어줘서 고마워. 영양가 있는 음식을 즐기고, 음악을 듣고, 꽃향기를 맡고, 내 주변의 세상과 자연의 아름다움을 볼 수 있

게 해줘서 고마워."

7. 이제 잠시 피부 아래로, 몸속으로 들어가 보자. 뇌에서부터 시작해 천천히 아래로 내려가자. 온갖 중요한 기능을 수행할 수 있게 해주는 뇌에 감사를 표현하라. "기적 같은 이 몸을 조율하고 모니터링하느라 수고가 많아. 정보를 처리하고, 생각하고, 농담을 하고, 감사하고, 연민을 느끼고, 행동을 취할 수 있게 해줘서 고마워."

8. 관심을 심장으로 가져가 보라. 가슴 속에서 뛰는 심장박동을 느껴보라. 감사를 표현하라. "내가 알든 모르든, 감사를 표하든 표하지 않든 밤낮으로 일해줘서 고마워."

9. 관심을 폐로 옮겨라. 숨을 쉴 때마다 흉곽이 부드럽게 확장되고 줄어드는 것을 느껴보라. 감사를 표하라. "나에게 생명을 불어넣어 줘서 고마워."

10. 관심을 배로 내려라. 어떤 느낌인지 느껴보라. 그리고 배에 감사하라. "음식을 소화해서 매일 필요한 에너지를 만들어 줘서 고마워."

11. 천천히 관심을 다시 온몸으로 가져간다. 잠시 시간을 가지고 몸에 감사하라. 마음에 감사하라. 무엇이든 이 순간 떠오르는 것에 감사하라.

2부

공존

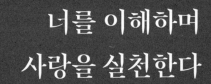

너를 이해하며
사랑을 실천한다

두 번째 아슈람인 그리하스타는 삶의 여러 단계 중에서

나 자신을 사랑하면서 동시에 타인에게 사랑을 확장하는 단계다.

이 단계에서는 나와 가치관과 기호가 다른 타인을

매일 이해하고 인정하며 맞추어 가는 게 얼마나 어려운 일인지

알게 된다. 2부에서는 '카마/마이트리^{kama/maitri}'[1]

즉 타인을 사랑하는 데 따르는 어려움을 탐구한다.

제3법칙

함께 사랑을 정의하라

"남자친구가 저를 사랑한다더니 일주일 후 잠수를 타버렸어요."
"아내에게 사랑한다고 했더니 고맙대요."
"당신을 사랑하게 된 것 같다고 했더니 거리를 좀 두고 싶대요."
"3년을 만났고 매일 밤 자기 전에 '사랑해'라고 말해요.
하지만 더 이상 거기에 어떤 의미가 담겨 있는 것 같지는 않아요."

"사랑해." 우리는 이렇게 말한다. 이 말을 하려고 딱 맞는 때를 기다리기도 하고, 언젠가 누가 나에게 이 말을 해주기를 꿈꾸기도 한다. 그러나 이 말이 과연 무슨 뜻인지 보편적으로 합의된 내용은 없다. 어떤 사람에게는 이 말이 "여생을 너와 함께 보내고 싶어"라는 뜻이다. 또 어떤 사람에게는 "오늘 밤을 너와 함께 보내고 싶어"라는 뜻이다. 그리고 이 두 가지 사이에 무수히 많은, 다른 뜻들이 있다. 특별한 의도 없이 이 말을 하기도 한다. 그 순간 만큼은 내가 '사랑'이라고 해석하는 어떤 감정을 느꼈기 때문이다. 이러니 수많은 혼란과 소통 오류와 헛된 기대가 만들어진다. 작가 서맨사 테일러Samantha Taylor는 말했다.[1] "남편에게 제가 처음으로 사랑한다고 말한 건 우리가 만난 지 얼마 안 되었을 때였어요. 그 시기의 흔한 연인들처럼 밤새 긴 통화를 나누고 있었죠. 아직 사람들이 실제 전화 통화로 대화를 나누던 시절이었거든요. 졸음이 막 쏟아지는데 남편한테 그랬어요. 당신을 사랑한다고 말하고 싶은데 겁먹지 않았으면 좋겠다고요. 그랬더니 남편이 이러는 거예요. '걱정 마. 나한테는 사랑한다는 말은 별거 아냐. 나는 우리 엄마도 사랑하고 친구도 사랑하고 당신도 사랑해.' 세상에, 나를 자기 '엄마'처럼 사랑한대요. 참 낭만적이죠?"

테일러의 남편은 그가 말하는 "사랑해"라는 말의 정의가 그녀와는 다르다고 말하고 있었다. 더 폭넓고 압박감은 적으며 특별히 낭만적이지는 않은 뜻이라고 말이다. 테일러는 이렇게 덧붙였다. "다행히도 남편은 그 후에 낭만적인 의미에서 저를 사랑하게 됐나 봐요. 벌써 10년째 결혼 생활을 하고 있으니까요."

우리는 서로 다른 사랑을 말한다

우리는 정말 다양한 맥락에서 "사랑해"라고 말한다. 가족에게도, 친구에게도, 연인에게도 말한다. 그러니 이 말은 그냥 '모종의 애착이 있다'는 정도의 뜻밖에 안 된다. 그런데도 우리는 이 말이 상대방에게 특정한 의미일 거라고 착각하며 기대를 품는다. "사랑해"에는 아무런 약속도 담겨 있지 않다. 당신과 함께 자녀를 갖고 싶다는 뜻이 아니다. 심지어 둘의 관계를 이루어내기 위해 무언가 노력을 하겠다는 약속조차 아니다. "사랑해"는 비록 아름다운 시작과 같은 말이지만 이 말이 다른 의미 있는 대화를 대신할 수는 없다.

한 설문조사에 따르면 남자들은 여자보다 "사랑해"라는 말을 더 빨리 하는데 평균 88일이 걸린다고 한다.[2] 놀랍게도 남자들 중 39퍼센트가 한 달 안에 사랑을 천명한다. 여자는 평균 134일이 걸리며 한 달 안에 사랑을 선언하는 여자는 23퍼센트에 불과하다. 결국 몇 주 안에 사랑을 느끼는 사람들이 상대방이 생각하는 "사랑해"의 의미에 부응하는 행동을 할 거라고 상상하기는 힘들다.

상대방과 오랜 시간을 보냈고 그의 성격을 좋아하니까 그 사람을 전부 안다고 느낄지도 모른다. 그러나 그의 꿈이나 가치관, 우선순위, 그에게 정말로 중요한 것 등은 모르고 있을 수도 있다. 당신은 그의 '마음'을 안다고 생각하지만 실제로는 '생각'을 아는 것에 불과하다. 사랑에는 시간이 걸린다.

상대방을 온전히 다 알아야만 사랑에 빠질 수 있다는 이야기가 아니다. 우리는 늘 상대방에 대해 새로운 사실을 알게 되곤 한다. 문제는 우리가 아주 적은 양의 정보를 바탕으로 사랑까지 비약해 버리는 경우가 많다는 사실이다. 삶의 다른 영역에서 이처럼 적은 양의 정보로 중요한 의사결정을 내리는 경우는 거의 없을 것이다.

사랑은 흑백논리가 아니다. 사랑하는 게 아니라면 좋아하지도 않는 것이 아니다. 사랑의 방법이 하나뿐인 것도 아니다. 어떤 사람들은 10년마다 새롭게 사랑의 서약을 한다. 사랑을 다시 약속하고 싶어서일 수도, 둘의 사랑이 어떻게 발전해 왔는지 보여주고 싶어서일 수도 있다. 장거리 연애를 하는 사람들도 있다. 친구로 지내면서 잠자리만 갖는 경우도 있다. 이혼을 했지만 평화롭게 공동 육아를 하는 사람들도 있다. 얼마 전에 어느 결혼식에서 한 남자가 나에게 다가오더니 오랫동안 만나던 사람과 헤어졌다며 이렇게 말했다. "서로 사랑했어요. 그렇지만 헤어지는 게 서로에 대한 사랑을 잃지 않는 최선의 방법이었어요." 이것도 사랑이다.

수많은 다른 형태의 사랑을 깎아내린다면 같은 수의 아름다운 가능성을 포기해야 한다. 사랑이라는 단어가 품은 복잡한 뉘앙스를 이해한다면 지금 당신 앞의 사람과 나누고 있는 그 사랑을 제대로 정의하고 존중할 수 있을 것이다. "사랑해"라고 말하는 순간부터 우리는 이 말의 의미에 부응하는 행동을 해야 한다. 다만 내가 정의하는 사랑에 부응하는 행동이 아니라 상대방이 정의하는 사랑에 부응하는 행동을 해야 한다. 다시 말해 누군가의 사랑을 받아들일 때는 그가 말하는 사랑이 내가 말하는 사랑이 아니라는 걸 알고 있어야 한다.

지금 사랑에 빠졌는지 판단하기 전에, 상대방에게 사랑한다고 말하기 전에, 상대방이 나한테 말하는 "사랑해"가 무슨 뜻인지 진단하기 전에 먼저 생각해 봐야 할 게 있다. 나는 사랑을 어떻게 정의하는가? 사랑이 어떤 느낌이어야 한다고 생각하는가? 상대방을 사랑하는지 어떻게 아는가? 상대방이 나를 사랑하는지는 어떻게 아는가? 소통의 오류를 피하는 유일한 방법은 "사랑해"라는 한 단어보다 훨씬 더 많은 단어를 동원해서 사랑에 대해 이야기를 나눠보는 것이다. 제3법칙은 나의 "사랑해"라는 말이 무슨 뜻인지 알아내도록 해줄 것이다. 그리고 상대방의 "사랑해"가 무슨 뜻인지, 어떻게 하면 공통된 사랑의 의미를 함께 찾아낼지 알려줄 것이다.

사랑의 네 가지 단계

"사랑해"라는 말을 자세히 풀어서 설명하는 경우는 거의 없다. 기껏해야 '너무너무' 혹은 '하늘만큼 땅만큼' 같은 낭만적인 수식어를 덧붙이는 정도다. 어찌 보면 이 말은 굉장히 이분법적이다. 사랑한다고 선언했거나 안 했거나 둘 중 하나의 경우밖에 없기 때문이다. 사랑에 여러 가지 버전이나 다른 정도가 있을 가능성은 거의 열어두지 않는다.

8세기에 일어난 힌두교 운동인 '바크티Bhakti' 전통을 살펴보면 사랑의 실제에 대한 몇 가지 힌트를 얻을 수 있다. 바크티는 신과 사랑에 빠지는 여정을 몇 개의 단계로 설명한다.[3] 첫 번째 단계는 '스라다sraddha'이다. 신에게 관심을 가지게 되며 신념의 불꽃이 튀는 시기다. 신과의 교감을 이야기할 때조차 선행하는 욕망이 있음에 주목하라. 이 단계에서 생긴 호기심과 희망은 관심을 갖게 만들며 이는 다음 단계인 '사드후상가sadhu-sanga'로 이어진다. 사드후상가는 영적으로 나보다 앞선 사람들과의 교류를 열망하는 것이다. 이때 우리는 수행을 도와줄 영적 스승이나 가이드, 멘토를 찾는다.

그다음이 '바자나크리야bhajana-kriya'다. 이 단계에서는 예배나 기도회 참석과 같은 종교 활동을 한다. 신앙심이 깊어지면서 모든 물질적 집착으로부터 벗어나게 되고(아나르타니브르티anartha-nivrtti), 꾸준히 자각하게 되며(니스타nistha), 신을 섬기는 열정을 찾게 된다(루시ruci). 이걸 맛보고 나면 더 큰 애착으로 이어지는 데 이걸 '브하바bhava'라고 한다. 바로 신을 향한 순수한 사랑의 예비 단계다. 그리고 마지막으로 우리는 '프레마prema'라고 하는 순수한 사랑에 도달한다. 삶의 최상 단계로 경외나 숭배, 기타 그 어떤 서열에도 얽매이지 않은 채 신을 사랑하는 가장 높은 형태의 사랑이다.

바크티에서 말하는 사랑의 단계는 인간과 신 사이의 친밀하고 직접적인 관계를 묘사하기 때문에 속세의 사랑에도 여러모로 적용할 수 있다. 그래서 나는 이 모형을 세속으로 가지고 와서 다른 사람을 이해하고 사랑하는 모습에 맞게 재해석해 보기로 했다. 우리는 '사랑에 빠지면 저절로 사랑이 무엇인지 알겠지'라고 생각한다. 그러나 사랑이라는 경험은 매번 달라질 수 있다. 지금부터 설명할 사랑의 네 단계는 모두 사랑처럼 보이고 느껴질 수 있으며 사랑이라는 여정의 일부다.

누군가와 사랑에 빠졌는지는 어떻게 알까? 매일 전화를 하고, 의자를 대신 빼주고, 볼 때마다 따뜻하고 포근한 기분이 든다고 해서 사랑은 아니다. 사랑은 영화처럼 낭만적이기만 한 것은 아니다. 그렇다고 체크리스트를 만들어놓고 항목을 하나씩 지워나갈 만큼 실용적인 것도 아니다. 지금부터 설명할 네 개의 과정을 하나씩 살펴보고 나면 사랑을 조금은 다른 시선으로 이해할 수 있을 것이다. 내가 생각하는 사랑을 정의하고, 내가 느끼는 사랑을 또렷하게 표현할 수 있을 것이다.

사랑에도 여러 차원이 있다는 걸 알고 나면 상대방이 생각하는 사랑이 나의 것과 다른 이유를 이해할 수 있다. 내가 사랑의 어느 과정에 진입해 있는지 알면 다음 단계로 나아가기 위한 방향을 잡는 데에도 도움이 된다. 다음 단계로 넘어가는 모습이 그려지지 않는다면 잠시 즐거움을 공유할 수 있을지는 몰라도 오래 유지할 수 있는 사랑은 아니라는 걸 알아야 한다.

사랑은 실제로 다음 네 단계를 거치며 진행된다. 하지만 정확히 순서대로 진행되지 않을 수도 있다. 이 책을 끝까지 읽다 보면 앞 단계로 되돌아올 수도 있다는 걸 알게 된다. 어쨌든 이런 사랑의 단계를 한 사람하고만 겪는 게 아니라 삶에서 중요한 역할을 하는 거의 모든 사람과 겪게 된다는 사실을 기억하자.

1. 끌림
2. 꿈

3. 난관과 성장

4. 신뢰

사랑의 첫 번째 단계, 끌림

이 단계에서는 호기심, 흥미, 끌림의 불꽃을 경험한다. 상대방이 시간과 노력을 투자할 만한 가치가 있는 사람인지 알아내고 싶어진다. 연구자들은 사랑이라고 부르는 것을 뇌에서 일어나는 세 단계의 충동으로 설명한다. 바로 욕정과 끌림, 애착이다.[4] 처음의 욕정이 끌림이 되면 누군가와 교감하고 싶은 일반적인 욕망을 특정한 한 사람에게 집중하기 시작한다. 뇌에서 욕정과 관련된 화학물질은 끌림을 만들어내는 화학물질과는 다르다.[5] 욕정을 관장하는 것은 주로 테스토스테론testosterone과 에스트로겐estrogen인데 끌림은 도파민dopamine(보상 물질)과 노르에피네프린norepinephrine(아드레날린adrenaline의 뇌 버전이라고 보면 된다. 이게 도파민과 결합하면 끌리는 대상을 중심으로 희열의 감정이 만들어진다)이 관련된다.

끌림 단계에서는 기분을 좋게 해주는 세로토닌serotonin 수준은 오히려 떨어지기 때문에 초기에 불안과 열정을 느끼게 된다. 우리는 이 사람이 내가 찾는 바로 그 사람이라는 믿음과 희망으로 마음이 부푼다. 호기심과 흥미를 느끼며 '마음에 드는데?'라고 생각한다. 사랑은 이렇게 스릴 넘치는 가능성의 힌트로 시작되는 경우가 많다. '당신은 나에게 호기심을 불러일으켰어. 당신에 대해 더 많이 알고 싶어.' 이런 화학작용이 일어나면 기분이 날아갈 듯 들뜬다. 하지만 화학작용이 곧 사랑이 시작되는 유일한 방법이라거나 사랑의 전부라고 생각하지 않도록 조심해야 한다. 그때의 감정이 정말로 사랑인지를 알아보려면 시간이 좀 필요하다. 인터넷으로 의자를 하나 주문했다고 생각해 보자. 화면으로는 정말 좋아 보인다. 인테리어 사이트의 사진 속 의자는 꾸며진 방에 기가 막히게 어울린다. 그러나 막상 의자가 도착해서 앉아 보면 도무지 편하지가 않다. 이처럼 끌림 단계에서 우리는 겉모습만 관찰 중이다. 그 사람과 만나는 게 어떨지는 전혀 모르는 상태다.

예전에 매달 나를 찾아와서 새로운 사람과 사랑에 빠졌다고 말하던 친구가 있었다. 대개는 우연히 혹은 SNS를 통해 알게 된 사람이었다. 그 친구는 일주일 동안 사랑의 열병을 앓다가 몇 주가 지나면 또 다른 사람을 사랑하게 되었다고 말하곤 했다. 이를 통해 알 수 있는 건 끌림 단계에서 우리는 사랑의 아름다운 측면만 얼핏 엿보고 말 뿐이라는 사실이다. 하지만 끌림 단계에 계속 머물러 있는 것도 즐거운 일이다. 새로운 사람이 생기면 보여주고 싶은 면만 조심스럽게 노출하면 된다. 내 최고의 모습만 보여줄 수 있다. 싸움이나 기대, 실망도 거의 없다. 둘이서 완벽한 한 쌍이 될 거라는 환상도 계속 유지할 수 있다. 하지만 진정한 사랑으로 나아가기 위해서는 끌림 단계를 넘어서야 하고, 그러려면 보다 깊은 교감이 필요하다.

깊은 교감을 나누는 게 중요한 이유를 과학적으로도 설명할 수 있다. 애리조나대학교의 마티아스 멜Matthias Mehl 교수의 연구팀은 대화가 건강과 행복에 미치는 영향을 조사했다.[6] 연구팀은 특히 형식적이고 가벼운 대화와 의미 있고 깊이 있는 논의 사이의 차이점을 알아보려고 했다. 그래서 실험 참가자 79명에게 나흘간 녹음기를 착용하고 일상생활을 하게 했다.

나흘 동안 참가자 한 명당 300여 개의 대화가 녹음되었다. 연구진은 녹음된 내용을 들으면서 참가자들이 언제 혼자 있고 언제 대화를 나누는지, 그리고 피상적인 대화("그거 뭐야? 팝콘? 맛있겠다!")를 나눌 때와 깊은 대화("그 여자가 너희 아버지랑 사랑에 빠졌다고? 그래서 곧장 이혼한 거야?")를 나눌 때를 모두 기록했다. 또한 연구팀은 '내가 보기에 나는 행복하고 삶에 만족하는 사람이다' 같은 문장에 대답하게 해 실험 참가자들의 행복도를 측정했다. 그 결과 깊은 대화를 나누는 사람들은 가벼운 대화를 많이 나누는 사람들보다 행복도가 더 높다는 사실을 알 수 있었다.

깊은 대화에는 요령이 필요한 게 아니다. 진짜 경험만이 진정한 교감을 만들어낼 수 있다. 그렇지만 누군가와 신뢰를 형성할 때는 어느 정도 마음을 열고 속 깊은 이야기를 나눌지 먼저 점검해 볼 필요가 있다. 사회과학자들은 "속 깊은 이야기를 꺼내놓으면 자기 공개self-disclosure가 상호 심화된다"라고 말한다.[7] 이 말은 시간이 지나면서 자신의 약한 모습까지 서로 보여주기 시작한다는 뜻이다.

그러나 자신의 일부를 공유한다는 게 한순간에 영혼까지 싹 다 드러낸다는 뜻은 아니다. 때로는 순간적인 기분으로 그러고 싶을 때도 있지만 말이다. 조금만 인내심을 가지고 서서히 성격이나 가치관, 목표 등을 드러내면 서로 통하는 부분이 있는지가 보이기 시작한다. 이렇게 천천히 접근하면 위험한 기분이 들지 않는다. 믿을 수 없는 사람에게 너무 빨리, 또 너무 많이 자신을 공개한다는 느낌이 들지도 않는다. 그렇게 해서 별문제가 없으면 마음이 불편하지 않은 속도로 조금 더 내밀한 부분까지 보여주게 된다. 관계가 '심화'되는 것이다. 나를 보여준다는 것은 서로가 서로에게 주는 선물이다. 즉 '상호적인' 과정이다. 이렇게 자기 공개의 범위를 서로 넓혀갈 때 한 사람을 진정으로 알아가게 된다.

세 번의 만남 끝에 알게 되는 것들

내가 내담자들과 상담할 때를 생각해 봐도 보통 세 번 정도 만나야 서로 잘 맞는지 충분히 판단할 수 있다. 세 번의 만남이 꼭 처음의 세 번을 말하는 것은 아니다. 순서대로 진행할 필요는 없으며 중간에 다른 만남을 끼워 넣어도 된다. 때로는 함께 영화만 한 편 보고 헤어지는 것도 기분 좋은 일이다!

세 번의 만남에서는 초점을 두고 생각해 봐야 할 조건들이 각각 한 가지씩 있다. 상대방의 성격이 마음에 드는지, 상대방의 가치관을 존중할 수 있겠는지, 상대방이 목표를 이루도록 도와주고 싶은지다. 설명의 편의를 위해 세 번의 만남 동안 순서대로 하나씩 조건을 검토해 보라고 하겠지만 실제로는 만날 때마다 세 가지 조건이 전부 드러날 것이다.

첫 번째 성격부터 시작하자. 가장 알아채기 쉽고 이해하기 쉬우며 교감하기 쉬운 게 성격이다. 상대방의 성격을 보면 과거의 경험이 그 사람에게 어떤 영향을 주었는지 보일 것이다. 두 번째로는 가치관을 탐구하자. 가치관은 그가 현재 어떤 사람인지를 정의해 준다. 세 번째는 목표를 파악하는 것이다. 목표를 보면 그가 미래에 뭘 원하는지 한눈에 알 수 있다.

첫 번째 만남: 성격 파악하기

재미있는 시간을 보냈나? 함께 있는 게 즐거웠나? 대화는 물 흐르듯이 잘 이어졌나? 어떤 점이 편했고 또 어떤 점이 불편했나? 첫 번째 만남에서는 상대방의 성격을 인정하고 좋아할 수 있는지 파악해야 한다. 그러려면 가벼운 대화와 깊은 대화를 번갈아 나눠야 한다. 우리가 흔히 나누는 주제, 그러니까 좋아하는 영화라든가 휴가 계획 같은 주제는 상대방을 깊이 아는 데 도움이 되지 않는다. 그보다는 별난 점이나 부족한 점 등 서로를 조금 더 잘 파악할 수 있는 질문을 하라. 다만 속 깊은 이야기를 나누려면 서로에 대해 좀 더 알고 신뢰가 쌓여야 한다. 그에 대한 새로운 사실을 알아내고 그동안 보지 못한 면을 볼 수 있게 노력하라.

다음은 취향과 기호를 알아볼 수 있는 질문들이다. 대부분 편안하게 대답하면서도 어디에 열정을 가지고 있는지를 드러낼 수 있다. 예를 들어 질문 중 지금까지 최고의 식사가 언제였냐는 질문은 단순히 음식 취향을 묻는 게 아니다. 언제 어디서 그 음식을 먹었고 그게 왜 특별했는지, 더 깊은 대화의 물꼬를 터줄 것이다. 더 많이 알고 싶은 분야가 무엇인지 물어보면 상대방이 호기심을 보이는 분야나 채워지지 않은 관심사를 알 수 있다. 영화 혹은 책등 특별히 관심을 가진 게 있다고 대답하면 그걸 왜 좋아하는지 더 깊이 물어볼 수 있다. 동시에 얼마나 자기 성찰을 하는 사람인지도 파악할 수 있다. 잘 안다고 생각했던 사람의 답을 듣고 깜짝 놀랄 수도 있다.

- "시간이 날 때는 주로 뭘 하나요?"
- "좋아하는 장소가 있나요?"
- "여러 번 봤던 책이나 영화가 있나요?"
- "평소에 가장 많이 생각하는 게 뭔가요?"
- "더 많이 알고 싶은 분야가 있나요?"
- "지금까지 했던 최고의 식사는 언제였나요?"

만남은 인터뷰가 아니라는 사실을 기억하라. 모든 대화는 양방향이다. 질문을 하면 상대방의 성격도 드러나겠지만 그가 나에게 호기심이 있는지도 알 수 있다. 그 사람도 동일한 질문에 대한 당신의 답을 물어보는가? 당신이 말할 차례에 더 깊이 파고들며 질문하는가?

성숙한 사랑을 위한 팁:
첫 번째 만남을 준비하는 법

질문들에 대한 당신의 답을 한번 적어보라.

- "시간이 날 때는 주로 뭘 하나요?"
- "좋아하는 장소가 있나요?"
- "여러 번 봤던 책이나 영화가 있나요?"
- "평소에 가장 많이 생각하는 게 뭔가요?"
- "더 많이 알고 싶은 분야가 있나요?"
- "지금까지 했던 최고의 식사는 언제였나요?"

답을 듣는 사람이 당신에 대해 어떤 이야기를 들려줄지 한번 생각해보라. 이 질문들이 관심사를 보여줄 기회가 되는가? 당신을 이해하는 데 중요한 측면들을 드러낼 수 있는가? 아니라면 다른 더 좋은 질문은 없을까? 있다면 다음 만남의 질문 목록에 추가하라.

두 번째 만남: 가치관 파악하기

파티에 가거나 미술관을 방문하거나 저녁을 먹으며 가벼운 이야기를 나누는 등 몇 번의 만남을 가진 후 '두 번째' 만남을 하라. 같은 영화를 재미있다고 느꼈다거나 같은 음식을 좋아했다고 해서 서로 가치관이 맞는지 알 수 있는 것은 아니다.

상대방이 겪은 의미 있는 이야기나 구체적인 에피소드를 공유할 수 있게 부드럽게 격려하라. 다음 쪽의 질문들을 번갈아 나누되, 다시 한번 말하지만 인터뷰가 되어서는 안 된다. 실제로 그 사람이 어느 질문에 답을 망설이면 이렇게 말하는 방법도 있다. "어려운 질문이죠? 제가 먼저 얘기할게요." 그리고 그 이야기는 당신의 가치관을 드러낼 것이다. 만약 지금까지 만난 가장 멋있었던 사람은 누구인지에 대한 질문이라면 단순히 이름만 말하지 마라. 그 사람이 왜 흥미로웠는지, 그에게서 뭘 배웠고 다시 만날 수 있다면 뭘 묻고 싶은지 이야기하라. 나답지 않은 일을 했던 일화를 이야기한다면 '나다운' 것은 어떤 것이고 왜 그런 가치관을 갖고 있는지, 그때는 왜 그 가치관을 벗어났는지 이야기하라.

상대방이 즉각 마음을 열지 않더라도 괜찮다. 자기 공개는 원래 서서히 진행된다. 우리는 종종 내가 이야기할 준비가 되면 상대방도 마음을 열기에 적당한 때일 거라고 생각하지만, 사람마다 '때'라는 건 다르며 모두 자기만의 속도가 있다. 질문을 하고 나면 답을 경청하면서 그가 혹시 망설이고 있는지 잘 살펴보라. 만약 그렇다면 다음과 같은 말로 주제를 바꿀 수 있는 기회를 줘라. "너무 무거운 주제인가요?" "지금 여기서 이야기할 주제는 아닌가요?"

상대방을 닦달해서는 안 된다. 당신 자신에 관해서도 지나치게 공유할 필요는 없다. 지극히 개인적인 질문이라면 그는 크게 한숨을 쉬며 버겁다고 느낄 것이다. 하지만 당신이 먼저 속 깊은 이야기를 꺼내고 마음을 연다면 상대방도 그 순간 편안하게 느낄 수 있는 수준까지 마음속 깊은 곳의 이야기를 꺼내며 자기 자신을 공유해 줄 것이다.

다음은 두 번째 만남에서 해볼 만한 질문들이다. 흔한 질문은 아니지만 상대방이 흥미롭고 가치 있게 생각하는 것, 어려움에 대처하는 법, 리스크를 감수하는 법, 의사결정을 내리는 법 등을 이해하는 데 도움이 될 것이다.

- "지금까지 만난 사람 중 가장 멋있던 사람은 누구인가요?"
- "나답지 않은 행동을 해본 적이 있다면 어떤 일인가요?"
- "나답지 않은 행동을 해보고 싶다면 어떤 일인가요?"
- "인생의 큰 반전이 있었다면 어떤 일인가요?"
- "복권에 당첨된다면 그 돈을 어디에 쓰고 싶나요?"
- "지금까지 해봤던 가장 즉흥적인 일은 무엇인가요?"
- "과거에 힘들었던 일이 있다면 어떤 일인가요?"
- "언제 자부심을 느끼나요?"
- "일하지 않아도 될 만큼 넉넉하다면 뭘 하고 싶은가요?"

이런 질문은 상대방에게 압박감이나 긴장감을 주지 않으면서도 깊이 있는 대화를 나눌 수 있게 한다. 인생 최악의 순간이나 가장 깊은 곳에 있는 비밀이 뭐냐고 묻는 게 아니다. 단지 그를 좀 더 알 수 있으면서 재미나게 이야기를 나눌 수 있는 주제들이다.

다만 당신의 의견이 그의 의견보다 낫다고 생각하지는 마라. 관점의 차이가 있을 뿐이다. 서로의 배경과 경험 그리고 성장 과정이 달라서 나타나는 현상이다.

세 번째 만남: 목표 파악하기

미래에 관한 얘기를 좀 나눠봐도 자연스럽겠다 싶을 때 세 번째 만남을 가져라. 상대방과 동일한 가치관을 가질 필요가 없듯 목표가 같을 필요 또한 없다. 한 사람은 벌써 평생의 계획을 다 세웠지만 다른 한 사람은 아직도 인생의 의미를 탐색 중일 수 있다. 세 번째 만남에서는 다음과 같이 좀 더 깊이 있는 질문을 해보면 좋다.

- "직업이나 여행, 목표 등에서 이루고 싶은 것이 있나요?"
- "바꿀 수 있다면 인생에서 뭘 바꾸고 싶나요?"
- "누구든 만날 수 있다면 누구를 만나고 싶나요?"
- "인생을 바꾸어놓았던 순간이나 경험이 있나요?"
- "가장 큰 스승이라고 생각하는 사람이 있나요?"

지금까지 세 번의 만남에서 얻은 정보를 바탕으로 상대방의 성격이 마음에 드는지, 가치관을 존중할 수 있겠는지, 그의 목표를 이루도록 도와주고 싶은지 판단해 보라. 같은 성격일 필요는 없다. 그냥 서로의 성격이 마음에 들면 된다. 가치관 역시 동일할 필요는 없다. 서로 존중할 수 있으면 된다. 심지어 그의 목표가 당신이 바라거나 좋아하는 내용이 아니어도 상관없다. 하지만 그런 면을 가진 사람 혹은 앞으로 그렇게 되고 싶은 사람이 일상의 일부가 되고 곁에 있어도 좋을까? 특정한 목표, 예를 들어 은행 강도가 되겠다거나 하는 목표는 듣자마자 헤어질 이유가 된다. 물론 상대방의 목표가 너무나 마음에 들어서 합리적인 범위 내라면 무엇이든 도와주고 싶어 설렐 지경일 수도 있다. 그가 '도시의 노숙자 근절'과 같은 고귀한 목표를 가졌다면 그 사실만으로도 매력적으로 보일 테니 말이다.

사랑의 두 번째 단계, 꿈

끌림은 꿈으로 이어진다. 시간이 지나도 상대방에게 계속 끌리면 그때부터 관계가 어떻게 될지 환상을 품기 시작한다. 이 사람과 어떤 모험을 할 수 있을까? 함께하면 어떤 인생을 살게 될까? 이런 생각이 든다면 사랑의 두 번째 단계에 진입한 것이다.

이 단계에 접어들면 모든 걸 빠르게 진척시키려는 이들이 많다. 상대방에게 끌린다는 건 그 사람이 내 꿈에 적합할 수도 있다는 뜻이기 때문이다. 그러나 내가 가진 꿈은 그를 바라보는 시야를 가릴 수 있다. 내가 정말로 필요로 하는 것을 숨길 수 있다. 그래서 사랑의 두 번째 단계에서는 잘못된 기대를 접고 꿈에 도취되지 않은 현실적인 기대를 바탕으로 삼아 튼튼한 관계를 설계하고 쌓는 데 초점을 맞춰야 한다.

잘못된 기대를 버려야 하는 이유

이 단계에서 우리는 상대방이 이런저런 자질을 가지고 있어야 한다는 체크리스트를 품고 있는 경우가 많다. 그 리스트는 화려함에 치중되어 있거나 아주 구체적일지도 모른다. '성공한 사람이어야 하고 집이 있어야 하며 농구 경기 보는 것을 좋아해야 하고 특정한 나이 혹은 몸매여야 하며 내년에 결혼할 준비가 되어 있어야 한다'와 같이 말이다. 심리학자 리사 파이어스톤Lisa Firestone은 기술의 발달이 이런 비현실적인 기대를 더욱 증폭시켰다고 말한다.[8]

"온라인 데이팅 사이트는 세상에 선택의 기회가 버거울 만큼 많다는 생각을 심어줄 수 있다. 그래서 어떤 사람들은 끝없이 검색만 하는 패턴에 갇혀 있거나 어느 연구진이 이름 붙인 것처럼 '이성 쇼핑relation-shopping'을 벗어나지 못하기도 한다. 무심결에 우리는 완벽한 사람 혹은 내 마음속에(또는 데이팅 사이트의 내 프로필에) 세워둔 온갖 기준을 모조리 만족시키는 사람을 찾고 있다."[9]

원하는 기준에 대한 리스트를 만들다 보면 어느새 꿈이 '요구 조건'으로 바뀐다. 하지만 당신이 만나게 될 사람은 당신과 마찬가지로 과거가 있고 어려움이 있으며 어쩌면 트라우마까지 갖고 있을 것이다. 체크리스트를 몽땅 다 만족시키는 사람은 절대로 찾을 수 없다.

체크리스트에 있는 기준들을 한 사람이 아니라 여러 사람이 채워주어도 된다. 연구에 따르면 가장 행복한 사람들은 가까운 인간관계가 여럿이라고 한다. 따라서 현재 연인이 있든 혼자이든 나의 모든 필요를 한 사람이 충족시켜 주기를 바라서는 안 된다. 사랑과 애착을 연구한 신경과학자 존 카시오포John Cacioppo는《뉴욕타임스》와의 인터뷰에서 이렇게 말했다. "좋은 사람을 만나는 비결 중 하나는 필요에 의해서 누군가에게 매력을 느끼는 게 아니라 선택에 의해서 매력을 느끼는 것입니다."10

상대방이 인생에서 원하는 것이 나와 같기를 바랄 수도 있다. 생활 수준, 가족 구성, 호불호, 친구, 돈을 쓰고 저축하는 방식이 같기를 바랄지도 모른다. 앞으로 얼마나 열심히 일하고 어느 정도 성공하고 어디에 살며 예기치 못한 난관에는 어떻게 대처하고 얼마나 자주 삶에 변화를 줄지까지 미래에 대한 계획이 같기를 바랄 수도 있다. 말로 표현하지 않는다고 해도, 심지어 생각조차 하지 않는다고 해도 무의식적으로 똑같은 가치관과 목표를 가져야만 서로 사랑할 수 있다고 믿는다.

우리는 일요일에 한 사람은 가족과 시간을 보내고 싶은데 다른 사람은 골프를 치고 싶어 한다거나 상대방의 친구들을 만나보고 싶은데 그 사람은 아직 그럴 준비가 되지 않았다면 서로 맞지 않는 징조라고 섣불리 해석한다. 혹은 한참을 사귀다가 터전을 옮기게 되었는데 상대방이 함께 가길 원하지 않는다면 자신을 사랑하지 않는다는 뜻이라고 받아들인다. 그리고 결혼하고 싶은데 상대방이 원하지 않는다면 그걸로 관계는 끝났다고 생각한다.

또한 사랑의 두 번째 단계에서는 흔히 상대방이 내 마음을 읽어 주기를, 내가 말을 하자마자 이해해 주기를, 내 생각에 동의해 주기를 바라는 경우도 많다. 지금 내 감정과 욕구를 알아채 주기를, 꼭 갖고 싶은 것을 선물로 주기를 기대한다. 이번 내 생일은 어떻게 보내고 싶은지, 오늘 저녁 식사로 뭘 먹고 싶은지, 얼마나 많은 관심을 바라는지, 어느 정도의 공간이 필요한지 그 사람이 직관적으로 알아주기를 바란다.

그러나 똑같은 것을 원하는 것보다 더 좋은 게 바로 '함께 만들어가는 것'이다. 그리고 서로 비슷한 점을 찾는 것보다 더 중요한 문제는 '서로 다른 점을 어떻게 처리할 것인가' 하는 것이다. 일이다. 사랑의 두 번째 단계에서는 꿈을 현실에 뿌리내리려야 한다. 그러려면 리듬과 루틴을 관계에 정착시켜야 한다. 그래야 관계를 신중하게 천천히 키워나갈 공간이 생긴다.

흔들리는 감정을 붙잡아 주는 리듬과 루틴

상대방과 행복하게 오래오래 사는 건 어떨까 하는 꿈만 꾸지 말고 시간을 들여서 알아가고 교감을 쌓아라. **꿈은 환영일 뿐, 훨씬 더 흥미로운 것은 현실이다.** 나는 분명한 시스템이 존재하는 기업의 리더들에게 '감성'이 필요하다고 말한다. 하지만 관계에는 이미 감성이 자리 잡고 있지 않은가? 그래서 관계에는 반대로 '시스템'이 필요하다고 이야기한다. 정서적 풍경 속에 구조와 질서를 도입하라고 말이다.

리듬과 루틴은 꾸준한 페이스를 유지하도록 해준다. 그러면 서서히 진정성 있게 서로를 알아갈 수 있다. 두 사람 다 장기적인 관계를 원하는지, 바로 그 관계를 서로가 함께해 주길 바라는지 알 수 있다. 잘못된 기대를 충족시키려고 애쓰지 말고 리듬과 루틴을 함께 만들어가라. 그러면 얼마나 많은 시간을 함께 보내며 그 시간 동안 뭘 할지를 중심으로 관계가 안정된다. 관심을 갖는 사람이 다음에는 또 언제 나를 찾을지 궁금해하지 않아도 된다. 연락에 며칠을 기다렸다가 답하는 식의 '밀당'도 하지 않게 된다.

또한 리듬과 루틴은 상대방의 반응을 보며 건강한 경계선을 세우도록 해준다. 경계선은 물리적인 것일 수도 있고(어떤 사람들은 충분한 시간을 가진 후에 성적 친밀감을 높인다) 시간이나 감정과 관련한 것일 수도 있다. 온라인 마케팅 회사인 하이터치커뮤니케이션High-Touch Communications Inc.에서 실시한 설문조사가 있다. 이 조사에 따르면 업무 시간이 아닐 경우 대부분 친구나 가족, 연인에게 메시지를 보냈을 때 5분 안에 답이 오기를 기대한다. 업무 시간 중이라면 친구나 가족의 연락은 한 시간 정도 기다릴 수 있으나 상대방이 연인이라면 '여전히' 5분 안에 답이 오기를 기대한다![11]

임상심리학자 세스 마이어스Seth Meyers는 만난 지 얼마 안 된 연인들에게 주의를 당부한다.[12] 《사이콜로지 투데이Psychology Today》에 기고한 글에서 그는 육체적 교류가 즉각적으로 많아지면 감정이 고조되어 상대방을 보는 눈이 왜곡될 수 있다고 했다. 빨간

색 안경을 쓰고 상대를 보면 붉은색 경고등이 잘 보이지 않을 수 있다. 육체적 접촉, 특히 섹스의 결과로 분비되는 유대감을 일으키는 화학물질이 아니었다면 붉은색 경고등이 더 선명하게 보였거나 신경 쓰였을 텐데 말이다. 어쩌면 초기의 잦은 교류는 잘 알지도 못하는 사람과 정서적 친밀감을 느끼라고 스스로에게 강요하는 꼴일 것이다.

마이어스가 지적하듯이 "제대로 알지 못하는 사람이 나에게 그처럼 강한 정서적 반응을 일으키는 것은 스스로를 위험에 빠뜨리는 일일 수 있다. 상대방이 착하고 선량한 사람이고 그가 원하는 것이 당신과 동일하다면 아무 문제가 없을 것이다. 그러나 그가 이 관계에서 바라는 목표가 당신과 다르다면 결국 외로워지거나 배신당한 기분이 들 수 있다." 마이어스는 적어도 첫 달에는 상대를 일주일에 한 번 이상 만나지 말라고 조언한다. 그렇게 해보고 모든 게 순조로워지면 그때부터 서서히 만나는 횟수를 늘리면 된다. 마이어스는 이렇게 덧붙였다. "예를 들어 친구를 새로 사귄다고 하더라도 처음 만난 그 사람을 일주일에 몇 번씩 만나지는 않을 것이다. 연애의 가이드라인이라고 해서 크게 다를 이유가 무엇인가?"

떨어져서 지내는 시간이나 공간은 함께 보내는 순간을 더 가치 있게 만든다. 함께 보내는 시간과 혼자 보내는 시간, 내 친구들과 보내는 시간, 둘이 함께 아는 친구들(공통 친구)과 보내는 시간 사이에 균형점을 찾아야 한다. 예를 들어 일주일이라면 저녁 시간을 하

루는 혼자, 사흘은 상대방과 함께, 이틀은 공통 친구들과, 또 하루
는 내 친구들과 보내겠다고 결정할 수도 있을 것이다.

이렇게 하면 함께 있는 시간과 긴장을 푸는 시간, 둘이서 함께
다른 사람들의 에너지를 느끼는 시간, 좀 다른 방식으로 내 친구들
과 긴장을 푸는 시간이 모두 생긴다. 단 시간을 나눌 때는 이런 체
계가 왜 중요한지 상대방에게 설명해 주어야 한다. 그냥 "혼자 있
는 시간이 필요해"라고만 말하면 그는 '내가 뭘 잘못했나'라고 생
각할 것이다. 이럴 때 "스트레스가 심해서 혼자 있을 시간이 필요
해"라고 말한다면 당신을 이해하고 응원할 수 있을 것이다. 다음
그림은 예시에 불과하지만 어떤 식으로 스케줄을 짜야 할지 힌트
를 얻을 수 있을 것이다.

◆ 캘린더로 서로의 시간을 공유하라

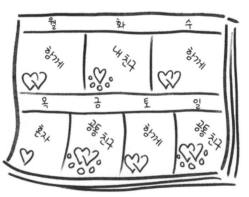

함께: 일주일 중 3일
혼자: 일주일 중 1일
공통 친구: 일주일 중 2일
내 친구: 일주일 중 1일

함께 리듬이나 루틴을 조율하지 않은 채 두 사람의 관계가 어떻게 될지 걱정하거나 불만이 생겼을 때 친구들에게만 토로하는 경우가 많다. 정작 상대방과는 이에 대한 대화를 나누지 못한다. 압박감을 주거나 애정 결핍이 있는 사람처럼 보이는 걸 원치 않기 때문이다. 그러나 이 시점에서 리듬과 루틴을 어떻게 조율할지 대화하는 것은 아주 적절한 행동이다.

터놓고 이야기를 하고 나면 상대방의 반응이 당신이 바라던 것과는 다를 수 있다. 그가 생각하는 속도나 관계에 대한 확신이 당신과 다를 수도 있다. 그렇다고 둘 사이가 잘될 수 없다는 뜻은 아니다. 오히려 상황을 좀 더 분명히 알고 진행할 수 있다. 만약 상대방이 대화 내용에 겁을 먹고 물러선다고 하더라도 대화를 나눈 것 자체가 실수는 아니다. 오히려 관계가 잘 풀릴 거라고 착각하면서 기다렸을지도 모를 몇 주 혹은 몇 달의 시간을 아낀 것이다. 다음 쪽의 '리듬과 루틴을 정할 때 주의해야 하는 행동 습관'을 참고하여 상대방과 대화를 나누길 바란다.

대화를 나누면서 알게 된 내용들이 마음에 들지 않을 수도 있다. 그러나 상대방의 반응이나 대답이 원했던 것과 다르다고 해서 관계가 끝이라는 뜻은 아니라고 거듭 이야기했다. 그건 그저 어느 방향을 선택하든 좀 더 분명한 상황 인식을 갖고 진행할 수 있다는 뜻이다.

◆ 리듬과 루틴을 정할 때 주의해야 하는 행동 습관

하지 말아야 하는 행동	해야 하는 행동
왜 늘 나만 전화를 거는지 궁금해한다	희망과 확률에 맡기지 말고 통화할 시간을 정한다
상대가 너무 바빠서 시간을 내지 못한다고 생각한다	얼마나 바쁜지 묻고 어느 정도 시간을 낼 수 있는지 의논한다
상대방의 속도가 너무 빠르다고 생각한다	조금 천천히 만나고 싶지만 관심이 없어서는 아니라고 전한다
상대방의 속도가 너무 느리다고 생각한다	서로의 바람이 같은지 확인하고 싶다고 말한다
가족이나 친구에게 나를 소개하지 않는다고 걱정한다	상대방에게 중요한 사람은 누구이고 왜 중요한지 질문을 통해 알아본다
다른 사람을 만나고 있는 건 아닌지 궁금해한다	서로 다른 사람은 보지 않을 것인지 묻고 상대방의 이야기를 끝까지 듣는다

성숙한 사랑을 위한 팁:
함께 시간을 보내는 방식을 정하기

통화나 메시지를 얼마나 자주 주고받고 얼마나 자주 만날지 함께 의논하라. 두 사람 모두에게 편안한 리듬과 건강한 비율을 찾아내라. 자유 시간을 어떻게 쪼개어 쓸지 정하라. 매주 같을 필요는 없지만 시간을 어떻게 보낼지 미리 알고 있으면 상대방이 나의 다른 관심사

를 자신의 경쟁 상대인 것처럼 느끼지 않을 것이다. 다음 네 가지 일
정을 포함하여 함께 스케줄을 정리해 보라.

- 혼자 보내는 저녁
- 함께 보내는 저녁
- 공통 친구나 가족과 보내는 저녁
- 내 친구들과 보내는 저녁

사랑의 세 번째 단계, 난관과 성장

우리는 사랑에 빠지고 사랑을 하고 사랑을 지속하도록 만들어
졌다. 그러나 매일이 밸런타인데이 같기를 기대한다면 셋 중 아무
것도 할 수가 없다. 마찰이 불가피해진다. 연인 사이라면 결국 언
젠가는 여러 가지 면에서 두 사람이 다르다는 사실을 발견하게 된
다. 사랑의 세 번째 단계에서는 서로의 차이점이나 거기에서 오는
실망감을 직시해야 한다. 문제를 해결하든 계속 안고 살아가든 어
느 쪽이나 노력이 필요할 것이다. 그 노력을 관계에 투입할지 말
지 결정을 내려야 한다.

승려로 지낼 당시 나는 자기 성찰을 아주 많이 했다. 언젠가 스
승님께서 우리에게 마음이 얼마나 싸우고 있는지 1에서 10까지 점
수를 매겨보라고 했다. 수행 과정은 힘들었기에 다들 꽤나 높은 점

수를 매겼다. 그러자 스승님은 이렇게 말했다. "그렇다면 두 사람이 서로 잘 지내려고 할 때는 과연 어떨지 한번 상상해 보세요." 관계도 마음과 같다. 서로 다른 환경에서 자란 두 사람은 각자의 신념과 가치관, 기대, 꿈을 갖고 있을 테니 함께 잘 지내려는 과정이 순조로울 리 만무하다. 하지만 사랑이란 어려운 부분까지도 기꺼이 상대해 볼 만큼 그 사람이 소중하다는 뜻이다.

관계는 짜증을 유발하게끔 정교하게 설계되어 있다. 나에게 의문을 제기하거나 내 단점을 목격하는 사람 없이 혼자 있는 게 더 쉬운 길이다. 하지만 그러면 애초에 누구도 만날 필요가 없다. 두 사람이 서로의 '무언가'를 자각한다는 건 불편한 일이다. 많은 관계가 원치 않아도 서로의 무언가를 깨닫고 그걸 짐처럼 느끼게 된다. 사랑이 강물처럼 자연스럽게 흐르기를 기대하지만 그런 일은 극히 드물다. 오히려 그런 경우는 어려운 문제를 아예 건드리지 않아서일 때가 많다. 우리는 실수를 저질러야 한다. 스스로 뭘 바꿔야 하는지 알아내야 한다. 그리고 더 잘하려고 노력해야 한다. 그래야 따로 또 같이 성장할 수 있다.

많은 난관이 집 안에서 벌어지는 사소한 일일 때가 많다. 예를 들어 어릴 때 우리 집에서는 저녁 식사가 끝나면 디저트를 먹고 잠시 얘기를 나누고 놀다가 마지막으로 설거지를 했다. 그러나 라디의 집에서는 저녁 식사가 끝나면 설거지를 먼저 하고 디저트를 먹는다. 그 후에야 가족끼리 편안하게 대화를 나눈다. 처음 우리가 연인이 되었을 때 라디는 저녁을 먹은 뒤 자신이 먹은 그릇을 설거지했고 나는 그걸 돕지 않는 것에 죄책감을 느꼈다. 당시에는 늘 조금 뒤에 치우겠다고 말했고 진심이었다. 지금 생각해 보면 라디와 나는 각자 어릴 때부터 이어진 습관에 갇혀 있었다. 많은 사람들이 그렇다. 둘 중 한 명이 설거지를 나중에 하겠다고 하면 나머지 한 사람은 그냥 상대방이 게으르다고 생각할 수 있다. 하지만 이런 차이는 성장 배경이나 문화, 습관에 기인하는 경우가 많다.

이 밖에도 작은 장애물이 많다. 다음과 같은 하소연들을 예로 들 수 있다. "여자 친구가 코를 골아요.""남자 친구가 항상 늦어요.""미술관에 가고 싶은데 TV를 보자고 해요.""여자 친구의 제일 친한 친구를 도저히 봐줄 수가 없어요.""남자 친구가 휴일마다 부모님 집에 가자고 해요. 그 집에는 고양이가 세 마리인데 저는 고양이 털 알레르기가 있다고요." 조금 더 큰 장애물은 다음과 같은 것들이다. "남자 친구의 남은 학자금 대출이 어마어마해요." "여자 친구가 화를 내면 무서워요.""장거리 연애를 하고 있는데 둘 다 지금 사는 곳을 떠나고 싶지 않아 해요.""여자 친구는 아이를 갖기 싫다고 하는데 저는 아이를 원해요." 이처럼 크고 작은 의견 차이가 둘 사이의 *끈끈함*에 대한 확신을 잃게 한다. 어쩌면 이런 생각이 들지도 모른다. '나는 내가 당신을 사랑하는 줄 알았어. 그런데….'

이럴 때 취할 수 있는 방법은 세 가지가 있다. 그리고 그중 둘은 중요한 깨달음으로 이어진다. 첫 번째는 관계를 끝내는 것이다. 상대방이 내가 중요하게 생각하는 것과 맞지 않는 사람임을 깨닫는 경우다. 두 번째는 함께 문제를 극복하고 성장하는 것이다. 함께 발전할 수 있을 만큼 둘 사이를 긍정적으로 여긴다는 걸 깨닫는 경우다. 마지막은 헤어지지 않으면서 아무것도 바꾸지 않는 것이다. 이 경우에는 아무것도 깨달을 수 없다. 그러니 바라건대 이 선택은 하지 마라.

난관을 직시하는 이 세 번째 단계는 사랑을 정의할 때 매우 중요하다. 관계를 도저히 지속할 수 없는 요소가 무엇인지 깨닫거나 문제 해결을 위해서 기꺼이 한 단계 성장할 의향이 있음을 깨닫기 때문이다. 그리고 후자의 경우라면 그 경험을 통해 사랑은 더 튼튼해지고 회복력을 갖게 된다. 둘 사이의 이런 장애물에 대해서는 제5법칙과 제6법칙에서 더 깊이 있게 이야기할 것이다.

사랑의 네 번째 단계, 신뢰

어려움을 함께 극복하고 나면 두 사람은 성장한다. 인내하고 조정하고 적응하는 법을 배우게 된다. 이렇게 함께 성장하면 신뢰가 쌓인다. 상대방에 대한 신뢰의 폭과 깊이를 측정하면 사랑의 마지막 네 번째 과정, 가장 높은 수준의 단계에서 나의 사랑이 과연 어떤 모습인지 더 잘 이해하고 정의 내릴 수 있다.

우리는 종종 신뢰를 이분법적으로 생각한다. 상대를 신뢰하거나 신뢰하지 않거나 둘 중 하나라고 생각한다. 그러나 신뢰는 생각과 말과 행동을 통해 서서히 커진다. 누군가가 나에게 친절하다고 해서 그 사람을 즉각 신뢰하는 것은 아니다. 상대방을 신뢰하는 이유는 하루하루 조금씩 나를 더 많이 보여주었을 때 그런 나의 정직함을 그 사람이 어떻게 대접하는지 확인했기 때문이다. 앞선 단계들이 차곡차곡 쌓여 우리는 여기에 도달했다.

신뢰는 나 자신부터 시작한다. 내가 먼저 신뢰할 수 있는 사람이 되어야 한다. 그러려면 생각과 말과 행동이 일치해야 한다. 생각하는 내용을 말로 표현한 다음 행동으로 실천하는 사람은 스스로를 신뢰할 수 있다. 만약 하루 저녁쯤 혼자 있어야 되겠다는 생각이 들면 상대방에게 이를 알린다. 그런 다음 내 시간을 갖는다. 나 자신에게 준 이 선물을 충분히 만끽하고 스스로를 잘 돌보는 나를 신뢰한다. 상대방은 내가 생각을 이행하는 모습과 그 결과를 옆에서 지켜보면서 내가 믿을 만한 사람임을 알 수 있다. 그런 다음 상대방에게도 똑같이 한다. 그에게 약속한 내용을 그대로 지켜서 내가 믿을 만한 사람임을 보여준다. 그러면 그 사람도 같은 수준의 신뢰로 응답하고 싶어진다.

우리는 안전한 느낌을 주고 건강한 의사결정을 내리며 동의할 수 있는 가치관을 바탕으로 삶을 영위하는 사람을 더 신뢰한다. 상대방에 대한 신뢰의 폭과 깊이를 측정하려면 다음 세 가지 측면을 생각해 보라. 육체적 신뢰, 정신적 신뢰, 정서적 신뢰 말이다.

육체적 신뢰는 함께 있을 때 안전한 느낌이 들며 상대방이 나를 돌봐준다고 느끼는 것이다. 그 사람은 나와 함께 있고 싶어 하고 필요로 할 때 곁을 지키며 주의를 쏟는다. 곁에 있으면 기분이 좋아야 한다. 정신적 신뢰는 상대방의 사고방식과 생각 그리고 신중함을 신뢰하는 것이다. 그가 내리는 모든 결정이 내 마음에 들 필요는 없지만 의사결정을 내리는 방식만큼은 신뢰할 수 있어야 한다. 정서적 신뢰는 상대방의 가치관을 신뢰하고 한 인간으로서 그 사람을 신뢰하는 것이다. 그 사람은 나를 귀하게 대하는가? 나를 응원하는가? 나뿐만 아니라 가까운 친구에서부터 식당 직원에 이르기까지 주변 사람들에게 신뢰가 가게 행동하는가?

이 모든 걸 절대적으로 신뢰해야 한다는 말은 아니다. 때로는 상대방이 실수를 저질러서 신뢰가 흔들릴 수도 있다. 그 사람의 약점이 눈에 띄기 시작했다면 그 약점이 얼마나 중요한 영역인지 고민해 보라. 그 약점은 당신한테 어떤 영향을 주는가? 당신에게 중요한 영역에서 신뢰가 가지 않는다면 이 문제를 솔직히 이야기하고 신뢰를 이어갈 수도 있다. 그러나 정직하지 않다거나 비밀이 있다거나 당신에게 가스라이팅을 시도한다면 신뢰는 불가능하다. 신뢰는 아주 천천히 쌓이기 때문에 계속해서 키우고 유지해 나가야 한다. 퍼센트 단위로 조금씩 늘어난다고 생각하라. 상대방의 생각과 말과 행동이 한 번 일치할 때마다 신뢰도가 1퍼센트씩 올라간다고 말이다.

처음에 우리는 상대방의 말이 다 진실이라고 믿는다. 지금 누구와 함께 있고 무슨 행동을 하고 있고 또 무슨 생각 중인지에 대한 말이 진실일 때마다 신뢰는 1퍼센트씩 증가한다. 그다음에 우리는 내 감정을 이해해 달라고 요구한다. 상대가 요구를 들어주면 점수가 또 올라간다. 서로 잘못을 털어놓아도 신뢰는 커진다. 그러나 신뢰는 일정하지 않다. 상대방이 나를 이해하지 못하거나 오해하게 만들거나 배신해 버리면 약해지기 때문에 다시 쌓는 과정을 거쳐야 한다. 그리고 이런 어려움을 함께 극복하면 다시 커진다. 상대방을 믿고 계획을 세우거나 꿈을 꾸기 시작한다. 결국에는 나의 트라우마도 털어놓을 수 있을 만큼 그 사람을 신뢰하게 된다.

이처럼 신뢰도가 높으면 육체적, 정서적으로 안전하고 안정된 사랑을 느낄 수 있다. 그러면 좋은 소식이 있을 때나 나쁜 소식이 있을 때나 그 사람을 가장 먼저 찾게 된다. 언제든 내 편이 되어 좋은 일은 축하해 주고 나쁜 일은 이겨나가도록 도와줄 거라는 걸 알기 때문이다.

> ## 성숙한 사랑을 위한 팁:
> ## 신뢰와 확신의 관계를 만드는 기술
>
> ### 1. 고맙다는 말을 아끼지 않기
> 매일 신뢰를 보여주는 방법으로 내가 가장 좋아하는 것은 누군가 약속을 지켰을 때 그 점을 알아봐 주고 인정해 주는 것이다. 기대하지 않았는데 친절한 행동을 하면 감사하다는 말로 그 사람에게 보상을 준다. 생각지도 않았는데 맛있는 저녁 식사를 준비해 준다면 고맙다는 표현을 듬뿍 한다. 그 사람이 평소에 잘 하지 않던 행동을 했을 때도 마찬가지다.

신뢰가 쌓이려면 티가 나지 않아도 관계를 안정적으로 유지해 주는 행동에도 보상을 주어야 한다. 상대방이 매일 저녁 식사를 준비한다면 어떨까? 매일 수고해 주는 부분에 대해서도 감사를 표현해야 한다. 보상을 자주 할수록 그는 같은 행동을 더 자주 반복할 것이다. 당신도 똑같은 방식으로 상대방의 신뢰를 얻어야 한다.

이번 주에는 두 사람을 위해 꾸준히 노력하는 상대에게 일부러 고마움을 표현해 보라. 구체적으로 표현하라. 단순히 "내 얘기 들어줘서 고마워"라고 하지 말고 "내가 매일 퇴근하고 회사에서 쌓인 감정을 당신한테 푸는 것 알아. 늘 열심히 들어주고 유용한 조언까지 해줘서 정말로 고맙게 생각해"라고 해보라.

2. 매달 관계를 점검하기

매달 관계를 점검하고 확인하는 시간을 습관처럼 가져라. 한 시간 정도 투자해 관계에 대해 이야기하라. 잘된 점은 인정하고 부족한 점은 방향을 바꾸는 기회가 될 것이다. 다음의 활동이 도움이 된다.

- 가장 좋았던 순간을 찾아보라. 무엇이 고마운가? 무엇이 잘되고 있는지 알 수 있을 것이다.
- 힘들었던 순간을 찾아보라. 무엇이 힘겨운가? 개선이 필요한 부분이 보일 것이다.

다음 달에 노력하고 싶은 부분을 함께 찾아보라. 저녁 데이트, 생일 이벤트, 여행, 인테리어 계획 등등 무엇이든 좋다. 휴가지를 함께 검색해 봐도 좋다. 함께 꿈을 만들어간다는 것은 바로 이런 것이다. 두 사람 사이가 어떤 모습, 어떤 느낌이 되어야 할지 함께 의논하고 노력하는 것 말이다.

사랑은 이 모든 단계를 몇 번이고 밟을 수 있게 해준다. 서로에 대한 믿음은 언제나 더 깊어질 수 있다. 끌림도 끝없이 새로워질 수 있다. 우리는 불순물을 계속해서 제거한다. 사랑이란 이 모든 과정을 기꺼이 함께 헤치고 나가는 것이다. 이제 사랑의 두 번째 단계에서 꿈꾸던 것들은 현실이 됐다. 물론 꿈과 현실은 서로 다를 수 있다. 어쩌면 감히 꿈꾸지도 못했을 만큼 현실이 더 좋을지도 모른다. 그러니 머릿속으로 환상만 그리지 말고 둘이서 함께 새로운 꿈을 꾸어라.

관계에서 누릴 수 있는 모든 것을 경험하고 싶다면 사랑의 각 과정마다 주어지는 여러 난관과 보상을 직시해야 한다. 사랑할 때 피할 수 없는 여러 난관을 마주치기 싫어서 이 사람 저 사람을 만나다 헤어지기를 반복하는 사람들도 종종 있다. 석 달마다 다른 사람을 만나는 게 즐거울 수도 있다. 하지만 추파를 던지고 한동안 만나다가 미련 없이 차버리는 패턴으로는 결코 성장할 수 없을 것이다. 사랑이 주는 즐거움과 교감, 신뢰 그리고 보상을 계속 받고 싶다면 꾸준히 성장하고 이해를 넓히는 노력을 해야 한다. 정착하지 못하고 계속 다른 사람들을 만나고 다닌다면 결코 온전한 사랑에 이르지 못한다.

일단 관계에 신뢰와 약속이 단단히 자리를 잡으면 두 사람은 서로에게 서서히 자신을 공개하게 될 것이다. 그 누구에게도 보여주지 않았던 부분까지도 말이다. 그래서 두 사람은 독특한 위치에 서게 된다. 보통은 연인 관계를 떠올릴 때 무언가를 배우고 가르친다는 생각은 하지 않는다. 하지만 이제부터는 바로 이 부분을 탐구해 볼 것이다. 어떻게 하면 상대에게서 무언가를 배우고 또 가르칠 수 있는지 말이다.

제4법칙

거울처럼 보고 배우고 가르쳐라

사랑은 서로를 응시하는 게 아니라
밖으로 한 방향을 바라보는 것이다.[1]

– 생택쥐페리

선종에서 전해져 내려오는 이야기가 있다. 스승을 찾고 있던 어느 젊은이가 아슈람 두 곳을 방문해 보기로 했다. 첫 번째 아슈람에서 구루를 만난 젊은이는 공손히 절을 하고 이렇게 말했다. "구루를 찾고 있습니다. 저를 가르쳐주실 수 있을까요?" 구루는 미소를 지으며 말했다. "물론이지. 훌륭한 제자가 될 사람 같군. 얼마든지 내 지혜를 나누어 주겠네."

두 번째 아슈람을 방문한 젊은이는 그곳의 구루에게 다가가 공손히 절을 하고 말했다. "구루를 찾고 있습니다. 저를 가르쳐주

제4법칙 거울처럼 보고 배우고 가르쳐라

157

실 수 있을까요?" 구루는 마주 절을 하더니 고개를 저었다. "저는 아는 게 별로 없습니다. 그렇지만 혹시 나중에 다시 오신다면 함께 앉아 석양을 바라볼 수는 있을 겁니다." 젊은이는 미소를 띠고 고개를 끄덕였다. 그리고 두 번째 구루를 선택했다.

『베다』가 말하는 삶의 단계를 소개할 때 나는 각 단계를 하나의 아슈람으로 부른다고 했다. 아슈람이라고 하면 흔히 존경받는 스승, 즉 구루가 연상된다. 고대로부터 사람들은 라마크리슈나Ramakrishna나 님 카롤리 바바Neem Karoli Baba 같은 영적 스승을 사사師事하려고 전 세계를 여행했다. 사람들은 라마교의 법왕法王 달라이라마에게 직접 사사하려고 사원이 있는 티베트 다람살라까지 찾아가기도 한다. 구루는 단순한 스승이나 가이드, 코치를 훨씬 뛰어넘는 존재다. 구루는 깊은 연민과 우정으로 인생이라는 거친 바다를 건널 수 있게 도와주는 선장과 같다.

아슈람에서 선생님들은 교실 뒤에 앉아 학생들의 얘기를 듣는다. 수업이 끝나면 학생들에게 피드백을 청한다. 내가 있던 아슈람은 학생을 어느 구루에게 배정해 주지 않았다. 학생이 직접 구루(나를 제자이자 후배로 받아줄 단 한 명의 스승)를 선택하고, 구루가 다시 우리를 선택했다. 아슈람에 들어가기 전 학교에서 나는 선생님들의 권위를 잘 인정하지 못했다. 자존심 문제였을 수도 있다. 선생님들이 나를 평가하고 비난하는 그 느낌이 싫었다. 반면에 승려가 되어 만났던 구루들은 연민과 공감, 겸손으로 가득했다.

승려가 된 지 얼마 되지 않았을 때 나는 나의 구루 라다나스

스와미Radhanath Swami와 함께 런던에 있었다. 우리는 사원에서 가까운 숙소에 묵었고 나는 구루의 식사를 챙기고 시중을 들었다. 구루는 매일 아침 나를 보면 가장 먼저 무릎을 꿇고 이마가 땅에 닿도록 절을 했다. 당시 그는 일흔 살 가까이 되었고 나는 겨우 스물둘의 갓 들어온 승려였다. 그런데도 내 영혼 내지는 내 안의 영적인 힘에 경의를 표했다. 그는 절대로 "너는 내 제자이니 이렇게 하라"고 말하는 법이 없었다. 단 한 번도 자신이 구루임을 내세운 적이 없었다. 그러니 나도 "당신이 나의 구루이니 제 문제를 해결해 주셔야죠"라고 말한 적이 없다. 제자라는 사실을 핑계로 이용한 적도 없었다. 우리는 서로를 경외와 존경으로 대했다. 사랑을 약속한 두 사람에게도 이런 경외와 존경이 중요하다. 하지만 방식은 다르다. 누가 구루이고 제자인지 정해진 사이가 아니기 때문이다. 두 사람은 서로가 서로에게 구루이며 제자다.

사랑하는 이들만이 서로의 스승이 된다

보통은 사랑하는 사람을 스승이라고 생각하지 않는다. 그러나 자기 자신과 세상을 온전히 본인 힘으로만 볼 수 있는 사람은 아무도 없다. 혼자서 곰곰이 생각해 보면 알 수 있다. 누구나 세상을, 그리고 서로를 한정된 시야의 각기 다른 렌즈로 바라본다는 사실 말이다. 유니버시티 칼리지 런던University College London에서 심리학을 연구하는 제러미 딘Jeremy Dean에 따르면 '남들이 나를 어떻게 볼까'는 보통 '내가 나를 어떻게 보는가'를 바탕으로 결정되는데, 거기에는 필연적으로 결함이 있을 수밖에 없다.[2] 우리는 내가 중심인 나만의 세상에 살고 있다. 내가 경험하는 모든 것은 어떤 식으로든 나와 관련되어 있다. 심리학자들은 이걸 자기중심적 편향egocentric bias이라고 부른다. 자기중심적 편향이란 나르시시즘이 아니다. 그저 우리가 단일한 렌즈로 세상을 바라보기 때문에 생기는 현상일 뿐이다.

하지만 남들은 우리를 다르게 본다. '그들이' 느끼는 대로 우리를 본다. 부모 또한 그들만의 편향이 있다. 부모의 눈으로 나를 보는 법을 배운다면 나 자신에 대한 지각을 넓히고 필요한 부분은 조정할 수 있다. 사랑하는 사람 또한 마찬가지로 눈앞의 거울과 같다. 이 거울은 나를 기분 나쁘게 할 의도가 없을 뿐만 아니라 그렇게 만들어서도 안 된다. 누군가로부터 숨을 수 없을 때 우리는 더 투명하게 비춰져 어떤 부분을 개선해야 할지 잘 알게 된다. 그 깨달음을 바탕으로 스스로 개선하려고 노력하는 동안 상대방은 평가나 강압 없이 오직 응원과 격려만을 해준다.

사랑하는 사람은 당신이 함께 배워가고 싶고 그에게서 배우고 싶으며 또 그를 통해서 배우고 싶은 사람이어야 한다. 당신 또한 그에게 그런 사람이어야 한다. 함께 배워간다는 건 새로운 것을 함께 시도해 보고 반성한다는 뜻이다. 그에게서 배운다는 건 상대방이 잘 아는 분야여서 나에게 알려주거나 길을 안내해 준다는 뜻이다. 그를 통해서 배우는 건 가장 어려운 방식이다. 나와는 다른 생각과 마음과 에너지를 가진 사람과 함께 살아갈 때 나를 대하는 상대방의 행동을 관찰함으로써 성장하는 방식이다. 이때 참을성 있게 주의를 기울여야만 그의 행동에서 교훈을 찾아낼 수 있다. 결코 쉬운 일이 아니다. 특히 상대방이 나를 짜증 나게 만든다고 생각해 보라. 분명 그가 잘못하고 있다고 생각할 것이다. 그렇기에 상대방의 행동과 그에 대한 내 반응이 무언가 교훈을 준다는 사실을 깨닫기란 결코 쉽지 않다. 상대방도 마찬가지다. 그럼에도 불구하고 이렇게 여정을 함께하는 것이 바로 사랑의 두 번째 단계인 그리하스타 아슈람의 핵심이다.

인생을 바꾸는 스승의 말 한마디

당신은 구루로서 자신의 행동이 배우자에게 미치는 영향을 생각해 보아야 한다. **구루는 안내자가 되어주지만 평가는 하지 않는다. 지혜를 제안하지만 자존심을 세우지는 않는다. 사랑을 주지만 기대를 품지 않는다.** 당신이 상대방의 구루라는 말은 그에게 지혜를 나눠준다는 뜻이 아니다(이 얼마나 불쾌한 소리인가). 단지 구루이기 때문에 인내심과 이해심, 호기심, 창의성 그리고 자제력이 필요하다는 뜻이다.

아무것도 없는 무無에서 저런 자질들을 키울 수는 없다. 이 자질들을 배우도록 가장 잘 도와줄 수 있는 사람이 바로 사랑하는 사람이다. 승려들은 연인으로서 사랑하는 사이는 아니지만 공동체 생활을 하기 때문에 서로에게 숨길 수 있는 게 별로 없다. 내가 깨끗한지 아닌지를 모두가 안다. 명상을 얼마나 깊이 있게 하는지도 안다. 장기적인 연인 관계도 이와 비슷하다. 오히려 승려들보다 더 많이 서로에게 노출된다. 당신의 연인은 당신에 관한 모든 것을 알고 있다. 훌륭한 점도 나쁜 점도 모두 말이다.

누구든 무언가를 가르쳐줄 수 있다. 하지만 모든 사람이 구루는 아니다. 절친한 친구도, 가까운 가족도, 동료 승려도 여기에서 말하는 교훈들을 배우도록 도와줄 수 없다. 왜냐하면 그들은 연인이나 배우자만큼 우리를 온전히 볼 수 없기 때문이다.

가까운 동료라면 나의 성공을 연인보다 더 높이 평가할 수 있다. 그러나 동료는 내 가족조차 만나본 적 없는 사람일 뿐이다. 연인보다는 친구와 축구 경기를 보러 가는 게 더 즐거울지도 모른다. 그러나 매일 저녁 친구와 함께 집에 돌아가고 싶지는 않을 것이다. 룸메이트는 승려들과 마찬가지로 좋은 점, 나쁜 점을 대부분 보게 된다. 그러나 난관을 헤쳐 나가도록 도와줄 만큼 나에게 큰 관심이 있지는 않다. 친구나 가족이 나의 영적 수행을 어느 정도 존중할 수는 있다. 하지만 오늘 아침에 내가 실제로 명상을 했는지 안 했는지 아는 사람은 바로 라디다! 라디는 그 누구보다 더 자주, 다양한 상황 속에서 나를 본다. 내가 더 나은 사람이 되도록 도와주는 데 라디보다 좋은 위치에 있는 사람은 없다.

결혼한 지 1년 남짓 되었을 때 뉴욕에 있던 나는 운 좋게도 커리어의 돌파구를 마련했다. 라디는 크게 신경 쓰는 것 같지 않았다. 특별히 나를 축하해 주지도 않았다. 라디가 나와 함께 뉴욕으로 이주한 것은 나를 믿었기 때문이었지만 내가 대단한 순간을 맞았는데도 그리 깊은 인상을 받은 것 같지 않았다. 이런 생각이 들기 시작했다. '왜 나를 존중하지 않지?' 라디가 나를 사랑한다는 사실에는 추호의 의심도 없었다. 아무것도 없을 때 만난 사람이기 때문이다. 라디에게는 얼마든지 다른 길도 있었다. 그래도 라디는 수많은 방식으로 나를 사랑한다고 했다. 그러나 나의 물질적 성공은 그녀에게 내가 기대했던 영향을 주고 있지 않았다.

그러다 문득 그해 초가 생각났다. 그대로 넉 달만 지나면 우리는 파산할 지경이었다. 당시 나는 라디에게 해결할 거라고 말했고 그녀의 대답은 "당신을 믿어"였다. 그 말을 떠올린 뒤에야 깨달았다. 내가 무언가를 이뤘기 때문에 라디가 나를 사랑한다면? 그게 내가 원하는 일, 나에게 필요한 일일까? 나는 라디의 인정이 필요하지 않았다. 성공한 사람을 존중하기는 쉽다. 그러나 라디는 나에게 그보다 훨씬 더 훌륭한 것을 주고 있었다. 무조건적인 응원과 믿음 말이다. 나의 외적인 성공을 아무리 축하해 준다고 한들 무조건적인 응원과 믿음보다 더 의미 있지는 않을 것이다.

라디가 물질적 성공에 연연하지 않은 덕분에 나는 또 하나의 자질을 발전시키게 됐다. 나 자신을 있는 그대로 사랑하게 된 것이다. 그녀가 이 자질을 직접 가르쳐준 것은 아니다. 라디는 한 번도 "나는 당신을 있는 그대로 사랑해"라고 말한 적이 없다. 나 혼자 고심해서 발전시킨 자질이다. 바로 이런 식으로 우리는 서로의 구루가 된다. 이전에 교육받은 적도 없고 시도한 적도 없으며 때로는 깨닫지도 못하는 채로 말이다. 세월이 한참 지나서 내가 이야기를 해줄 때까지 라디는 내가 이 교훈을 배웠다는 사실조차 몰랐다. 아무것도 없을 때 라디가 나와 사랑에 빠진 것은 나로서는 정말 다행스러운 일이다. 당시 이미 어느 정도 인정을 받은 처지였다면 나는 틀림없이 내 성공을 더 높이 평가해 주는 아내를 원했을 것이기 때문이다. 그건 아마 큰 실수였을 것이다.

함께 배우고 성장하는 기쁨에 대하여

함께 성장할 수 있는 사람을 고른다면 언제나 그에게서 무언가를 배우게 된다. 아서 에런Arthur Aron과 일레인 에런Elaine Aron이 개발한 '자기 확장 이론self-expansion theory'에 따르면 인간관계, 특히 부부 관계는 자기감sense of self('자아감'이라고도 한다. '나는 이런 사람'이라는 인식을 말한다-옮긴이)을 확장시켜 더 크고 풍요로운 삶을 살게 해준다.[3] 자기 확장 이론에 따르면 우리는 내가 갖지 못한 능력("배수구를 뚫을 줄 아시는군요!")이나 성격적 특징("분위기 메이커시군요!"), 관점("해외에서 성장하셨군요!") 등을 가진 사람을 만나고 싶어 한다. 상대방은 '나'의 정체성에 대한 인식을 확장시켜 준다. 동원할 수 있는 자원을 늘리는 방식으로 말이다.

사랑하는 사람에 대한 불만 중에서 내가 가장 자주 듣는 말은 '그 사람이 내 뜻대로 해주지 않는다'는 말이다("아내가 자기 몫의 집안일을 안 해요." "남편이 우리 부모님에게 무례해요." "절대로 내 칭찬을 안 해요." "내 생일을 잊어버려요."). 하지만 그가 당신이 원할 때마다 특정한 행동을 해야 한다고 믿는 시각을 바꿔야 한다고 말하고 싶다. 그건 사랑하는 관계가 아니다. 단지 소유 관계일 뿐이다. 소유 관계는 통제에서 비롯된다. 그런 관계가 되어서는 안 된다.

좋은 관계는 서로 주고받는 관계다. 서로의 일정을 확인하고 책임을 나누며 생활의 균형을 잡아야 한다. 그런데 좋은 것을 넘어 훌륭한 관계를 만들기 위해서는 주고받는 것 이상이 필요하다. 바로 '성장'이다. 사랑은 마냥 순종하는 일도, 거래처럼 주고받기만 하는 일도 아니다. 함께 노력하는 일이다. 제3법칙을 설명할 때 이야기하지 않았는가? 몰랐던 부분을 발견하게 되며 실망도 따를 것이라고 말이다. 그래서 제4법칙에서는 함께 난관을 극복함으로써 서로에게 많은 것을 배우고 성장하는 방법을 이야기한다.

서로를 잘 알고 상대방의 성장을 지켜보며 그에 맞춰 함께 성장하면 삶은 더욱 즐거워진다. 우리는 말로는 "함께 늙어가자"라고 하면서도 정작 인간적 성장의 중요성은 잊어버린다. 구루와 제자의 관계를 맺는 것이야말로 상대방과의 교감을 형성하는 핵심 요소다. 각기 다른 두 사람이 만나 서로 좋은 영향을 주고받으려면 노력을 해야 한다. 하지만 자판기 같은 걸 기대하지는 마라. 노력을 투입했다고 해서 반드시 보상이 따를 거라고 기대해서는 안 된다는 뜻이다. 마음에서 우러난 진지한 노력을 관계에 투자하라. 무엇이 뒤따르는지는 서서히 알게 될 것이다.

성숙한 사랑을 위한 팁: 함께 성장할 수 있는 사람인지 판단하기

서로를 알아가는 단계라고 해도 단순히 재미난 사람 이상이라는 신호가 감지될 때가 있다. 함께 성장하기 좋은 사람이라는 신호가 올 때가 있다. 다음 질문들에 답하며 상대방이 함께 배우고 성장할 수 있는 사람인지 확인하라. 그에 대해 이미 많이 알고 있을 것이다.

1. 자기 자신을 알고 싶어 하는가?

스스로를 알고 싶어 하지 않는 사람은 당신을 알아가는 것도 어려워한다. 성장에 열정이 있는 사람은 당신의 성장도 돕는다. 그가 새로운 시도를 좋아하는가? 스스로를 의식하는 사람인가? 자기계발에 마음이 열려 있고 의사결정에 관한 대화를 좋아하는가?

☐ 항상 그렇다　☐ 가끔 그렇다　☐ 전혀 그렇지 않다

2. 본인의 감정을 잘 이해하는가?

그는 자신의 감정을 잘 이해하고 표현하는가? 그날 하루에 있었던 일을 이야기할 때 피상적인 수준으로 말하는가, 아니면 진짜 본인의 감정을 공유하는가? 어떤 이야기를 들려줄 때 그 안에 본인의 감정 상태도 포함해서 말하는가?

☐ 항상 그렇다　☐ 가끔 그렇다　☐ 전혀 그렇지 않다

3. 당신을 이해하려고 노력하는가?

당신에게 호기심을 보이는가? 항상 그렇다고는 할 수 없지만 자각은 곧 타인에 대한 호기심으로 이어지는 경우가 많다. 상대방이 감정을 다루는 기술까지 동원해서 당신을 더 잘 이해해 보려고 노력하는가? 만약 그가 관심과 사랑의 반경을 확장할 수 있는 상태가 아니라면 그는 아직 브라마차리아 아슈람 단계에 있다는 뜻이다. 여전히 자기 자신에 대해 알아가는 중이며 당신과 함께 배워나갈 준비는 되어 있지 않다.

　□ 항상 그렇다　　□ 가끔 그렇다　　□ 전혀 그렇지 않다

4. 혼자서도 즐거운 시간을 보내는가?

혼자 있는 시간을 좋아하는 사람은 다른 사람과 함께 배워나가기도 더 쉽다. 그는 그만의 여정과 길이 있다. 당신은 그 옆에서 당신의 길을 가면 된다.

　□ 항상 그렇다　　□ 가끔 그렇다　　□ 전혀 그렇지 않다

5. 열린 마음으로 새로운 문제 해결책을 찾는가?

회사 동료와 문제가 생긴 이야기를 당신이나 친구들에게 털어놓는가? 그 동료와 대화하거나 타협안을 제시하거나 점심을 먹으며 분위기를 전환하는 등의 행동을 취하는가? 배우고 성장한다는 말은 문제에 새로운 각도로 접근하려는 유연성과 의지가 있다는 뜻이다. 이런 성향은 연인 관계에도 똑같이 적용될 수 있다.

　□ 항상 그렇다　　□ 가끔 그렇다　　□ 전혀 그렇지 않다

6. 다른 사람의 성장을 응원하는가?

그가 친구나 형제자매 혹은 멘티(mentee)를 응원하기 위해 노력

하는지 살펴보라. 타인을 돕는 행위가 그의 삶 일부를 차지하는가? 그렇다면 그리하스타 아슈람에서 꼭 필요한 사랑과 관심의 반경을 확장할 수 있는 사람이다.

　□ 항상 그렇다　　□ 가끔 그렇다　　□ 전혀 그렇지 않다

7. 더 나은 사람이 되고 싶도록 당신을 자극하는가?

더 큰 꿈을 꾸게 하는 사람들이 있다. 그에게 깊은 인상을 남기고 싶어서가 아니라 그가 당신의 능력을 믿어주고 다양한 관심사를 추구하게끔 자신감을 심어주기 때문이다.

　□ 항상 그렇다　　□ 가끔 그렇다　　□ 전혀 그렇지 않다

이 질문들에 따라 상대방을 만나거나 헤어져야 하는 것은 아니다. 다만 '전혀 그렇지 않다'와 '가끔 그렇다'에 체크한 질문들을 한번 살펴보라. 해당 영역은 당신이 주도적으로 변화를 이끌어내야 한다. 그가 혼자 시간을 보내지 않으면 그대로 받아들이든지 혼자 시간을 보내도록 격려해야 한다. 그에게 맞는 활동을 생각해 볼 수도 있다(38쪽의 '혼자일 때 시간을 어떻게 보내는지 평가하기' 참조).

어쩌면 그는 자각 수준이 낮은 사람이라 관계에 영향을 줄 수도 있다. 당신을 이해하려고 노력하지 않는다면 직접 자상하게 알려주어야 한다. 이런 식으로 말이다. "나는 퇴근하면 지쳐서 쉽게 짜증이 나. 경제적인 문제는 주말에 의논하기로 하자."

어느 수업에 등록하거나 숙소를 예약해야 한다면 결정을 내리기 전에 충분히 조사를 할 것이다. 마찬가지로 이 활동도 둘 사이의 관계를 조사하는 일이다. 지금 당장 모든 질문에 만족할 만한 답을 주지 못하는 사람도 함께 배우고 성장하고 싶은 사람으로 발전할 수 있다. 서로 가르침을 주고받을 마음만 있다면 말이다.

어떤 모습의 스승이 될 것인가

크리파모야 다스Kripamoya Das는 『구루와 제자에 관한 책The Guru and Disciple Book』[4]에서 전통적인 구루와 그 제자들이 서로 어떻게 도움을 주고받는지 이야기한다. 그는 중세 철학자 베단타 데시카Vedanta Desika가 처음으로 기술했던 구루와 제자의 자질 열네 가지를 소개한다. 지금부터 그중 일부를 산스크리트어 버전과 크리파모야 다스가 번역한 언어로 정리해 소개하려고 한다. 내가 설명하는 구루와 제자의 자질이 경전에는 어떻게 적혀 있는지 알 수 있을 것이다.

권위를 버리고 봉사한다

크리파모야 다스가 열거한 구루의 자질 중 하나는 '담바 아수야디 무크탐dambha asuyadhi muktam'[5]이다. '자기본위나 질투와 같은 좋지 못한 특징을 내보이지 않는다'는 뜻이다. 나의 구루 라다나스 스와미가 바닥에 엎드려 나에게 절을 했던 이야기를 기억할 것이다. 구루는 자신의 위치를 이용해 주인인 양 행세하거나 제자를 통제하려고 들지 않는다.

어느 날 선종의 큰스님 슌류 스즈키Shunryu Suzuki가 매사추세츠에 있는 케임브리지불교협회Cambridge Buddhist Association를 방문하기로 했다.[6] 수요일 저녁에 도착하는 일정이었기에 그 전날인 화요일에 협회 회원 몇 명이 그의 방문에 대비해 청소를 시작했다. 회원들이 명상실을 치우고 있는데 벨이 울렸다. 슌류 스즈키가 하루 일찍 도착했던 것이다. 회원들이 뭘 하는지 알아본 그는 빙그레 미소를 짓더니 승복 소매를 걷어붙이고 청소를 돕기 시작했다. 다음 날에는 사다리를 찾아와 창문을 닦았다. 이처럼 구루는 제자를 도울 수만 있다면 어떤 역할이든 마다하지 않는다. 자존심 따위를 내세우지 않는다. 타인을 돕는 것을 영광으로 여기며 감사하게 생각한다. 진정한 구루는 권력을 바라지 않으며 함께하는 사람들에게 힘을 실어준다.

구루는 함께하는 사람들에게 무언가를 명령하거나 요구하거나 강요하지 않는다. 특정한 방식을 고집하지도 않는다. "이렇게 해야지"라고 말하지 않는다. "자네와 공유하고 싶은 아이디어가 있어" 또는 "혹시 이런 식으로 생각해 본 적은 없나?"라고 말한다. 아슈람에서는 승려가 제때 일어나지 않는다고 해서 구루가 "자네 대체 왜 그래? 아침 명상에는 왜 안 나왔어?"라고 소리를 지르지 않는다. 구루는 아마도 이렇게 말할 것이다. "잘 잤는가? 내가 뭐 도와줄 게 있을까?" 구루는 행동의 이유에 초점을 두지, 결과에 초점을 두지 않는다.

마블 영화 〈닥터 스트레인지〉7의 주인공 외과의사 스티븐 스트레인지는 거만하기 짝이 없는 나르시시스트다. 어느 날 그는 사고로 손을 심하게 다쳐 더 이상 수술을 할 수 없는 상태가 된다. 자신의 수술 능력을 간절히 되찾고 싶었던 스트레인지는 '에인션트 원'이라는 구루를 찾아 네팔로 떠난다. 그곳에 도착해 보니 안경을 쓰고 턱수염을 길게 기른 늙은이가 앉아서 책을 보고 있다. 스트레인지가 "에인션트 원, 만나주셔서 감사합니다"라고 인사하자 옆에서 차를 따르던 여인이 자리에서 일어나며 말한다. "별말씀을요." 거기서부터 교육이 시작된다.

에인션트 원은 스트레인지에게 차크라chakra가 그려진 그림을 보여주지만 스트레인지는 선물 가게에서 본 적이 있다며 무시한다. 그러자 에이션트 원은 스트레인지에게 강제로 다른 차원을 경험하게 만든 후 다시 이렇게 묻는다. "이것도 선물 가게에서 본 적이 있나요?" 경외에 찬 스트레인지는 "저를 제자로 삼아주세요"라고 말하지만 에인션트 원은 딱 잘라 거절한다.

물론 당신이나 나의 구루가 가진 힘은 에인션트 원만큼 강력하지 않다. 얻게 될 교훈도 또한 그 정도로 간결하고 명료하지 않을 수 있다. 다만 당신이 상대방을 통제하거나 권위를 내세우려 하는 게 아니라는 걸 알게 되면 당신을 향한 그의 신뢰와 확신은 오히려 커질 것이다.

모범을 보인다

크리파모야 다스가 꼽았던 또 다른 구루의 자질은 '스티라 디암sthira dhiyam'[8]이다. 상황이 어려울 때도 마음을 굳건히 먹는다는 뜻이다. 구루는 모범이 되는 행동을 하려고 노력해야 한다. 라디는 내가 스포츠센터를 다니고 건강한 음식을 먹기를 바랐지만 잔소리를 하지는 않았다. 대신 몸소 실천하는 모습을 보이면서 더 건강한 라이프스타일을 내게 안내해 주었다. 라디는 뭐든 대충 하는 법이 없다. 만약 그녀가 본인의 다짐을 철저히 지키지 않았다면 나도 내 습관을 바꾸지 않았을 것이다.

구루가 모범을 보이는 것은 설교나 지시, 자랑을 하기 위해서가 아니다. 그것이 즐겁고 행복하기 때문이다. 내 내담자 중에 아내가 가방이나 신발에 돈을 너무 많이 쓴다고 불평하는 사람이 있었다. 그러나 본인의 지출 습관은 어떤지 묻자 얼마 전에 근사한 새 자동차를 샀다고 고백했다. 그 차의 가격만큼 쓰려면 아내는 가방이나 신발을 수백 개는 사야 했다. 남편은 본인도 지키지 못할 기준을 아내에게 들이밀고 있었다. 만약 남편이 정말로 가정의 재무 상태가 걱정되었다면 이제부터 두 사람 모두 지출 습관을 좀 고치자고 제안할 수 있었을 것이다. 본인의 지출에 고삐를 죄지 않고서야 아내에게 그런 가치관을 강요할 수는 없다.

구루라면 자신이 편안하게 할 수 없는 일을 제자에게 시키지 않을 것이다. 구루는 모범을 보임으로써 길을 이끈다. 성 프란체스코는 이렇게 말했다. "발걸음이 곧 설교가 아닌 이상 어딘가에 설교를 하러 가는 것은 무의미하다."[9] 모범이 되어 다른 사람을 이끌다 보면 인간으로서 성장한다는 게 얼마나 어려운 일인지 새삼 깨닫게 된다. 모범을 보이기 위해서는 당신이 먼저 성장이라는 힘든 작업을 스스로 해내야 하기 때문이다. 이 점을 알게 된다면 이제 상대방을 평가하거나 높은 기대를 품지 않고 그에 대한 연민과 공감이 생길 것이다.

상대방의 목표를 응원한다

'다얄룸Dayalum'[10]은 '제자들에게 마음에서 우러난 연민과 친절을 베푸는 것'을 뜻한다. 나는 이 개념을 더 확장해서 구루라면 자신의 길을 가는 제자를 응원해야 한다고 생각한다.

바크티 경전을 보면 인도와 스리랑카 사이 바다에 돌로 다리를 놓는 이야기가 나온다.[11] 동물들이 모두 나와 다리 건설을 돕는다. 힘센 원숭이 신神 하누만Hanuman이 거대한 바위들을 던져 넣자 다리는 점차 모양을 갖춰간다. 이때 자기 몫을 다하려는 다람쥐 한 마리가 같은 방향으로 작은 자갈들을 던져 넣는다. 그걸 본 하누만은 코웃음을 치며 말한다. "겨우 그걸 던져서는 무슨 의미가 있겠니?" 이때 감독을 맡고 있는 자애로운 왕자 람Ram이 끼어든다. "자네들은 각자 능력에 따라 최선을 다하고 있어. 자갈도 바위 못지않아." 왕자는 자갈 덕분에 바위가 한 자리에 고정될 수 있다며 다람쥐의 수고에 고마움을 표현했다.

상대방의 잠재력을 알아채고 그걸 실현하도록 옆에서 북돋워주는 것은 뿌듯한 일이다. 그러나 내 목표를 그에게 들이밀어서는 안 된다. 그저 상대방이 여정의 다음 단계에 이를 수 있도록 도와주는 것이 목표여야 한다. 내가 생각하는 그의 여정이 아니라 상대방이 생각하는 그의 여정 말이다. 만약 상대방이 명상을 배우고 싶어 한다면 관련 앱이나 가까운 명상센터를 찾아줄 수는 있을 것이다. 그러나 명상을 얼마나 자주 하라거나 명상을 하며 이러저러한 걸 얻어야 한다고 말해서는 안 된다. 상대방이 가족 중 한 명과

불화가 있다면 화해하는 데 도움이 될 만한 수단을 알려주거나 화해할 시간을 갖도록 다른 계획을 조정해 줄 수 있을 것이다. 그러나 억지로 화해시키려고 가족과 휴가 계획을 짜서는 안 된다. 살을 뺀다거나 회사에서 어떤 목표를 추구한다거나 이사 간 동네에서 새로운 사람들과 사귀는 문제도 마찬가지다.

우리는 상대방이 되고 싶어 하는 최선의 사람이 될 수 있게 도와야 한다. 그의 꿈을 응원하고 그가 진심으로 성장하기를 바라야 한다. 그러나 '내 생각에' 최선이라고 생각되는 것을 시키려고 든다면 그는 우리 생각을 신뢰하지 않을 것이다.

미국불교학회Buddhist Society of America를 설립한 소케이안 시게쓰 사사키Sokei-an Shigetsu Sasaki[12]가 선불교 공부를 막 시작했을 때의 일이다. 사사키는 미국에서 처음으로 선불교를 가르쳤던 전설적인 스승 소이엔 사쿠Soyen Shaku를 만났다. 사쿠는 그전에 사사키가 나무 조각을 한다는 얘기를 전해 들었다. 사쿠는 젊은 승려에게 말했다. "부처님을 하나 새겨주시게나." 몇 주 후 사사키는 사쿠에게 나무 불상을 하나 내밀었다. 사쿠는 불상을 창밖으로 던져버렸다. 나중에 사사키가 말하길 처음에는 불쾌한 행동 같았으나 실은 그렇지 않았다고 한다. "스승님의 행동은 제 마음에 부처님을 새기라는 뜻이었어요."

사쿠는 사사키에게 선물을 바란 것이 아니었다. 그가 자기 자신을 위해 무언가 하기를 바란 것이다. 이처럼 구루는 자신의 목표나 포부, 계획을 제자에게 투영하지 않는다. 구루는 어떤 식의 응원을 받고 싶은지 제자가 스스로 드러내게 한다(그렇지만 뭐가 되었든 사랑하는 이가 주는 걸 굳이 창밖으로 던지지는 말길 바란다).

**성숙한 사랑을 위한 팁:
사랑하는 이의 목표를 알아보는 세 가지 질문**

상대방에게 "당신의 목표는 '이것'이어야 한다"거나 "이렇게 해야 목표를 이룰 수 있다"고 말하지 마라. 그냥 세 가지를 물어봐라.

> 1. "지금 당신에게 정말로 중요한 게 뭐야?"
> 2. "거기에 이르려면 뭐가 필요해?"
> 3. "뭐든 내가 도와줄 수 있는 게 있어?"

그러면 스스로 해답에 이를 것이다. 그의 목표를 당신의 목표에 맞춰 재단하지 않고 있는 그대로 이해하는 것은 그에게 줄 수 있는 가장 멋진 선물이다. 누군가 자신의 목표를 이야기하면 많은 이들이 눈 깜짝할 새에 자신만의 필터와 렌즈를 장착해 그 목표를 바라본다. 그러면서 생각한다. '목표가 너무 작네.' '목표가 너무 크네.'
물론 당신의 관점도 중요하지만 그 관점을 상대방에게 투영하거나 그의 앞날을 섣불리 예측해서는 안 된다. 내 한계가 여기이므로 그도 그래야 한다거나, 내 열망이 이 정도니 그도 같아야 한다는 생각을 버려라. 이유를 경청하려고 노력하라. 그에게 동기를 부여해 주는 건 무엇이며 왜 그런지 들어보라. 이 또한 배움이 될 것이다.

그 사람만의 방식으로 배우도록 돕는다

크리파모야 다스가 정리한 내용을 보면 구루는 친구이자 안내자다. 늘 제자의 행복과 성공을 기원한다. 이를 '디르가 반드홈 dirgha bandhum'[13]이라고 한다. 훌륭한 구루가 되고 싶다면 상대방이 무언가를 배우거나 결심할 때 가장 효과적인 방법이 무엇인지 잘 지켜보라. 그 방법으로 그가 배웠으면 하는 것을 제시하라. 예를 들어 독서를 싫어하면 팟캐스트를 권하고 팟캐스트에 별 감흥이 없으면 참석할 만한 수업이 있는지 알아보라.

내 내담자들은 종종 이렇게 말한다. "그 사람은 명상이나 마음챙김을 충분히 수련하지 않아요. 선생님 책을 읽히고 싶은데 말이죠." 그러면 나는 이렇게 묻는다. "그 사람이 좋아하는 게 뭔가요? 농구요? 제가 코비 브라이언트Kobe Bryant를 인터뷰한 영상이 있어요. 음악이요? 제 팟캐스트에 제니퍼 로페즈Jennifer Lopez와 얼리샤 키스Alicia Keys가 출연한 적이 있어요." 그의 관심사를 먼저 파악하고 당신의 관심사와 연결시킬 수 있는 방법을 찾아라.

그러나 상대방을 도와주는 것과 통제하는 것은 전혀 다르다는 점을 분명히 알아야 한다. 통제하기 위해 사용하는 가장 흔한 방법 중 하나가 자신이 짠 계획표를 강요하는 것이다. 당신은 하루 만에 할 수 있는 일이어도 상대방에게는 일주일이 걸릴 수 있다. 당신의 계획표가 늘 옳은 것은 아니다. 구루는 제자의 속도에 맞춰 움직인다는 사실을 기억하라. 거기에 데드라인은 없다.

만약 내가 라디에게 "당신 목표에 대해 지금 당장 얘기 좀 하자"라고 한다면 라디는 마음의 문을 닫아버릴 것이다. 그렇지만 내가 "일요일에 공원에 가서 다이어리를 쓰자. 올해 이루고 싶은 게 뭔지 정리해 보고 함께 얘기를 나누자"라고 한다면 라디도 좋아할 것이다. 제자의 리듬에 맞는 제안을 하라. 스스로 속도를 정하게 하라. 목표를 이루지 못해 슬퍼하더라도 "더 일찍 하라고 했잖아" 같은 말은 하지 마라. 제자가 노력하는 동안 참을성을 가지고 자상하게 지켜보라. 도움을 주고 시간을 내주고 응원하면서 스스로 할 수 있다는 자신감을 심어줘라. 대신 해주지 마라. 그저 용기를 주고 안내하며 응원하라. 그러다 보면 당신도 인내와 연민을 키울 수 있다. 제자의 성장을 도우면서 구루인 당신도 함께 성장하는 것이다.

성숙한 사랑을 위한 팁:
상대방의 학습 스타일을 파악하는 방법

다음 중 당신이 사랑하는 사람을 가장 잘 설명하는 말은 무엇인가?

- 청각: 귀로 새로운 정보를 습득한다. 팟캐스트, 오디오북, 테드 강연을 자주 듣는다.
- 시각: 기술 시연을 눈으로 보거나 도식을 따라간다. 유튜브나 온라인 강연으로 배우는 편이다.
- 생각: 머리로 정보를 흡수하는 방식을 선호한다. 관심 있는 주제에 대한 책을 읽으면서 직접 메모하기를 좋아한다.

- 움직임: 실행하며 배운다. 워크숍에 참석해서 새로운 기술을 직접 시도하고 싶어 한다.

그의 학습 스타일을 확인하라. 먼저 본인의 학습 스타일을 아는지 확인하고, 모른다고 하면 가장 최근에는 어떻게 했는지 물어보라. 그래도 답이 나오지 않는다면 여가 시간에 뭘 하는지 관찰하라. 다큐멘터리를 시청하는가? 오디오북을 듣는가? 함께 다양한 방식을 시도해 보며 알아내도 된다. 그런 다음 학습 스타일에 맞게 배우는 방법을 안내하라. 의욕을 고취시킬 수 있는 선물을 해주어도 좋고, 그를 대신해 조사나 검색을 하거나 함께 실험을 해도 좋다. 구루라면 특정 아이디어를 강요하며 몰아붙이기보다는 창의적인 방법을 찾아내서 아이디어를 공유할 것이다.

흠잡지 않고 평가하지 않고 몰아붙이지 않는다

크리파모야 다스가 설명하는 구루는 기만적인 말을 하지 않고 언제나 진실을 말한다. 이를 '사티아 바캄satya vacam'14이라고 한다. 나는 이 말을 조금 다르게 해석해서, 상대방에게 말하는 방식에 유념하라고 이야기한다. 그래야 오해가 생기거나 상대방이 마음을 닫는 일이 벌어지지 않는다. 말의 '내용'이 중요한 게 아니라 말하는 '방식'이 중요하다.

상대방에게 칠칠맞지 못하다고 말해봤자 바뀌지 않을 것이다. "게임 좀 그만해"라고 말해봤자 효과는 없을 것이다. 당신이 무언가를 가장 잘 배울 수 있었던 교실은 어떤 모습이었는지 한번 떠올려 보라. 누구든 환영받고 문턱이 낮으며 대화나 활동이 물 흐르듯 자연스러운 곳이었을 것이다. 반면에 고함을 지르고 교실 뒤에 가서 서 있으라고 명령하는 선생님이 있는 교실은 어떤 학생도 원치 않을 것이다. 우리가 원하는 것은 선생님을 존중하는 학생, 그리고 학생을 존중하는 선생님이 있는 교실이다. 평화롭고 지속 가능한 교류가 이뤄지는 곳 말이다.

연구에 따르면 비판적인 피드백은 '고정 마인드셋fixed mindset'을 유발하는 가장 흔한 동기 중 하나다.[15] 고정 마인드셋이란 스탠퍼드대학교 캐럴 드웩Carol Dweck 교수가 『마인드셋』에서 설명했듯 내 안의 어느 자질을 바꿀 수 없는 고정된 특징으로 생각하는 상태다.[16] 고정 마인드셋 상태에서는 다른 사람의 비판을 성장의 기회로 보지 못하고 '나를 무능한 사람 취급한다'는 생각에 치중하게 된다. "당신이 빨래만 하면 옷이 죄다 구겨져!"라는 말을 "당신은 모자라고 무능해!"라는 말로 알아듣는다는 뜻이다.

구루라면 제자에게 피드백을 주는 방식에 유념해야 한다. 그래야 의도한 대로 받아들여 줄 가능성이 커진다. 바로 다음과 같이 말하는 것이다. "빨래를 해줘서 정말 고마워. 그런데 내가 해보니까 건조된 빨래를 얼른 꺼내서 접지 않으면 주름이 가더라고. 그래서 나는 이제 볼일이 있으면 마치고 돌아올 때까지 그냥 건조기를 돌리지 않아. 다른 방법도 혹시 있을지 모르겠는데, 어쨌든 우리 둘 다 다림질은 귀찮다는 거지. 그러니까 당신도 그렇게 해보면 어때? 아니면 혹시 다른 좋은 생각 있어?" 맞다. 이렇게 소통하려면 말을 훨씬 길게 해야 한다. 그리고 또 맞다. 이런 식으로 피드백을 전달하려면 노력도 훨씬 많이 해야 한다. 그렇지만 그만한 가치가 있다. 이렇게 말하면 상대방이 비판을 더 집중해서 듣고 그에 응해줄 가능성이 커지기 때문이다.

구루는 제자를 자극하기 위해 화를 내거나 심한 말을 하거나 공포 분위기를 조성하지 않는다. 두려움은 단기적으로 동기부여가 될지 몰라도 장기적으로는 신뢰를 갉아먹는다는 사실을 알기 때문이다. 비난은 게으른 소통 방식이다. 건설적이지도 않고 몰인정하며 올바른 협력의 태도가 아니다. 상대방이 당신의 말을 받아들이고 소화하고 효과적으로 실천할 수 있는 소통 방식을 찾아보라. '사랑의 샌드위치' 전략을 써보는 것도 좋다. 건설적인 비판을 긍정적인 피드백 두 개 사이에 끼워서 내놓는 전략이다.

내 내담자 중 한 사람의 배우자는 상사의 불합리한 요구 때문에 힘들어하고 있었다. 그는 "흠, 당신이 맨날 물렁하게 구니까 그렇지!"라고 말하고 싶었지만 그랬다가는 배우자의 자존심이 상처를 입어 감정만 상할 게 뻔했다. 그래서 "당신은 아주 재능이 넘치는 사람"이라면서 "사람이니까 그럴 수도 있어"라고 말해주었다. 그리고 상사에게 '할 수 없는 일'보다는 주어진 시간 동안 '할 수 있는 일' 위주로 한번 말해보라고 했다. 상사는 피도 눈물도 없는 고집불통의 인간이었지만 배우자는 그에게 진심으로 응원해 줘서 고맙다고 이야기했다. 이후 두 사람은 많은 대화를 나눴고 맡고 있던 프로젝트가 끝나면 새로운 회사를 찾아보기로 했다.

학수고대하던 휴가일이 되었는데 사랑하는 사람이 엉뚱한 날짜에 에어비앤비 숙소를 예약해 놓은 걸 발견했다고 상상해 보라. 단박에 무능을 질타하지 말고 이번 여행을 위해 그가 그동안 얼마나 많은 계획을 세웠는지를 기억하라. "당신이 망쳤으니까 당신이 해결해!"라고 말하지 말고 일단 호텔을 예약한 다음 에어비앤비를 찾아보자고 제안하라. 그를 기쁘게 해주려고 노력하라. 잘한 점을 강조하고 함께 길을 찾을 수 있게 도와줘라. 그의 잠재적 능력을 부각시켜라. 사람들 앞에서 흠을 잡지 마라. 사람들 앞에서든 둘만 있을 때든 많이 칭찬하라.

◆ 상대방과 대화할 때 주의해야 하는 표현

잘못된 표현	바람직한 표현
"대체 왜 OO를 안 하는 거야?" "당신은 OO를 참 못해." (상대방이 잘못한 일을 비난한다)	"당신이 OO를 해주면 참 고마워." (상대방이 잘한 일을 인정한다)
"한 번만 더 그렇게 하면 우리 관계는 끝이야."	"당신이 그렇게 하면 나는 이런 기분이 들어."
"OO의 남편이 해준 것 봤어?"	"나를 위해서 OO를 해줄 때마다 정말 고마워."
"당신이 잘못했으니까 당신이 해결해."	"당신에게 이게 어렵다는 걸 알아. 좀 도와줄까?"
"당신 변했어. 전에는 안 그랬는데."	"우리가 늘 똑같을 수는 없잖아. 기대치를 조정하는 게 정상이야."

어떤 모습의 제자가 될 것인가

남의 리드를 따르느니 리더가 되는 게 더 편한 사람들이 있다. 특히나 함께하는 사람이 노련하고 참을성 있는 구루가 아니라면 말이다. 하지만 그런 사람조차 상대방에게서 무언가를 배울 수 있다. 상대방이 종일 빈둥거리고 쉬는 게 눈꼴시다면 당신이 도통 쉴 줄 모르는 사람이기 때문일 수 있다. 그는 당신에게 쉬는 시간이 필요하다는 걸 무의식적으로 알려주고 있는지도 모른다.

만약 상대방이 내 흠을 잡거나 성장을 도와줄 마음이 없어 보인다면 스스로의 자질을 발휘하며 행동으로 구루에게 최선의 모습을 끌어내는 제자가 되어야 한다. 예전에 아슈람에서 내 구루는 이렇게 말했다. "만약 10점 만점에 10점짜리 선생님이 있다면 학생은 1점짜리여도 된다. 선생님이 계속해서 학생을 끌어올려 줄 것이기 때문이다. 그러나 선생님이 10점 만점에 1점이라면 학생은 10점 만점에 10점이 되어야만 그 선생님으로부터 배울 수 있다." 다시 말해 공부에 접근하는 방식을 바꾸고 열린 마음과 정신으로 임한다면 그저 그런 선생님으로부터도 훌륭한 선생님에게서 배우는 것보다 더 많은 것을 배울 수 있다.

열린 마음으로 호기심을 가진다

크리파모야 다스는 훌륭한 구루의 자질뿐만 아니라 제자의 자질도 열다섯 가지로 정리했다. 그중 하나가 '타트바 보다 아빌라

시 *tattva bodha abhilasi*'[17] 즉 '배움에 대한 열의'다. 불교 용어인 '초심 初心'은 '무언가를 시작하는 사람의 마음'이라는 뜻이다.[18] 연인 관 계에도 함께한 기간이 얼마나 되었든 새로운 것을 배우는 학생처 럼 열린 마음으로 접근해야 한다. 슌류 스즈키는 이렇게 말했다. "초심자의 마음에는 수많은 가능성이 있지만 전문가의 마음에는 가능성이 거의 없다."

상대방이 새로운 영역을 한번 탐구해 보라고 제안했을 때 마 음을 열 수 있는 사람은 수용적인 사람이다. 당신의 구루가 내놓 은 제안의 내용이 형편없거나 제안하는 방식이 강압적이라면 당 연히 분노하거나 무시하고 싶은 유혹이 일 것이다. 그러지 마라. 어쩌면 지혜로운 제안일 수도 있다는 가능성을 인정하고 딱 맞는 질문을 하라. 반문이나 비아냥 말고 상대의 아이디어를 이해하기 위한 진지한 노력을 기울여 보라. 이렇게 묻는 것이다. "혹시 구체 적인 아이디어가 있어?" "당신 말대로 한다면 어디서부터 시작해 야 해?" "차근차근 설명해 줄 수 있을까?" "훌륭한 조언일 것 같 아. 그런데 여기서 말고 조용할 때 다시 들어도 될까?" 옛말에 "학 생이 준비가 되어 있으면 스승은 절로 나타난다"라고 했다. 이처 럼 스승과 제자는 공생하는 관계다.

겸손하며 자존심을 세우지 않는다

올바른 질문을 하려면 지능뿐만 아니라 겸손이 필요하다. 겸 손이란 나약함을 뜻하지 않는다. 겸손이란 배움에 마음을 열고 내

장단점을 나와 남 앞에 솔직히 드러낸다는 뜻이다. 크리파모야 다스는 제자를 '티아크타 마나tyakta mana'[19]라고 표현했다. '겸손하며 자존심을 세우지 않는다'는 뜻이다. 실제로 겸손은 사랑에 반드시 필요한 요소다. 겸손이 있어야 자존심(사랑의 적이다)을 세우지 않기 때문이다. 자존심과 자부심만큼 수많은 관계를 끝장낸 원흉도 없을 것이다. 대부분의 오해는 자존심이나 자부심에서 기인하기 때문이다. 자존심은 '내가 항상 옳고 가장 잘 알며 상대방은 틀렸다'고 믿게 만들고 우리를 잘못된 믿음이라는 수렁으로 밀어 넣는다.

올림픽 경기에 나선 네이선 첸Nathan Chen의 피겨 스케이팅을 보면서 '나는 스케이트 실력이 형편없어. 나는 키도 작고 쓸모없는 인간이야'라고 생각하는 사람은 없을 것이다. 네이선 첸이 얼마나 기술적으로 뛰어나고 우아한지 감탄하면서 그가 기울였을 오랜 세월의 노력에 박수를 보낼 것이다. 이렇듯 겸손이란 나 자신을 깎아내리는 일이 아니라 다른 사람의 기술과 능력, 성장을 존중하는 일이다.

성숙한 사랑을 위한 팁:
지금껏 몰랐던 상대방의 숨은 능력 발견하기

다음번에 사랑하는 이와 대화를 나눌 때는 평소에 당연하게 생각해서 몰랐던 그의 특별한 재능을 찾아보라. 그에 대해 이미 알고 있는 부분에서 어떻게 특별한 부분을 찾아낼 수 있을까? 어쩌면 그는 결정을 내리기 전에 심사숙고하는 사람일지도 모른다. 늘 감사 편지를 쓰는 사람일지도 모른다. 당신이 직장에서 정확히 뭘 어떻게 요구해야 할지 모를 때마다 훌륭한 조언을 해주는 사람일지도 모른다. 지금까지 알아채지 못했던 능력을 찾아보라. 찾게 되면 그에게도 이야기하라. 인정은 그의 강점을 더 강화해 줄 것이다.

경청하며 말에 숨은 진심을 파악한다

크리파모야 다스는 제자는 생각과 말을 자제해야 한다고 했다. 이를 '단타danta'[20]라고 부른다. 『성공하는 사람들의 7가지 습관』를 쓴 스티븐 코비Stephen Covey[21]도 어쩌면 같은 생각이었는지 모른다. 그는 이렇게 말했다. "사람들은 대부분 이해하려고 귀를 기울이는 게 아니다. 대꾸하려고 귀를 기울인다." 상대방과 뭔가 문제가 있어서 대화를 나누려고 할 때 효과적인 대응 방식은 세 단계를 거친다. 첫째, 상대방이 한 말을 그대로 반복한다. 둘째, 내가 들은 내용을 '내 언어로' 다시 상대방에게 설명한다. 셋째, 당면한 문제를 두 사람 다 제대로 이해한 게 확실하면 내 기분이 어떤지 이야기한다. 하지만 많은 이들이 보통 내 기분이 어떤지를 먼저 말하려는 경향이 있다. 그러면서 내 기분을 정당화하려고 상대가 한 말을 인용한다.

예컨대 상대방이 이렇게 말했다고 치자. "당신이 친구들한테 나를 소개하지 않아서 당황스러웠어." 그는 자신의 감정을 이야기하고 있다. 만약 당신도 감정부터 이야기한다면 이런 식으로 대꾸할 것이다. "흠, 당신도 친구들이랑 대화할 때 나를 안 끼워주잖아." 하지만 이렇게 말할 수도 있다. "나한테 '화가 났다'는 거지? 왜 그런 기분이 들었는데?" 이러면 상대방은 자신이 문제를 효과적으로 제기하고 설명했는지 다시 한번 확인할 기회를 얻는다. 자신이 던진 말이 어떻게 들리는지 알려주었기 때문에 '말하는 방식'에 조금 더 초점을 맞출 수 있다. 동시에 당신이 그와 교감하려 한다는 점, 그리고 그가 이해받은 기분이 들게 해주려고 노력하고 있다는 점을 더 명료하게 보여줄 수 있다.

> ### 성숙한 사랑을 위한 팁:
> ### 원하는 것을 스스로 깨닫게 하는 소통의 기술
>
> 새로운 화제를 꺼내서 상대방이 하는 말에 주의를 기울여 보라. 그의 주장을 경청하라. 그가 자신의 말 속에 숨어 있는 감정이나 필요, 바라는 바를 스스로 발견하고 표현할 수 있게 도와주는 것이다. 논의해본 적 없고 정답도 없는 주제를 골라라. 함께 할 수 있는 새로운 것을 상상해 보라. 예컨대 다음과 같은 일들 말이다.
>
> - "우리 둘 다 직장을 그만두고 이민을 가면 어떨까?"
> - "1년간 여행을 해보면 어떨까?"
> - "언젠가 은퇴를 하면 뭘 하며 보낼까?"
> - "100만 달러가 생기면 누구한테 줄까? 왜 그 사람일까?"

그런 뒤에 다음과 같은 질문을 해보라(당신도 답해도 되지만 상대방의 대답을 경청하는 데 초점을 맞춰라).

- "내가 이 질문을 했을 때 가장 먼저 떠오른 생각이 뭐야?"
- "그게 왜 당신한테 매력적으로 느껴져?"

이제 당신이 그의 말을 경청했다는 사실을 보여줘라. 다음의 행동 예시를 참고해 보라.

- 상대방의 아이디어가 무엇이었는지 들은 대로 설명하기
- 아이디어에 어떤 우선순위나 기호가 바탕이 되었는지 논의하기
- 이 대화를 통해 상대에 대해 무엇을 알게 되었는지 들려주기
- 상대방이 당신에게 바라는 일 중 실현 가능한 일 이야기하기

예를 들어보자. 1년간 여행을 한다면 어떻게 보낼지가 대화의 주제였다고 치자. 당신은 프랑스 남부로 가서 1년간 팽 오 쇼콜라(페이스트리 안에 초콜릿을 넣어 구워낸 빵을 말한다-옮긴이)를 먹고 싶었는데 상대방은 미국 전역을 오토바이로 여행하고 싶다고 한다. 여기서 그가 평소 육체적인 활동을 갈망해 왔음을 알 수 있다. 그의 판타지에 대해 잘 이해하게 되었다면 다음번 생일에는 오토바이를 선물할 수도 있을 것이다. 아니면 주말 동안 함께 오토바이 여행을 할 수도 있다.

이렇게 연습을 해두면 좀 더 어렵고 감정적인 주제로 대화할 때도 상대방의 말에 대꾸를 하기 위해서 듣는 대신 진심으로 그의 말을 경청할 수 있을 것이다.

감사하는 마음을 가진다

크리파모야 다스가 말하길 학생은 '크리타비드시스야krita-vid-sisya'[22] 즉 '지식에 감사한다'고 했다. 아무런 보상이나 대가 없이 상대방이 당신을 도와줄 때는 알아보고 감사하라. 그가 해주는 작고 간단한 일들과 늘 그 자리에 있어주고 기꺼이 도와주려고 하는 마음은 모두 감사해야 마땅한 일임에도 불구하고 잠깐 멈춰서 감사를 표현하지 않는 경우가 많다. 그가 잘한 일이 쉽고 간단해 보일지라도 알아봐 줘라. 감사를 표현하면 선순환이 만들어진다. 상대방은 당신의 감사를 고맙게 여기고 구루로서의 행보를 계속하고 싶어질 것이다.

**성숙한 사랑을 위한 팁:
상대방이 구루로서 보인 모습 돌아보기**

상대방이 구루로서 보여준 모습들을 생각해 보라. 그에게는 어떤 장점이 있는가? 당신을 인정해 준 적이 있는가? 혹시 약점이라고 느낀 부분이 있는가? 그 약점에 대한 당신의 반응은 어땠는가? 그 반응을 통해 당신에 대해 더 잘 알게 된 점은 없는가?

1. 권위를 버리고 봉사한다
그는 당신을 돕기 위해서라면 어떤 역할이든 마다하지 않는다. 전문 분야가 아니더라도 말이다. 어쩌면 매니저에 회계사, IT 기술자, 식품 배달원 역할까지 하고 있을지 모른다. 그때마다 이래라저

래라 명령하지 않고 진심 어린 연민으로 당신을 돕고 있는가?

2. 모범이 된다
그가 반드시 꼬박꼬박 하는 일은 무엇인가? 못 찾겠다면 열심히 찾아보지 않은 것이다.

3. 당신의 목표를 응원하며 당신만의 방식으로 배우도록 돕는다
그는 당신을 있는 그대로 인정한다. 변화하라고 촉구하거나 강요하지 않는다. 도와주거나 봉사하지 않더라도 다른 사람이 되라고 강요하지 않는다면 그것 역시 당신을 응원하는 길이다.

4. 흠잡지 않고 평가하지 않고 몰아붙이지 않는다
당신이 목표 달성에 실패하거나 실수를 저질렀을 때도 응원한다. 압박감을 주지 않고 용기를 준다.

그가 당신의 구루가 되는 영역을 찾아내 고마움을 표현하라. 느닷없이 고맙다고 해도 되고, 다음번에 그 자질을 보여줄 때 고맙다고 해도 된다. 반대로 제자도 인정을 받을 필요가 있다. 제자의 자질에 대해서도 이와 똑같이 연습해 보라.

구루가 신이라고 생각하지 않는다

제자가 될 때 가장 중요한 것 중 하나는 당신의 자기감을 유지하는 것이다. 상대방으로부터 배운다고 해서 그의 이상에 맞춰 당신을 만들어가야 하는 것은 아니다. 그 사람 외의 다른 사람에게 배우면 안 되는 것도 아니다. 다른 지혜를 얻기 위해 외부 활동을 하며 사람들을 만나러 가지 못할 이유가 없다. 사랑하는 사람은 그저 당신의 구루이지 신이 아니다. 당신이 더 훌륭한 사람이 되게 도와줄 뿐 당신보다 더 훌륭하다는 뜻은 아니다.

상대방의 특징을 몇 가지 흡수하는 건 정상이다. 연구에 따르면 연인들은 똑같은 버릇이 생기고 비슷한 소리를 하며 심지어 먹는 음식의 양까지 같아진다고 한다.[23] 습관이 일부 물드는 일은 불가피하다. 그러나 누구나 관계를 지속하면서도 자신만의 개성을 유지하고 싶을 것이다. 긍정적인 자질은 받아들이더라도 아예 상대방처럼 변하거나 그의 조수처럼 되고 싶어 하는 사람은 없다.

우리는 늘 나 자신만의 스토리를 쓰고 있다. 그러다 누군가를 만나면 스토리를 함께 써나가게 되어 자연스럽게 스토리가 서로 얽히기 시작한다. 『베다』는 이를 두고 '카르마가 서로 얽힌다'고 묘사한다.[24] 여기에서 구분해야 할 건 카르마가 얽히는 것이지 영혼이 얽히는 건 아니라는 사실이다. 카르마는 인생의 활동이지만 영혼은 나의 정체성이다. 나는 연인이란 카르마를 함께 써나가는 관계라고 생각한다. 우리는 연인과 변화하고 함께 성장하고 싶어 하며 카르마와 두 가족, 두 공동체의 에너지를 섞고 싶어 한다. 하지만 정체성을 잃고 싶어 하는 건 아니다.

당신의 개성과 가치관, 목표를 기억하라. 당신이 써가고 있는 스토리의 맥락을 놓치지 마라. 혼자서 시간을 보내라. 친구나 가족과의 약속을 취소하지 마라. 사랑하는 이의 관심사 외에 당신의 관심사도 추구하라. 상대방을 배신하거나 무시하거나 모욕하는 게 아니다. 그가 해줄 수 없는 방식으로 성장하는 길일 뿐이다. 결과적으로는 당신이 그에게 알려줄 수 있는 내용도 늘어난다. 그리고 더 이상 함께 성장할 수 없을 때는 떨어져 있는 시간을 가져라. 그래도 괜찮다.

만약에 상대방이 당신을 학대하기 시작한다면 반드시 헤어져야 한다. 구루는 절대로 학대하면서 가르치지 않는다. 학대는 당신을 두려워하게 만들 뿐이다. 본능을 억누르고 자신의 고통을 무시하게 만들 뿐이다. 자기 자신이 아닌 다른 사람의 자존감을 키워줄 뿐이다. 정서적 학대, 정신적 학대, 육체적 학대는 누구에게나 관계를 끝낼 사유다. 그를 당신의 구루라고 생각한다면 더더욱 자명한 사실이다. 구루가 왜 당신을 아프게 만들겠는가? 상처받고 겁먹은 사람이 무슨 수로 성장한단 말인가? 혹시나 이런 괴로움을 겪으면서도 아직도 스스로를 탓하고 있다면 이렇게 자문해 보라. '내가 이 사람한테 배우는 게 있나? 이 사람은 나한테 배우는 게 있나? 나는 이런 식으로 배움을 이어가고 싶은가?' 만약 그 답이 '아니'라면 헤어지기로 결심하는 것이야말로 당신 자신에게 줄 수 있는 최고의 선물이다. 안전하게 헤어지도록 도와줄 수 있는 각종 기관이 많이 있다.

*

사람들은 다른 커플을 보고 "점점 서로 멀어지네"라는 말은 하지만 "함께 성장하고 있네"라고는 말하지 않는다. 그러나 정말로 멀어지고 있는 게 아니라면 아마 두 사람은 함께 성장하고 있을 가능성이 크다. 조용히, 그렇지만 확실하게 전방위로 서로 관찰하고 배우고 성장하도록 도와주고 있을 것이다. 변화는 불편한 일이지만 무언가를 함께 이해한다는 기쁨이 불편함을 상쇄해 준다. 구루와 제자로서 계속해서 함께 성장할 수 있다면 관계가 무르익더라도 늘 흥미진진하고 새로울 수 있고 서로를 더 잘 알게 된다.

이제부터는 구루가 제자를 위해 할 수 있는 가장 중요한 일에 관해 이야기할 것이다. 바로 제자가 '목적'을 추구하도록 도와주는 일이다.

서로의 삶의 목적을 헤아려라

삶의 의미는 당신의 재능을 찾는 것이다.
삶의 목적은 그 재능을 나눠주는 것이다.[1]

– 데이비드 비스콧(David Viscott)

오래전 나를 찾아온 부부에게 그들의 우선순위를 한번 써보라고 했다. 남편의 우선순위는 순서대로 자녀들, 아내, 일이었다. 아내의 우선순위는 나, 자녀들, 남편이었다. 아내가 자기 자신을 최우선순위에 두었다는 사실에 남편은 상처를 받았고 당황했다. 하지만 아내는 이렇게 설명했다. "나를 최우선순위에 두는 건 당신이나 가족들을 최고의 모습으로 대하기 위해서야."

자기 자신을 우선시한다는 말은 얼핏 이기적으로 들린다. 물론 테이블에서 가장 좋은 자리를 차지하거나 쿠키를 모두 먹어치우는 사람이라면 이기적이라고 할 수도 있다. 하지만 상대방에게 최고의 모습을 보이고 싶다면 자신만의 목적이나 영적 소명을 추구해야 한다. 힌두교에서는 이를 '다르마dharma'²라고 한다.

목적은 삶의 나침반이 된다

다르마는 열정과 전문 기술, 봉사가 교차하는 지점이다. 다르마에 따라 산다는 건 타고난 재능이나 관심사를 우주에 이미 존재하는 필요와 연결시킨다는 뜻이다. 다르마가 꼭 직업이어야 하는 것은 아니다. 소명을 따르면서 밥벌이도 할 수 있다면 좋겠지만 늘 운이 좋을 수만은 없다. 목적이 반드시 삶을 지배해야 하는 것도 아니다. 목적은 취미일 수도 있고 교회 일이나 부모 되기, 창업일 수도 있다. 유기견 구조 사업을 하거나 빚에서 벗어나고 싶은 사람들의 지역 모임을 결성하거나 여행에 대한 글을 쓸 수도 있다.

특정 활동이 중요한 게 아니라 그 활동을 '왜' 하느냐가 중요하다. 무언가를 만들기 위해서일 수도 있고 사람들을 서로 이어주기 위해, 배움을 공유하기 위해, 타인과 세상에 봉사하기 위해서일 수도 있다. 뭐가 되었든 다르마는 스쳐가는 관심사는 아니다. 다르마는 열정이다. 다르마는 당신을 규정한다. 다르마를 실천하고 있으면 '그래, 나는 이런 사람이야'라는 생각이 든다. **다르마는 여정이다. 목적지가 아니다.** 의미나 기쁨, 만족을 느낄 수 있는 것을 찾아내 추구하는 데까지는 오랜 시간이 걸릴 수도 있다. 지금 특정한 목적을 추구하고 있다면 이미 목적에 따라 살고 있는 것이다.

『베다』에서는 다르마는 우리가 살아가며 추구하게 되는 네 가지 영역 중 하나라고 설명한다. 네 가지 영역은 삶의 추진력이며 우리의 선택과 행동을 결정짓는다.

- 다르마: 목적
- 아르타artha: 일과 금전[3]
- 카마kama: 기쁨, 교감, 타인과의 관계[4]
- 모크샤moksha: 영적 세계와 교감함으로써 물질적 세상으로부터 해방되는 것[5]

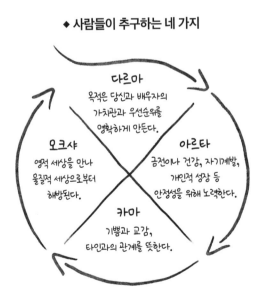

◆ 사람들이 추구하는 네 가지

다르마
목적은 당신과 배우자의 가치관과 우선순위를 명확하게 만든다.

오크샤
영적 세상을 만나 물질적 세상으로부터 해방된다.

아르타
금전이나 건강, 자기계발, 개인적 성장 등 안정성을 위해 노력한다.

카마
기쁨과 교감, 타인과의 관계를 뜻한다.

네 가지 중 다르마가 가장 먼저 온다는 사실에 주목하라. 우연이 아니다. 『베다』는 의도적으로 이 순서를 정해놓았다.6 비록 사는 동안 네 가지가 서로 겹치기도 하고 교차하기도 하겠지만 말이다. 목적이 경제적 안정이나 사회적 관계처럼 필요조건이라고는 생각지 않을 수도 있다. 그러나 실제로 목적은 그런 것들보다 훨씬 더 중요하다. 다르마가 선행하는 이유는 우리가 가진 시간과 돈, 에너지를 어떻게 써야 하는지 알려주기 때문이다. 다르마는 돈에 의미를 부여한다. 물론 이것은 관계에도 똑같이 적용된다. 목적의식이 없으면 함께 기쁨을 추구하면서도 상대방에 대해 연민을 가지고 깊이 있게 생각하지 않는다.

『베다』가 알려주는 대로 네 가지의 우선순위를 정하면 다르마에 따라 두 사람의 가치관과 우선순위가 명확해진다. 돈을 추구할 때도 그 돈을 어떻게 쓸지 분명히 알게 되고 사랑을 추구할 때도 상대방과 함께 의미 있는 삶을 꾸리고 싶어진다. 이렇게 세 가지를 추구하다 보면 결국 모크샤에 도달한다. 오직 영적인 삶에 헌신하는 상태 말이다.

목적을 가장 우선시하는 것은 『베다』만이 아니다. 캘리포니아대학교 연구진과 노스캐롤라이나대학교 연구진은 우리 신체에서 '히도니아hedonia'와 '유다이모니아eudaimonia'가 달리 나타나는지 궁금해했다.7 히도니아란 명성이나 부 등에서 비롯되는 개인적 이득이나 기쁨, 기타 자기만족을 뜻하고 유다이모니아란 삶의 의미와 목적을 깊이 인식하는 데서 비롯되는 만족감을 뜻한다. 연구진은 실험 참가자들에게 설문지를 나눠주고 얼마나 자주 행복하다고 느끼는지(히도니아) 얼마나 자주 내 삶에 방향이나 의미가 있다고 느끼는지(유다이모니아) 등을 물었다. 그리고 연구진은 히도니아의 수준이 높은 사람들은 대체로 더 긍정적인 기분을 느끼지만 면역력은 오히려 약하다는 사실을 발견했다. 그들은 염증 수치가 높았고 기타 질병에 취약하게 만드는 여러 표지를 갖고 있었다.

코넬대학교 인간개발학 교수 앤서니 버로Anthony Burrow는 또 다른 연구에서 강력한 목적의식이 있으면 SNS의 '좋아요'에 구애받지 않을 수 있음을 보여주었다.[8] 먼저 버로의 연구팀은 실험 참가자들에게 질문지를 작성하게 해서 각 참가자가 삶에 대해 목적의식을 느끼는 정도를 측정했다. 그런 다음 참가자들이 새로운 SNS의 테스트 작업을 도와줄 거라고 설명했다.

참가자들은 먼저 자신의 사진을 게시해 프로필을 만들어야 했다. 연구진은 카메라를 나눠주고 가짜 웹사이트에 이미지를 업로드하는 척했다. 그리고 5분 후에 참석자들에게 그들의 사진이 '좋아요'를 얼마나 받았는지 다른 사람과 비교해서 '평균, 평균 이상, 평균 이하'라고 알려주었다. 마지막으로 참가자들에게 또 다른 질문지를 작성하게 해서 자존감을 측정했다. 그 결과 삶에 대한 목적의식이 적은 사람들은 본인 사진이 받은 '좋아요'의 개수에 따라 자존감이 치솟거나 급락한 반면 목적의식이 강한 사람들은 상대적으로 영향을 덜 받았다. 이들의 자존감은 일정하게 유지됐다.

목적은 자존감을 방어하고 보호한다. 연구에 따르면 자존감이 높은 사람들은 더 만족스러운 연인 관계를 누린다. 버로 교수는 이렇게 말했다. "우리는 삶의 부침을 겪지만 목적은 분명 우리를 안정적으로 만들어준다."9 이 안정성은 다른 사람에게도 전달된다. 안정성은 사랑하는 사람와 함께 단단한 삶을 쌓아올릴 수 있게 만드는 토대다.

불경에 두 곡예사에 관한 이야기가 있다.10 베테랑 곡예사가 대나무 꼭대기에 올라갔다. 그리고 조수에게 이리 올라와서 자신의 어깨를 밟고 서라고 했다. "구경꾼들에게 이 기술을 보여주면 돈을 좀 벌 수 있을 거야. 자네가 나를 지켜주고 내가 자네를 지켜주면 끄떡없을 걸세." 조수는 상황을 보더니 고개를 저으며 말했다. "아니요. 곡예사님은 곡예사님을 챙기고 저는 저 자신을 챙길게요. '그래야' 우리가 돈도 벌고 안전할 수 있을 거예요." 앞서 말한 부부의 아내가 자신의 목적을 최우선순위로 놓은 것과 일맥상통하는 이야기다. 사랑하는 이와 다르마를 다룰 때는 이 곡예사의 조수처럼 접근해야 한다. "당신은 당신이 해야 할 일을 해. 나는 내가 해야 할 일을 할게."

사람들은 상대방을 우선시하는 게 사랑의 징표라고 생각한다. 그를 위해 자신을 희생하고 헌신하는 것을 낭만적이라고 생각한다. 실제로 그런 행위가 아름다운 경우도 많다. 그러나 본인의 목적은 제쳐두었다가 오랜 세월이 흐른 후 방황하거나 잘못 선택했다고 후회하는 사람들을 많이 보았다. 그들은 당시의 선택을 후회할 뿐만 아니라 자신의 목적을 우선시하게 도와주지 않았다는 이유로 상대방을 원망한다. 원망이 옳다는 이야기는 결코 아니지만, 당신이 목적을 포기기하는 상황을 상대방이 그저 지켜만 보고 있고 당신은 그 반응을 받아들였다면 그건 사랑이 아니다. **당신에게는 당신의 목적이 우선해야 하고 상대방에게는 상대방의 목적이 우선해야 한다.** 그래야 목적을 추구하는 데서 오는 안정감과 긍정적 에너지가 서로 합쳐질 수 있다.

각자 목적을 따를 때 사랑은 깊어진다

사랑하는 이와의 관계를 다루는 책에서 왜 자기만의 목적을 찾으라고 하는지 의문스러운 사람도 있을 것이다. 목적은 혼자 있을 때 찾는 것인데 말이다. 그러나 혼자 있는 시간이 나 자신을 아는 상태로 누군가를 만나도록 돕는 것처럼, 내 목적을 알면 두 사람의 관계를 성장시키고 유지하는 데 도움이 된다. 나는 나대로 상대방도 상대방대로 계속 목적의식을 느끼면서 바라는 바를 추구하도록 서로를 도와줄 수 있다.

실제로 모든 관계 속에는 세 가지 역학 관계가 존재한다. 두 사람 사이의 관계, 당신과 당신의 목적 사이의 관계, 상대방과 그의 목적 사이의 관계가 그것이다. 이 세 관계 모두에 주의를 기울여야 한다. 쉽지 않아 보이겠지만 실은 이렇게 하는 게 삶을 더 쉽게 만드는 길이다. 정말로 누군가를 사랑하고 당신이 가진 최고의 모습을 그에게 보여주고 싶다면 우선 당신부터 최고의 모습이 되어야 한다. 기진맥진한 부모가 자녀를 잘 돌볼 수 없듯이 자신의 목적을 챙기지 않는 사람은 상대방의 목적 추구도 도와주기 힘들다. 즉 나를 돌보는 일은 남을 돌보기 위한 준비 작업이다.

캐슬린 디보스Kathleen deVos는 가족 및 부부 관계 전문 심리 치료사이다. 그녀는 《허프포스트HuffPost》와의 인터뷰에서 가장 행복한 연인은 처음에는 서로에게 집착하더라도 나중에는 각자 본인이 추구하는 목표를 우선시할 수 있는 사람들이라고 했다.[11] "커플이 정서적 친밀감이나 사회적 욕구를 순전히 서로에게만 의존한다면 건강한 개인적 성장을 질식시키거나 상호 의존 관계로 빠져들 위험이 있습니다." 디보스는 연인들이 둘의 관계만으로 자신을 규정하지 말고 그 관계 내에서 각자의 정체성을 유지할 필요가 있다고 덧붙였다.

두 사람 모두 적극적으로 목적을 추구하면 관계에도 여러모로 도움이 된다. 다르마는 열정적이고 의욕적이고 동기부여된 삶을 살게 도와주는데, 이런 삶을 살게 되면 다른 사람과 내 삶을 공유하고 싶어진다. 또한 스스로 만족하는 사람 옆에서 살아가는 것은 그 자체로 즐거운 일이다. 내가 사랑하는 사람이 자신이 사랑하는 일을 하는 모습을 보고 있는 것 역시 굉장히 기쁜 일이다. 나아가 그 과정에서 상대가 겪을지도 모를 어려움도 더 잘 인식하고 공감할 수 있다.

목적을 추구하지 않을 때는 문제가 생긴다. 상대방과 나 사이에 뭔가 문제가 있다고 생각하는 사람들을 많이 보았다. 대다수의 경우가 두 사람 중 한 사람 이상이 자신의 목적을 따르지 않았기 때문에 뿌리내린 불만족이었다.

내 내담자였던 에이미는 항상 바쁜 배우자 마르코에게 화가 나 있었다. 마르코는 떠오르는 신예 밴드의 기타리스트였는데 늘 투어 공연을 했다. 그런데 막상 마르코가 자신과 시간을 더 보내기 위해 투어를 줄이자 에이미는 너무나 큰 죄책감을 느낀 나머지 그의 결정과 변화를 즐거워할 수가 없게 되었다. 에이미는 자신에게도 자신만의 목표가 있었다면 마르코와의 문제도 더 잘 해결할 수 있었다는 사실을 깨달았다. 그래서 화가였던 에이미는 친구의 차고에서 미술 수업을 시작했고, 나아가 학생들과 함께 전시회까지 열게 됐다. 마르코는 투어 중에도 잊지 않고 전시회 첫날 행사 장소를 찾았다. 마르코가 왔을 때 에이미는 정신없이 바쁜 상태였지만 그동안 이룬 것들이 뿌듯했고 이를 마르코와 공유할 수 있어 행복했다.

이상적으로 보이는 연인조차 두 사람 중 한 사람이 자신의 목적을 모르거나 적극적으로 목적을 이루기 위해 활동하고 있지 않다면 좋은 관계를 맺고 있다고 할 수 없다. 목적을 추구하지 않는 사람이 느끼는 공허함은 관계에도 영향을 미친다. 어쩌면 상대방의 발전을 시기하게 될 수도 있다. 그러면 두 사람 다 목적이 있을 때 서로에게 가져다줄 수 있는 기쁨이나 에너지, 만족을 놓치고 마는 것이다.

연인 중 한 사람이 길을 잃은 기분을 느끼고 있는데 다른 한 사람은 비교적 바쁘고 충실한 시간을 보내고 있다면 길을 잃은 사람은 상대방이 자신을 신경 쓰지 않는다고 느낄 수 있다. 반대로 바쁜 사람은 상대방이 두 사람의 관계 말고는 자기 삶을 살지 않는 것 같아서 걱정하게 될지도 모르고, 그를 계속 즐겁게 해주고 바쁘게 만들어야 한다는 책임감을 느낄 수도 있다. 결국은 양쪽 모두 서로가 시간을 보내는 방식을 원망하게 될 것이다.

두 사람의 관계에서는 어느 한쪽도 자신이 중시하는 것, 가치 있게 생각하는 것, 자기 자신일 수 있게 만들어주는 것을 놓치지 않도록 조심해야 한다. 그러면 먼저 어떻게 하면 관계 속에서 나의 다르마를 우선시할 수 있는지 살펴본 다음, 상대방이 그의 다르마를 우선시하도록 돕는 방법을 알아보자.

내 목적을 최우선에 두는 법

살 칸Sal Khan[12]은 비즈니스스쿨에 갔지만 자신에게 사업가가 될 만한 배짱이 있는 것 같지 않았다. 그래서 큰돈을 벌 수 있는 스타트업 헤지펀드에서 커리어를 시작했다. 그런데 가족 모임에서 열두 살짜리 조카가 수학 때문에 끙끙대고 있다는 얘기를 들었다. 칸은 선뜻 온라인으로 조카의 공부를 도와주겠다고 했다. 그게 2004년이었다. 두 사람은 통화와 초창기 메신저를 함께 사용했다.

몇 달 만에 다시 수학 시험을 치른 조카는 보충반에서 우등반으로 옮겨갈 수 있었다. 그러자 얼마 지나지 않아 전국의 다른 친척들, 그리고 친구들이 칸에게 과외 수업을 해달라며 연락해 오기 시작했다. 이에 칸은 자신의 수업을 녹화해 유튜브에 올렸고 강의를 보며 직접 연습하고 싶은 사람들을 위해 맞춤형 소프트웨어도 만들었다. 교육 서비스 회사 칸 아카데미Khan Academy가 탄생한 것이다. 헤지펀드 일은 여전히 재미있었지만 남들을 도와주기 위해 강의를 공유하는 것만큼 신나고 몰입되지는 않았다. 그의 목적은 바로 강의에 있었던 것이다.

칸처럼 우연히 목적을 찾기는 쉽지 않다. 어떻게 목적을 찾아야 할지 모르겠다면 다음 그림을 참고하여 같은 순서로 진행해 보라.

◆ 목적의 피라미드

승리: 크고 작은 성공을 기념한다

난관: 불가피한 난관을 직시하고 성장의 기회로 삼는다

행동: 꾸준하고 일관되게 목적을 실천한다

실험: 배운 것을 직접 시도해 보여 나에게 맞는 것을 찾는다

학습: 열정과 강점을 찾기 위해 공부한다

1. '학습'하며 열정과 강점을 찾아라

목적의 시작은 호기심이지만 호기심을 느꼈다고 해서 바로 무언가를 할 수 있는 건 아니다. 실제로 목적이 무엇인지 알기 위해서는 자신의 열정과 강점을 파악하는 학습이 선행되어야 한다. 학습 단계를 건너뛰거나 회피하지 마라. '지식은 힘'이라고 하는 이유는 예상치 못한 두려움이 생기더라도 이를 극복할 수 있게 도와주기 때문이다.

성숙한 사랑을 위한 팁: 목적으로 이어지는 열정과 강점 파악하기

목적이 무엇인지 알고 싶다면 먼저 열정과 강점을 탐구하고 고민해야 한다. 먼저 자신의 '열정'을 확인할 수 있는 질문을 해보자.

- 남들이 당신에게 돈을 주고 시킬 만한 일은 무엇인가?
- 어릴 때는 좋아했지만 이제는 하지 않는 취미 생활이 있는가?
- 숨은 재능이 있는가?
- 당신이 꿈꿨던 직업을 가진 사람을 본 적이 있는가?
- 지역이나 방식에 구애받지 않는다면 하고 싶은 일이 있는가?
- 이전에 소질이 있었던 것 중에 아쉬운 것이 있는가?
- 최근에 추구할 수 없었던 재능이 있는가?

집이나 직장에서 수행하는 역할을 보면 당신의 '강점'을 알 수 있다.

- 기획 담당: 생일 파티나 여행 계획을 세우고 삶이 계획대로 진행되게 한다. '기획 요정'은 데드라인과 결과 그리고 큰 그림에 초점을 맞춘다. 사람들을 지휘하는 데 능하다.
- 에너지 담당: 외향적이고 열정적이며 낙천적이다. 기획 요정이 계획해 놓은 일에 사람들이 신나게 참여할 수 있게 만든다.
- 공감 담당: 감성 지능이 높고 참을성이 있으며 남의 이야기를 잘 들어주고 응원한다. 남들의 기분을 직관적으로 알아챈다.
- 분석 담당: 세부 사항에 주의를 기울이며 체계적이고 신중하고 조심스럽다. 문제가 될 수 있는 사안을 잘 찾아낸다.

열정과 능력이 교차하는 곳에 목적이 있다. 당신의 열정과 강점이 어떤 분야에서 발휘될지 확인했다면 그 분야에서의 재능을 발전시킬 방법을 찾아보자.

1. 관심 영역의 책을 읽거나 수업 혹은 팟캐스트를 들어보자. 재능을 개발하는 데 도움이 될 만한 자격증을 딸 수 있는가?
2. 그들이 하는 일이나 방식에서 영감을 얻을 수 있는 집단을 찾아보자.
3. 주말 동안 목적 분야에 해당하는 일을 한 가지 해보자. 설레게 하고 관심을 끄는 일이 무엇인지 살펴보자.

새로운 분야를 공부할 때 내가 좋아하는 방법은 이미 그 분야에 있는 사람과 이야기를 나눠보는 것이다. 의사들은 특정 질병이 주제인 학회에 가서 그 질병을 연구하는 의사들과 교류를 나눈다. 그러면 의학이 어디까지 발전했는지 알 수 있고 새로운 치료법이나 연구에 관한 소식도 들을 수 있다. 다른 분야에도 모두 해당되는 얘기다. 멘토가 있다면 목적 추구를 어떻게 시작할지, 계속 목적에 따라 산다면 삶이 어떤 모습이 될지 큰 그림을 볼 수 있게 도와줄 것이다. 첫걸음을 어떻게 떼고 어떤 사람들과 연락하고 어디에서 더 많은 소식을 들어야 하는지 구체적인 조언을 해줄 것이다.

해당 분야에 속하는 사람을 찾지 못했다고 하더라도 적극적으로 목적을 추구하는 사람들의 옆에 있는 것만으로도 엄청나게 큰 영감을 얻을 수 있다. 그들에게 질문을 하라. 호기심을 가져라. 자신이 어떻게 길을 찾았는지 기꺼이 이야기해 줄 사람들을 찾아봐라. 가까운 곳에 그런 사람이 없다면 책이나 유튜브, 테드 강연, 팟캐스트 등을 통해 자신의 이야기를 들려주는 훌륭한 사람들을 접해보라.

성숙한 사랑을 위한 팁:
멘토를 찾고 도움을 얻는 기술

혼자서는 목적을 추구하고 이루는 것이 어렵다는 생각이 들 수도 있다. 그럴 때는 다음과 같이 누군가에게 도움을 요청해 보자.

1. 멘토가 되어줄 수 있는 사람을 찾아라
지인들을 통해 해당 영역의 전문가와 연락하라. SNS로 접촉을 시도해 보라. 그동안 학습을 위해 사용했던 방법들(책·테드 강연·팟캐스트 등)을 살펴보면서 그들 중에 단 10분이라도 질문에 답해줄 만한 사람이 있는지 찾아보라.

2. 질문하고 답을 받아 적어라

실질적이고 전략적이고 실용적인 질문으로 시작하라.

- "어떻게 시작하셨나요?"
- "더 잘하기 위해 무엇을 하셨나요?"
- "어떤 기술을 사용하시나요?"
- "파트너가 있으신가요?"

이 외에도 궁금한 것들을 최대한 구체적으로 물어봐라. 구체적으로 묻지 않으면 구체적인 답도 들을 수 없다. 감정적이거나 정신적인 문제를 물어도 된다. 중간 과정에서 무엇이 좋은지, 또 어떤 어려움을 겪는지 감을 잡는 데 도움이 될 것이다.

- "중간 과정에서 가장 좋은 점은 무엇인가요?"
- "중간 과정에서 싫은 부분은 무엇인가요?"
- "처음부터 알았으면 좋았겠다 싶은 부분은 무엇인가요?"

3. 얻은 답을 피드백하라

멘토와의 대화가 끝나면 메모한 내용을 살펴보라. 연락해 봐야 할 사람이 있는가? 개발해야 할 능력이 있는가? 기회를 노려야 할 부분이 있는가? 얻은 정보를 실천 사항으로 바꿔서 일정표에 표시하라.

무언가를 배우려면 따로 시간이 필요하다. 그리고 시간을 쓰려면 상대방의 동의가 필수다. 그 시간을 보내는 게 당신에게 왜 가치 있는 건지 그가 이해할 수 있어야 한다. 당신이 상대방이나 다른 가족들의 시간을 뺏는다고 느끼게 해서는 안 된다. 그렇기에 그 시간을 어떻게 만들지 함께 결정해야 한다.

퓰리처상을 수상한 저널리스트 브리지드 셜트Brigid Schulte[13]는 일과 육아 사이에서 고전하고 있었다. 자신을 위한 시간을 전혀 낼 수 없으니 새로운 프로젝트를 추진할 열정도 생기지 않았다. 빽빽한 일정에서 어떻게든 남는 시간을 짜내고 싶었던 셜트는 자체적으로 '시간 조사'를 실시했다. 종일 시간을 어디에 어떻게 썼는지 기록해 본 것이다. 결과는 충격적이었다. 일주일에 '27시간'이나 남는 시간이 있었다!

이 시간은 대체로 보이지 않았는데, 왜냐하면 '여기서 10분, 저기서 20분' 하는 식으로 쪼개져 있었기 때문이다. 셜트는 이걸 '조각난 시간time confetti'이라고 이름 붙였다. 종일 이 일을 하다가 저 일을 하고, 해야 할 일과 휴대전화를 비롯해 주의를 뺏어가는 것들 사이를 오가느라 일정이 수없이 조각나 있었다. 그래서 비슷한 일들을 하나로 묶고 불필요하게 주의를 뺏는 일들을 제거했더니 '덩어리 시간'을 더 길게 만들 수 있었다. 이 시간은 공부를 하고 새로운 아이디어를 생각하기 위해서 반드시 필요한 시간이었다. 결국 셜트는 책을 한 권 쓸 수 있을 만큼의 시간을 만들어냈다. 그렇게 나온 책이 바로 《뉴욕타임스》 베스트셀러가 된 『타임 푸어』다.

성숙한 사랑을 위한 팁:
허투루 낭비했던 시간을 되찾는 방법

하루를 분 단위로 기록해서 비슷한 일들을 서로 묶으면 잃어버린 시간을 되찾을 수 있다. 이 방법으로 자신의 가치관에 맞게 시간을 사용하고 있는지도 쉽게 살펴볼 수 있다.

목적을 위한 학습에 남는 시간의 일정 비율을 꾸준히 할당한다면 당신이 정말로 중시하는 것이 무엇인지 스스로에게 보여줄 수 있다. 사랑하는 이의 도움을 받아서 현재 여가 시간을 어떻게 사용하는지 살펴보라. 두 사람의 가치관도 엿볼 수 있고 혹시나 남는 시간을 사용하는 방식을 바꾸고 싶은지 그 여부도 알 수 있다.

먼저 다음 표에 열거된 활동과 더 추가하고 싶은 활동에 사용하는 총 시간을 계산하라. 두 번째 칸에서는 해당 활동에서 어느 정도의 시간을 빼내서 목적을 위한 학습에 사용하고 싶은지 계산해 보라.

◆ 목적에 사용할 여유 시간 조사하기

내가 즐기는 활동	현재 사용 시간	향후 사용 시간
에너지 충전 및 레저	매주 4시간	매주 3시간
운동	매주 4시간	매주 4시간(그대로)
사교 활동	매주 8시간	매주 7시간
오락 활동	매주 15시간	매주 10시간
내 목적과 무관하게 사용하는 총 시간	총 31시간	총 24시간 (7시간의 자유 시간이 생김)
내 목적에 관해 공부하는 시간	0시간	7시간

이 과정을 상대방과 함께하라. 당신이 정말로 추구하고 싶은 활동이 무엇인지 알려주지 않으면 상대방은 왜 자신과 시간을 보내려 하지 않는지 의문을 가질 수 있다. 그가 이 계획에 동의한다면 당신이 시간을 사용하는 방식을 이해하고 존중해 줄 것이다.

2. '실험'으로 나에게 맞는 방법을 찾아라

실험은 배운 내용을 실제로 체험해 보면서 무엇이 효과가 있는지 알아내는 과정이다. 그동안 추구해 왔던 목적을 작게 테스트해 보라. 의사소통 수업을 들었는데 대화할 때는 눈을 바라보라고 했다면 사람들을 모아서 그 조언을 실천해 볼 수 있다. 무언가를 가르치고 싶다면 세미나를 열거나 다른 사람들을 도와주거나 블로그를 시작할 수도 있다. 수공예품을 팔고 싶다면 거래 플랫폼 엣시Etsy에 작품을 전시하는 방법이 있다. 특정한 서비스를 판매하고 싶다면 친구들에게 무료로 제공하면서 테스트를 해볼 수 있다. 견습생으로 들어가거나 누군가를 따라다니며 일을 배우거나 인턴십에 지원하거나 자원봉사를 하는 등 당신의 목적일 수도 있는 일에 발을 살짝 담가볼 수 있는 방법은 많다. 실험 기간은 압박감을 느끼지 않을 수 있는 기간이다. 당신도 상대방도 평가나 비난을 할 필요가 없고 죄책감을 느낄 필요 또한 없다. 완벽하지 않아도 된다. 실수를 통해서 당신의 관심 분야는 무엇이고 능력은 어떤 수준인지 귀중한 정보를 얻을 수도 있다.

이 단계에서는 상대방에게 동참해 달라고 부탁해도 된다. 수많은 연인이 같은 수업을 듣고 같은 책을 읽고 같은 다큐멘터리를 시청한다. 이처럼 관심사가 같다면 멋지겠지만 상대방이 함께 할 수 없거나 관심이 없더라도 낙심할 필요는 없다. 어디까지나 이건 당신의 목적이지 그의 목적은 아니기 때문이다.

사람들은 종종 자신이 열정을 가진 분야에 상대방도 열정을 가져야 한다며 압박한다. 그 분야에 대해 이야기할 때 상대방이 호응해 주지 않으면 이 사람이 과연 내 짝이 맞을까 의문을 품기도 한다. 그러나 그는 나와 열정을 공유할 필요가 없다. 같은 열정을 가졌다고 해서 두 사람 관계가 성공하리라는 보장이 있는 것도 아니다. 그 사람과 함께하는 이유가 무엇인지 기억하라. 그리고 서로 비슷해야만 행복한 관계가 되는 것은 아니라는 점을 잊지 마라.

각자 배우고 싶은 것을 배우는 게 더 나은 경우도 많다. 자신의 속도에 맞춰 움직일 수 있는 데다 알게 된 내용을 상대방에게 소개할 수도 있기 때문이다. 그러면 그 사람도 내가 어떤 과정을 밟고 있는지 알고 있기에 굳이 궁금해하거나 소외감을 느끼지 않게 된다. 당신이 목적을 공부하고 개발할 방법을 찾는 동안에도 그는 계속해서 사랑받고 교감하고 있다고 느낄 수 있어야 한다. 그러니 실험을 할 때는 언제 할 것인지 반드시 알리도록 하라. 그래야 상대방도 시간 계획을 세울 수 있다. 어쩌면 그 역시 실험하고 싶은 게 있을지도 모른다.

학습과 실험에는 5개월이 걸릴 수도, 5년이 걸릴 수도 있다. 너무 길게 느껴지는가? 걱정할 것 없다. 목적의 피라미드에서 어디에 위치하든 이미 목적을 추구하고 있다는 사실을 기억하라. 어느 지점을 통과해야만 목적에 따라 살 수 있는 것은 아니다.

3. 꾸준하게 '행동'을 하라

학습과 실험을 계속하며 지식이 일정 수준에 오르면 이 목적과 관련해서 내가 무엇을 좋아하는지, 나에게 어울리는 것은 무엇인지 알게 된다. 본격적으로 목적을 추구하는 '행동'을 할 때다. 무언가를 학습했다고 바로 결과가 나오는 것은 아니다. 실험에 대한 결과도 마찬가지다. 하지만 이 과정에서는 노력이 빛을 발한다. 목적을 실현하기 위한 단계를 하나씩 밟으면서 꾸준하고 일관성 있게 나아가라. 새로운 직업을 택해야 할 수도 있다. 작은 사업을 하나 시작할지도 모른다. 유기견을 구조하거나 자원봉사를 할 수도 있다. 무언가를 새로 시작하면 익숙해지기까지 시간이 걸린다. 그렇지만 루틴을 만들고 손에 잡히는 목표를 세우면 수월해진다.

보통은 앞의 두 과정을 건너뛰고 바로 이 과정부터 시작하고 싶어 한다. 당장 무언가 행동을 하고 싶은 것이다. 하지만 좋은 결과를 얻기 위해서는 그만한 학습과 실험이 선행되어야 한다. 그러니 행동을 해보고 결과가 만족스럽지 않다면 학습과 실험 단계로 되돌아가라. 당신이 엣시에 마련한 온라인숍을 아무도 방문하지 않는다면 마케팅을 공부해라. 더 훌륭한 보조교사가 되고 싶다면 주교사에게 멘토링을 부탁하라. 이렇게 학습과 실험을 통해 성과를 반복적으로 내게 되면 인정을 받기 시작하며 자신감이 생기고 목적을 더 밀고 나가도록 동기가 부여된다.

이 과정에서는 노력을 총동원해야 한다. 목적을 추구하는 일에 생각보다 많은 시간이나 에너지가 들 수도 있다. 이 과정에서는 당신이 무슨 일을 하고 있으며 무엇이 필요한지 상대방과 공유하는 일이 매우 중요하다. 당신에게 필요한 것들을 먼저 챙기는 이유는 사랑하는 사람들에게 더 많은 것을 주기 위함임을 기억하라.

4. '난관'을 거부하지 마라

무슨 생각을 할지 안다. '난관이 정말로 필요해?' 나도 이런 말을 하고 싶지는 않지만 목적의 피라미드 각 과정마다 난관은 있을 수밖에 없다. 어느 길을 따르는 게 엄두도 나지 않을 만큼 많은 돈이 든다는 것을 알게 될 수도 있고 열정을 공유하려 하지만 아무도 응답하지 않을 수도 있다. 예상했던 것보다 훨씬 더 오래, 더 힘들게 능력을 갈고닦아야 할지도 모른다.

예상치 못한 차질이 생길 수도 있다. 실패해서 처음부터 다시 시작해야 할 수도 있다. 하지만 난관을 피할 수는 없어도 깊이 이해하면 이를 이용해 더 크게 성장할 수 있다. 힘이 들 때는 지금 어떤 일이 벌어지고 있는지 상대방에게 이야기하라. 당신이 왜 지쳤고 정신이 어디에 팔려 있으며 무엇 때문에 속상한지 이유를 알면 제4법칙에서 이야기한 방식으로 그의 응원을 얻기가 더 쉬워진다. 다만 어려운 일이 생길 때마다 모두 난관이라고 이름 붙이지 않도

록 조심하라. 힘든 일이야 늘 있겠지만 그게 현실의 전부가 되어서
는 안 된다. 늘 균형 잡힌 시각을 유지한다면 난관에 무릎 꿇는 대
신 오히려 배우고 성장할 수 있을 것이다.

난관의 과정을 지날 때는 그게 상대방의 탓이 아니라는 걸 되새
겨 주는 것도 중요하다. 필요한 일에 대해서는 얼마든지 터놓고 이
야기해도 좋지만 당신의 짐이지 그의 짐은 아니라는 점을 명확히
하라. 실제로 목적 추구에 별 진전도 없고 의욕도 없다면 그때야말
로 상대방이 추구하는 목적 쪽으로 당신의 자유 시간이나 에너지
를 돌려볼 좋은 기회일 수도 있다(그 방법에 관해서는 제5법칙의 후반부
에서 이야기할 것이다). 이렇게 객관성을 유지하며 접근한다면 당신의
목적을 키워갈 새로운 방법을 발견하게 될지도 모른다.

상대방의 온라인 마케팅 활동을 도와주다가 문득 온라인 마케
터야말로 당신의 소명임을 깨닫게 될지도 모른다. 그가 하는 일의
디자인을 돕다가 그래픽디자인을 공부해야겠다는 결심이 설지도
모른다. 그러나 기억하라. 타인의 다르마로 만족할 수 있는 사람은
아무도 없다. 상대방의 다르마를 공유하며 그게 당신의 다르마인
지 아닌지 제대로 파악하지 않으면 진짜 재능은 사용할 수 없을 것
이다. 꿈이 클 필요는 없다. 그저 '당신의' 꿈이기만 하면 된다.

5. 작든 크든 '승리'를 기념하라

루이스 해밀턴Lewis Hamilton[14]은 세계 최고의 자동차 경주 대
회 포뮬러 원Formula One에서 2007년부터 2021년 사이 103번의 우

승과 182번의 입상 기록을 세웠다. 이 경기 역사상 가장 많이 우승한 선수다. 포뮬러 원의 레이스는 한 번 치러질 때마다 대략 두 시간 정도 소요되고 시즌마다 23번의 레이스가 펼쳐진다. 해밀턴은 15년 동안 대략 683시간을 경주에 썼다는 뜻이다. 예선전이나 연습 시간은 포함하지 않고도 말이다. 최고의 선수가 되기 위해 해밀턴은 시즌 중에 대략 하루 5~6시간의 체력 훈련을 한다.[15] 15년이면 대략 1만 3300시간 동안 체력 훈련을 한 셈이다. 해밀턴이 경기에서 승리했을 때 포디엄에 서는 시간이 대략 10분이라고 해보자. 해밀턴은 아래의 그림처럼 15년 동안의 연습 시간을 제외하고 경주와 훈련으로 보낸 시간 중 단 0.1퍼센트에 해당하는 시간 동안만 우승자로서 스포트라이트를 받았다는 뜻이다(못 믿겠는가? 경주 4만 1000분, 훈련 80만 분, 포디엄에 선 시간 1030분으로 계산했다).

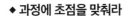

◆ 과정에 초점을 맞춰라

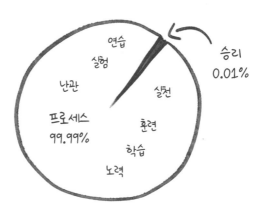

포디엄 꼭대기에 서는 건 흔치 않은 경험이다. 최고의 자리에 올라 인정을 받게 되는 이 자리에 누구나 서고 싶어 한다. 힘든 일을 모두 끝내고 정상에 앉아 내가 이룬 모든 것을 인정받고 싶어 한다. 그리고 그 자리에서 내려오고 싶지 않아 한다.

그러나 기억해야 할 가장 중요한 사실은 승리라는 건 그에 앞선 네 과정의 부산물에 불과하다는 사실이다. 네 개의 과정을 모두 거쳐야만 승리를 얻을 수 있다. 그러니 시상식과 추종자들과 명성을 위해 산다면 결국은 실망하게 될 것이다. 승리는 드물며 당신이 목적을 위해 사용한 시간에 비하면 아주 짧은 순간에 불과하다는 걸 발견하게 될 것이기 때문이다. 그러니 당신은 목적의 피라미드에서 승리 아래에 있는 과정들을 더 사랑해야 한다. 인생이란 정상에서 보내는 시간이 아니다. 그곳에서 치르는 행사는 당신이 하게 될 경험의 0.1퍼센트밖에 되지 않는다. 승자도 지금 이 순간까지 공부하고 실험하고 실천하고 어려움을 겪는다. 그러니 마음에 새기기를 바란다. 중요한 것은 여정의 모든 순간이다. 그 모든 순간이 소중하다.

**성숙한 사랑을 위한 팁:
함께 목표를 공유하는 시간 마련하기**

1년에 한 번 두 사람의 목적과 그를 이루기 위한 목표들에 대해 이야기할 시간을 마련하라. 집을 유지하고 관리하듯이 목적에도 유지와 관리가 필요하다. 매년 배수로를 청소하고 화재경보기의 배터리를 교체하고 낡은 곳을 수리하듯 두 사람 모두 목적을 실현하고 있다고 느끼는지에 대한 확인이 필요하다. 공동의 목표와 개인적인 목표를 모두 이야기해도 된다. 당신은 그림을 배우려고 하고 상대방은 웹디자인을 배우려고 하거나 함께 댄스를 배우고자 할 수도 있다.

- 당신은 무엇을 성취하려고 노력 중인가? 목적에 도움이 되는 기술을 습득하려 하는가? 목적에 가까이 있는 직장을 찾아보고 있는가? 목적을 위해 시간을 내려고 노력 중인가?
- 당신이 상대방에게 바라는 것은 무엇인가? 그가 목적을 실현하는 데 어떤 도움을 줄 수 있는가? 심리적 응원이 필요한가? 시간을 더 마련하도록 다른 일들을 도와주기를 바라는가?
- 상대방은 당신에게 무엇을 바라는가? 그의 목적이 옳다고 믿는가? 그가 목적을 추구하는 데 어떻게 도움을 줄 수 있는가?

주택을 유지하고 관리하다 보면 1년에 한 번 살피는 것만으로는 부족한 문제들도 있다. 관리비는 매달 내야 하고 전구는 나가는 즉시 갈아주어야 한다. 물이 새는 곳은 바로 고쳐야 한다. 당신이나 상대방에게 어려운 일이 나타나면 반드시 함께 의논하라.

다만 주의해야 할 것이 있다. 목적에 대한 대화를 시작하기 전에 이야기를 어떻게 꺼낼지를 먼저 생각해 보라. "제이 셰티가 그러는데 우리가 목적에 관한 이 질문들에 매년 답을 해봐야 한대. 지금 해보자"라고 해서는 썩 좋은 결과를 얻지는 못할 것이다. 교회 전도사처럼 설교를 늘어놓아도 마찬가지다.

새로운 소통 방식을 시도해 보려고 너무 서두를 필요는 없다. 먼저 당신부터 이 질문과 개념을 온전히 소화하기를 바란다. 그리고 상대방의 목적을 조용히 응원하기 시작하라. 그의 목적이 당신과 그의 관계에 끼치는 영향을 관찰하라. 상대방에게 효과가 있는 소통 방식으로 그의 무엇이 바뀌었는지 느낀 내용을 공유하라.

그의 목적도 귀하게 여길 것

목적을 실현할 수 있도록 서로 돕는 일은 두 사람이 성공적인 관계를 맺는 데 너무나도 중요한 부분이다. 그래서 『베다』에서 전통 결혼식에 대해 묘사한 부분을 보면 마지막에 이렇게 맹세한다. "가정이라는 이 배를 타고 둘이서 함께 다르마의 길을 꿋꿋이 걸어갈 것입니다."[16] 당신이 상대방의 다르마를 넘겨받아야 한다는 뜻이 아니다. 그의 다르마를 위한 공간을 만들어야 한다는 뜻이다.

종종 목적을 위한 공간이 한 사람 몫밖에 없다고 느껴지는 가정을 볼 때가 있다. 연구에 따르면 자녀가 생긴 이후 남자의 임금은 올라가는 데 반해 여자의 임금은 하락한다고 한다. 《뉴욕 타임스》에 실린 기사를 보면 "시간이나 임금 등 기타 요인을 모두 통제해도 이런 차이가 생기는 것은 부모가 되었을 때 어머니들이 실제로 생산성이 떨어지거나 아버지들이 더 열심히 일하기 때문이 아니라, 회사 측이 그럴 거라고 예상하기 때문"이라고 한다.[17] 현실은 《뉴욕 타임스》 보도처럼 "노동통계청에 따르면 집에 자녀가 있는 어머니의 71퍼센트가 일을 하고 퓨 리서치 센터Pew Research Center 자료에 따르면 자녀가 있는 가정의 40퍼센트는 여성이 외벌이거나 주된 소득원"이라고 한다. 결국 남녀 간의 격차가 벌어지는 것은 회사 측의 편견 때문이다. 관계에서 여성이 자신의 목적을 뒤로 미루지 말아야 하는 중요한 이유이기도 하다. 물론 제도와 인식의 개선이 이루어져야 하지만 말이다.

상대방이 목적의 피라미드를 한 칸씩 올라가면 당신이 그를 어떻게 도와줄 수 있는지도 하나씩 드러난다. 그저 옆에서 나란히 나 자신만의 피라미드를 오르면서 알게 된 교훈들로 인내심을 키우고, 상대방에게 아이디어를 제공해 주기만 하면 된다.

상대방의 '학습'을 돕는다

앞서 사람들이 어디서부터 목적을 추구해야 할지 모르는 경우가 많다고 이야기했다. 상대방이 언제 얼굴이 환해지는지, 언제 대화에 생기가 도는지 살펴보라. 무엇이 그에게 기쁨을 가져다주는지, 그의 강점은 무엇인지 지켜보라. 그리고 목격한 내용을 토대로 격려하고 확신을 더해줘라. 이런 의견들이 그의 학습과 실험에 속도를 높여줄 것이다. 제4법칙에서 이야기한 대로 훌륭한 구루가 되어라. 당신의 조언을 따르지 않더라도 밀어붙이거나 화를 내지 마라. 그가 원하는 때에 원하는 속도로 그 일을 시작해야 한다. 당신이 할 수 있는 일은 상대방이 그 사실을 깨닫는 동안 옆에 있어주는 것뿐이다. 그가 '당신의' 여정에서 다음 단계에 도달하기를 바라는 게 아니라 '그의' 여정에서 도달하기를 바라기 때문이다.

상대방에게 관심사는 있으나 아직 그걸 목적으로까지 발전시키지는 못했다면 그가 택한 길에 대해 이러쿵저러쿵 평가하지 말고 그저 여러 방향을 탐구할 수 있게 격려하라. 태어날 때부터 목적을 알고 추구할 준비가 되어 있는 건 아니다. 그저 호기심을 품은 영역을 따라갈 수 있게 도와줘라. 관련한 지식을 얻을 수 있는 기관을 방문할 수 있도록 예약을 해주고 도서나 테드 강연을 찾아서 스스로 탐구할 수 있게 하라. 그가 호기심을 자유롭게 추구할 수 있도록 하며 남는 시간을 함께 보내주기를 바라지 마라.

라디는 처음부터 음식을 좋아하는 게 분명해 보였다. 나는 라디에게 그 끝이 어디가 되었든 음식이라는 관심사를 계속 탐구해 보라고 격려했다. 사람들은 항상 그녀에게 "너는 꼭 식당을 열어야 해"라고들 말했지만 나는 그런 식으로 내 목표를 라디에게 들이밀지 않았다. 내가 라디의 성장을 응원한 방식은 그저 학습과 실험을 위한 시간을 내라고 말해주는 것뿐이었다. 라디가 자신의 관심사를 추구하는 과정에서 연인으로서, 개인으로서 어떤 희생이 필요하다면 기꺼이 받아들이고 싶었다.

처음 뉴욕으로 이주했을 때 라디는 아유르베다(인도 전통 의학)식 요리를 하는 셰프의 견습생으로 들어갔다. 그러다가 요가를 가르치기 시작했고 아유르베다 자격증을 딴 뒤에는 어느 레스토랑의 메뉴 구성을 도와주게 됐다. 나는 라디에게 커리어의 목표를 세우라고 압박하거나 당신의 여정은 언제 끝나냐고 묻지 않았다. 사랑하는 이가 아직 목적을 찾고 있을 때는 어디까지나 한발 물러난 곳에서 응원해야 한다. 그가 묻는다면 조언을 해줄 수도 있겠지만 선택은 스스로 하도록 해주어야 한다. 비생산적이라고 비난해서는 안 되며 조금이라도 발전이 있었을 때는 칭찬해야 한다.

상대방이 무언가를 공부 중이라면 그의 멘토가 되려고 애쓰지 마라. 멘토란 내가 배우고 싶은 영역에서 기술을 가진 사람이다. 실전 경험과 지식이 있어서 목적으로 향하는 길로 안내할 수 있고 도와줄 의향이 있는 사람이다. 상대방은 당신이 사랑하는 사람이다. 당신 자신에 대해, 그리고 서로에 대해 알아갈 때에는 서로의 구루가 되어야 하지만 멘토나 비즈니스 파트너가 될 필요는 없다. 그러니 멘토와 연결될 수 있는 방법을 알아봐 주거나 멘토에게 물어볼 질문을 함께 생각하는 식으로 도움을 줘라.

아래의 표를 보면 상대방에게 어떤 식으로 도움을 주는 말을 건네야 할지 알 수 있을 것이다.

◆ 상대방의 학습을 도울 때 주의해야 하는 표현

잘못된 표현	바람직한 표현
"왜 그렇게 오래 걸려?"	"내가 도와줄까?"
"당신 지금 당장 결정을 내려야 해!"	"우리 가정이나 인생을 고려해서 현실적인 데드라인을 함께 정해보자."
"OO을 봐. 정말 잘나가잖아."	"당신에게 좋은 자극이 되거나 멘토가 될 만한 사람을 생각해 본 적 있어?"

상대방의 '실험'을 돕는다

내 친구는 스탠드업 코미디에 관심이 있었다. 이제 막 시작하는 단계였기 때문에 클럽에서 그를 무대에 세워줄 리는 만무했다. 그래서 어느 날 저녁 친구의 아내는 자기네 작은 정원을 스탠드업 코미디 클럽으로 변신시켰다. 손님들을 위해 접이식 의자를 설치하고 나무에 조명을 매달았으며 팝콘을 내놓았다.

곧 친구가 등장해 열 명의 지인들 앞에서 스탠드업 코미디를 했다. 친구의 아내는 재밌고 신나는 방식으로 친구의 실험을 응원했다. 이처럼 상대방이 지닌 열정이나 장점을 발휘할 기회를 마련해준다면 큰 보탬이 될 것이다. 당신의 지인 중에 상대방이 따라다니며 배울 만하거나 역량을 개발하게 도와줄 사람이 있을 수도 있다. 당신이 관객이 되어줄 수도 있고 관객을 모으게 거들 수도 있다. 그가 기술을 갖고 있지 못한 영역에서 도움을 줄 수도 있다.

상대방의 '행동'을 돕는다

칸 아카데미를 열었을 때 칸의 의욕은 충만했다.[18] 하지만 그에게는 처리해야 할 각종 청구서가 있었다. 칸의 아내는 이제 막 의대를 졸업한 상태였다. 가족의 수가 늘면서 주거 비용도 늘고 있었다. 헤지펀드라는 안전한 일자리를 버리고 수익도 나지 않는 일에 올인을 한다는 건 말도 안 되는 일처럼 보였다. 그러나 친구 하나가 계속 전화를 걸어와서 "네 목적은 헤지펀드 투자자가 되는 게 아니라 사촌을 도와주었듯이 세상을 돕는 것 아니냐"라고 말했다.

칸이 이 이야기를 꺼냈을 때 아내는 그를 응원해 주었지만 한편으로는 집안 살림이 걱정되기도 했다. 하지만 결국 그가 아카데미 이외의 것에는 집중하기 어려운 상태라는 걸 알게 됐다. 그래서 집을 사려고 모으던 돈을 꺼내 쓰기로 했고 칸은 직장을 그만뒀다. "스트레스가 엄청났지요." 그는 말했다. "오밤중에 식은땀을 흘리며 잠에서 깰 정도였어요." 마침내 투자자가 나타났다. 그게 칸에게는 큰 터닝 포인트가 됐다. 현재 칸 아카데미는 전 세계에서 가장 큰 온라인 학습 플랫폼 중 하나다.

물론 칸의 이야기는 극단적인 예다. 당신에게 직장을 그만두라고 추천하는 게 아니다. 만약 그가 헤지펀드를 그만두지 않고 계속 과외 수업을 했거나 회사를 차려서 그럭저럭 성공을 거두었더라도 그의 이야기는 여전히 성공담일 것이다. 중요한 점은 칸이 심사숙고해서 위험으로 뛰어들려고 했을 때 아내가 그를 지지해 주었다는 사실이다.

때로는 사랑하는 사람이 시간과 열정을 다른 곳에 쏟는 걸 지켜보는 게 힘들 수도 있다. 그가 당신이 아닌 그의 목적을 통해서만 만족을 얻는다는 느낌이 들지도 모른다. "그 사람의 목적보다는 내가 더 중요해야 하는 것 아닌가요?" 목적과 관련해서 내가 가장 많이 듣는 불평이다. 우리는 상대방이 목적에 쏟는 관심보다 더 많은 관심을 나에게 쏟아주기를 바란다. 그러나 시간을 내주는 게 나의 요구 때문이라면 그는 결코 최선의 모습을 보여줄 수 없을 것이다.

그를 목적에서 멀어지게 만들지 마라. 그의 목적에 동참하라.

학습이나 실험을 하고 있든 목적을 실현 중이든 말이다. 그리고 기억하라. 당신이 당신의 목적에 만족하고 있다면 상대방이 그의 목적에 시간을 쓴다고 해서 부러워하거나 그 시간을 뺏어와야겠다는 기분이 들지는 않을 것이다. 아인슈타인이 말했듯 "행복한 삶을 살고 싶다면 사람이나 사물에 매달리지 말고 목표에 매진하라."[19] 사랑하는 사람을 가로막거나 붙잡아두지 마라. 그가 자신의 목적을 추구하는 일을 미안해하도록 만들지 마라.

상대방의 '난관'을 돕는다

상대방이 계속 다르마로 힘겨워하고 있으면 당신도 점점 지칠 수 있다. 특히나 다르마를 추구하는 과정에서 그의 선택이나 전략이 마음에 들지 않는다면 말이다. 그러나 그가 그만두고 싶어 하거나 끊임없이 접근법을 바꾸거나 무모하게 덤벼든다고 해도 당신은 훌륭한 구루가 되어야 한다. 아이디어가 마음에 들지 않더라도 귀를 기울여야 한다. 시간을 두고 상대방이 솔직히 알려준 것들에 감사해야 한다.

그의 아이디어를 좋아하거나 받아들이거나 그게 정말 최고의 전략이라고 생각하지는 않아도 된다. 다만 그가 자신의 생각을 말할 수 있도록 해줘야 한다. 주의를 기울여야 한다. 조심스럽게 관찰해야 한다. 당신의 욕망이나 한계를 투영하는 게 아니라 그 자체를 온전히 이해하려고 노력해야 한다. 당신이 이해해 줄 거라는 느낌을 받지 못하면 그는 당신에게 터놓고 이야기하거나 진실을 말하지 않을 것이다.

많은 이들이 그 누구에게보다 사랑하는 이에게 더 퉁명스럽고 비판적이다. 적어도 친구나 동료에게 보여주는 만큼 존중을 담아 상대방을 대하라. 그가 목적을 키워갈 수 있도록 정성껏 반응하라. 한 사람이 길을 찾는 과정을 도와주는 것은 쉬운 일이 아니다. 때로는 그게 두 사람 관계에 새로운 긴장감을 만들어낼 수도 있다. 동정을 받는다는 기분이나 압박감을 느낄 수도 있다. 그러나 오래된 긴장감보다는 새로운 긴장감이 차라리 낫다. 자신의 다르마가 무엇인지 모르는 채로 우울하고 혼란스러운 것보다는 다르마를 알고 그걸 실현하기 위해 고군분투하는 게 더 낫기 때문이다.

상대방의 목적 추구 과정에 생각보다 진전이 없으면 그의 매니저가 되거나 그를 통제하려는 마음이 생길지도 모른다. 당신이 마련해 준 미팅에 참석하지 않고 인맥을 쌓을 수 있는 행사에도 가지 않으면 좌절감이 들 것이다. 때로는 그의 행동이 걱정했던 부분들을 생각나게 해서 화가 폭발할 수도 있다. 그런데 어쩌면 당신의 커리어나 목적에서 추구하는 일들이 성공적이지 않아서 두려운 마음을 상대방에게 투영하고 있는지도 모른다. 그럴 때 가장 먼저 해야 하는 것은 바로 당신 자신의 목적을 확인하는 일이다. 목적에 온전히 몰입하고 있는가? 추진력이 느껴지는가? 당신 자신의 목적에 집중하면 상대방에 대한 걱정도 누그러질지 모른다.

다른 걱정거리가 있을 수 있다. 상대방에게 목적을 추구할 시간과 공간을 주었는데도 아무런 결과도 나오지 않을까 봐 겁이 날 수도 있다. 그의 상황을 다른 사람들과 비교하니 걱정이 될 수도 있다. 이런 요인들은 상대방을 평가하거나 비난하고 싶게 하며 성장을 방해한다. 걱정이 있다면 숨길 필요는 없다. 오히려 털어놓아야 한다. 대신 사랑과 응원이 함께해야 한다. 나의 기준이나 기대치를 들이밀어서는 안 된다. 상대방이 지금 당장은 행동을 취하고 싶을 만큼의 동기나 흥미를 느끼지 못할 수도 있다. 그래도 괜찮다.

이처럼 걱정을 털어놓을 때 문제가 되는 방법이 두 가지 있다. 하나는 억지로 밀어붙이려고 하는 것이다. 상대방이 비참한 기분이어서 회사를 그만두고 싶은데도 우리는 패닉에 빠져서 이렇게 말한다. "절대 안 돼! 우리 형편 알잖아! 그럴 여유가 어디 있어!" 이는 두려움과 죄책감을 행동의 동기로 삼으라는 말이다. 두 번째는 마음에도 없는 말을 하는 것이다. 단순히 그렇게 말하는 게 옳다는 생각에 의도와는 정반대의 말을 뱉는 경우다. 이럴 때는 종종 과장된 언어를 동원하게 된다. "당신은 슈퍼스타야! 원하는 건 뭐든 할 수 있어! 내일 당장 성공할 수 있을 거야." 하지만 실제로는 그렇게 생각하지 않는다면 상대방에게도 거짓말처럼 들린다.

강압은 압박이 된다. 압박을 받은 상대방은 앞으로 나아가고 싶어도 방법을 모르겠다는 말을 차마 꺼내지 못하게 된다. 속 깊은 이야기를 정직하게 털어놓지도 못한다. 반면 억지로 동기를 부여하면 인생의 공백을 인위적으로 늘리게 될 수 있다. 직장을 그만두고 1년간 아무 일도 안 할 수도 있다는 뜻이다. 왜 그러냐고 물으면 그는 이렇게 말할 것이다. "하고 싶은 대로 하라며." 이 두 가지 방

226

법, 즉 강압과 거짓된 동기부여는 상대방이 상황에 현실적으로 대처하지 못하게 만든다. 그래서 부드럽고 긍정적인 독려가 훨씬 더 효과적이다. 이렇게 말하는 것이다. "당신이 최선을 다하고 있다는 것 알아. 이 방법도 한번 시도해 보면 어때?"

독려를 할 때는 평가나 비난은 접어두어야 한다. 그래야 상대방이 정직하게 자신이 처한 상황을 이야기할 수 있기 때문이다. 이때 그가 어떤 일을 겪고 있는지 당신이 충분히 알고 있다는 사실을 알려주는 게 중요하다. 참을성을 가져라. 결과야 어찌 되었든 그의 노력에는 그만한 가치가 있었다는 사실을 인정해 줘라. 이런 대화를 나눌 때는 응원하는 어조가 되어야 한다. 어려움은 있겠지만 충분히 감당할 수 있으며 당신도 옆에서 문제 해결을 도와줄 거라는 것을 상기시켜라. 혼자가 아니라는 걸 일깨워 줘라.

상대방이 회사를 그만두고 싶어 한다면 그 결정이 두 사람의 삶에 어떤 영향을 주게 될지 현실적인 대화를 나눌 수 있다. 어떤 부분에서 서로 도와야 할 것 같은가? 이 실험에 어느 정도의 시간을 투자할 것인가? 서로 맡은 책임은 어떻게 바뀔 것인가? 그가 다음 행보를 알아볼 수 있도록 하려면 어떻게 짐을 덜어주어야 하는가? 서로를 어떻게 지원할지 브레인스토밍을 해보라. 그가 회사를 그만두고 집에 머무는 시간이 늘어난다면 저녁 식사를 도맡아 당신에게 일할 시간을 더 줄 수도 있을 것이다. 이 대화의 결과물은 일련의 약속이 되어야 한다. 가사 분담과 금전적 책임이 어떻게 바뀔지 의논해 보아야 한다. 앞으로는 시간과 돈을 어떻게 쓸지도 밑그림을 그려보아야 한다. 목적을 추구하는 상대방을 위해 당신만이 해줄 수 있는 일이 있다. 다음 쪽의 표를 참고하라.

세부적인 내용들을 정리했다면 이 결정을 토대로 계획표를 짜라. 상대방이 목적을 재검토하기 위해 회사를 그만둔다면 새로운 일자리를 찾기까지 시간이 얼마나 걸릴 것 같은가? 당신이 그에게 석 달의 시간을 주었다고 해서 그가 그때까지 모든 걸 다 알아내야 하는 것은 아니다. 다만 석 달이 지나면 계획을 다시 한번 검토하고 다음 행보를 결정하면 된다.

상대방의 '승리'를 기념한다

상대방이 석 달 동안 꼬박꼬박 스포츠센터에 출근한다면 별소리하지 않겠지만 석 달 동안 한 번도 운동을 하러 가지 않았다면 아마 지적을 하게 될 것이다. 누구나 보통 이렇게 행동한다. 누군가 지각을 하면 불평을 하지만 제시간에 온 것에 감사하지는 않는다. 누군가 취업을 하면 모두가 축하하지만 이미 그 일을 하고 있는 사람에게는 아무도 축하하지 않는다. 누군가 직장을 그만두었을 때 그걸 목적 실현을 향한 한 걸음으로 바라보는 사람은 거의 없지만 실제로는 앞으로 한 걸음 내디딘 셈이 되는 경우가 많다. 뻔한 성공을 축하하기보다는 남들은 아무도 알아보지 못하는 상대방의 노력과 성공을 곁에서 면밀히 관찰하라. 그리고 그걸 인정해 준다면 그가 추진 동력과 만족감을 얻는 데 도움이 될 것이다.

◆ 그를 위해 당신만이 할 수 있는 일

남들이 하는 일	당신만이 할 수 있는 일
시원찮은 아이디어를 공유한다.	표적 집단 인터뷰(FGI)로 테스트를 해보거나 멘토에게 보여주거나 현실에서 피드백을 받아보라고 격려한다.
한눈판다고 불평한다.	한눈팔고 있을 때는 알려주고 목적을 위한 행동을 마치기 전에는 함께 TV를 보지 않겠다고 말한다. 한눈판다고 비난하라는 이야기가 아니다. 스스로 느끼게 해야 한다.
포기한다.	차질이 생겨 크게 실망하면 혼자 있게 해준다. 생각을 자극할 만한 내용을 계속 공유한다. 어디까지 왔는지 알 수 있게 돕고 그동안의 노력을 되돌릴지 결정하게 한다.
금전적 위험을 무릅쓴다.	담당 회계사 등과 미팅을 주선해서 둘에게 미칠 영향, 특히 위험과 결과에 대해 현실적으로 대화를 나누게 한다.
다른 책임은 등한시하도록 내버려 둔다.	목적에 초점을 맞추면 상황이 달라진다. 가사 등 책임의 분담을 재논의해서 명확한 상황 인식을 공유한다. 이런 시간을 정기적으로 가진다.

서로의 목적이 충돌할 때

두 사람 사이에 함께 챙겨야 할 일들이 있는데 모두 각자의 목적을 추구하고 있다면 시간 협의가 쉽지 않을 것이다. 특히 가족이 있고 가사를 돌봐야 할 때는 목적에 어느 정도의 시간을 써야 할지에 대해서 올바른 선택이나 완벽한 균형을 찾기 힘들다. 그렇지만 더 고심하고 소통해서 시간 전략을 세운다면 만족감은 커질 것이다. 다음은 두 사람이 조화롭게 자신의 목적을 추구하고 경영하기 위한 네 가지 전략이다. 자녀가 있거나 재정적인 압박이 있다면 당분간은 목적을 좀 미뤄두고 수입을 얻을 수 있는 활동이나 자녀와 보내는 시간을 우선시할 수도 있다. 한 사람의 목적을 우선시하거나 각자의 목적을 돌아가며 우선시하는 방법도 있다. 물론 두 목적 모두에 집중할 수도 있다.

1. 여가 시간에 목적을 추구한다

목적을 추구하는 것으로는 돈이 되지 않거나 가족을 부양할 수 없는 경우도 많다. 경제적 안정은 반드시 필요하다. 직업과 목적이 동일하면 좋겠지만 아니라면 목적에 따로 많은 시간을 투자할 수는 없을 것이다. 하지만 사람들 대부분이 이런 상황이며, 건강한 출발점이다. 목적을 추구하는 데 금전적인 짐까지 없지는 마라. 그런 무게를 짊어질 필요는 없다. 아침과 저녁 시간을 활용해서 열정을 키워나가라. 기억하라. 취미로 시작한 일이 파트타임 직업이 될 수도 있다. 파트타임이 풀타임 직업으로 변할 수도 있다. 천천히 조심스럽게 시작하라. 그러면 여러 가지 선택지를 탐구하고 기술들을 습득하면서 내가 이 열정에 얼마나 진지한지 알 수 있을 것이다. 안정성을 희생하지 않고도 당신의 목적을 삶의 중심에 놓고서 만족을 찾으려고 노력할 수 있다.

2. 한 사람의 목적을 우선시한다

두 사람이 모두 자신의 목적을 우선시해야 한다는 말은 어렵지 않게 할 수 있다. 하지만 사람들의 목적은 대체로 서로 다른 계획표를 따라 움직인다. 지금 당장 한 사람의 목적이 압도적으로 많은 시간과 에너지를 요한다면 이 시나리오를 선택하라. 그렇지만 한 사람이 목적을 먼저 추구하는 동안 다른 사람이 가정 등을 경영한다는 결정은 둘이서 함께 내려야 한다. 물론 한 사람의 목적이 가정을 경제적으로 뒷받침하기도 한다. 그렇다고 하더라도 명시적으로 그 계획을 의논하지 않은 채 한 사람의 목적에만 집중해서는 안 된다.

한 사람이 다른 사람에게 다르마를 희생하도록 요구하는 경우도 있을 것이다. 그렇게 요구하는 사람이 더 많은 돈을 벌고 있을 경우 이런 요구가 합리적으로 보일지도 모른다. 가정을 부양하고 있는 자신의 목적이 더 중요하다고 생각하는 것이다. 상대방이 집에서 궂은일을 다 처리해 주고 있으니 그걸로 그의 목적이 충족되기를 바라거나 충족되고 있다고 믿을지도 모른다. 그러나 어느 한

쪽이 경제적 혹은 커리어 측면에서 더 성공했다고 해서 그 사람의 목적이 더 중요하다고 할 수는 없다. 여기에는 별다른 이론이 없다. 휴가를 어느 한쪽의 가족과 보내기로 했다고 해서 그쪽 가족을 더 사랑한다는 뜻은 아니다. 시간은 한정된 자원이기에 포기하는 일도 생긴다. 한 사람의 목적에 시간적으로 우선순위를 준다면 다른 한 사람은 자신의 목적을 미뤄놓는 희생을 하고 있다는 사실을 반드시 인식해야 한다.

어느 한 사람의 다르마를 우선시하기로 한다면 그 장단점을 모두 논의해서 그게 모두를 위한 최선이라는 데 합의할 수 있어야 한다. 희생하게 될 상대방이 만족할 수 있는 조건들을 설정하라. 이런 상태가 앞으로 얼마나 지속될 것이고, 어떻게 하면 서로 실망하거나 원망하는 일이 없을지 의논하라.

만약 당신의 목적을 우선시하고 상대방은 그의 목적과는 다른 역할을 맡기로 합의했다면 상대방이 맡은 역할을 그의 목적과 같은 수준으로 존중하라. 목적을 추구하고 있는 사람은 바빠서 상대방을 응원하기 힘들 수도 있다. 하지만 그런 때일수록 지금 목적을 실현하고 있는 사람은 상대방이 아니라 당신이라는 걸 떠올려라. 목적이 우선이라는 말은 그 외의 것들은 잊어도 좋다는 뜻이 아니다. 목적을 추구하면서도 삶의 다른 부분을 놓치지 않는 방법을 알아내야 한다. 상대방이 필요로 할 때는 기꺼이 곁에 있어야 한다. 그가 당신만큼 현재에 만족하지 않을 수 있다는 사실을 인식하고 다른 방식으로 보상하라. 자주 확인하라. 함께 내린 결정이라고 해도 늘 재검토하라. 마음을 바꿀 기회를 줘라. 그리고 그가 목적을 추구할 때가 오면 당신도 응원하라.

만약 당신의 목적을 먼저 추구하게 된다면 상대방도 당신의 목적에 당신만큼 열정적인 태도를 보여주기를 바랄 수도 있다. 이런 바람 속에는 사실 불안한 마음이 숨어 있다. 불안하면 주위 모든 사람이 내 선택과 취향을 긍정해 주기를 바라기 마련이다. 한편 목적을 미뤄놓는 쪽이 당신이 되었다면 여러 가지 감정이 드는 게 당연할 것이다.

상대방이 부럽거나 경쟁 상대로 보일 수도 있다. 스스로의 목적에 실망하거나 자기 자신에게 회의감이 들지도 모른다. 정상적인 감정이다. 그리고 당신만의 목적을 분명히 알면 그런 감정을 누그러뜨릴 수 있다. 지금 당장은 목적을 위한 시간을 낼 수 없다고 하더라도 목적과 연결되는 끈을 놓지 않을 방법을 찾아서 열정이 꺼지지 않게 하라. 이번 장에서 이야기했던 수많은 방법들을 모두 활용하라. 책을 읽고 수업을 듣고 상대방을 도우면서 말이다. 아니면 지금 하고 있는 일에서 열정을 찾아보라. 그럼에도 조바심이 생기고 둘 사이 관계를 꾸려갈 다른 방법이 있을지도 모르겠다는 생각이 들면 다시 대화를 시작하라.

상대방이 당신과 가정에 소홀하다는 기분이 들면, 왜 다른 것들을 배제하고 목적에만 초점을 맞추는 것처럼 보이는지 대화부터 나눠보라. 일에 너무 몰두해 있는가? 상대방을 이해하고 그의 목적을 소중히 생각한다면 일에 몰입하는 것도 긍정적인 속성으로 보

일 것이다. 그도 자신에게 깊은 의미가 있는 일에 집중하고 있다
는 사실을 알면 안정감이 들 것이다. 필요해서가 아니라 선택이나
성격적 특성 때문인가? 더 많은 시간을 함께 보내달라고 요구하는
대신 이렇게 물어보라. "괜찮아? 무슨 일이 있는 거야?" 그에게 비
난이나 불평이 아니라 연민을 가지고 접근해야 한다. 당신과 가정
을 부양할 돈을 버는 데만 집중해 있어서 함께 보낼 시간이 없을
정도라면 그가 정말로 그 정도 수준의 수입이 필요하다고 믿고서
원하고 있는지, 아니면 함께하는 시간을 더 원하고 있는지 서로 의
논해 보아야 한다.

모든 것은 시간과 에너지의 문제다. 더 바쁜 사람이 시간을 뺄
수 있게 되었다면 두 사람 모두 의미 있는 경험을 만들 수 있게 노
력하라. 시간이 없더라도 함께 있을 때 서로에게 집중하고 사랑하
며 친절하게 대한다면 여전히 많은 에너지를 주고받을 수 있다. 목
표를 추구하는 게 힘들 수도 있다. 상대방에게 많은 활동을 할 만
한 에너지가 없다면 집에서 함께인 시간을 아름답게 만드는 것도
가능하다. 시간을 들여서 식탁을 근사하게 차리고 촛불을 켜라. 배
달 음식을 먹는다고 하더라도 말이다. '스파 데이spa day'를 정해서
마사지를 주고받을 수도 있다. 1년 중에 아무 날이나 자유롭게 선
택해서 매년 축하 행사를 갖는 새로운 휴일이나 전통을 만들어라.
새로운 보드게임을 하라. 인터넷에서 대화 주제를 검색해(흥미로운
대화 주제가 적힌 카드 세트도 판매한다!) 온 가족이 대화를 나눠라. 상대
방이 어느 것도 원하지 않는다면 이 문제를 두고 소통해야 한다.

또한 상대방이 당신과의 관계나 가정으로부터 탈출하고 싶다는 숨은 욕망 때문에 지나치게 목적을 추구하고 있다면 함께하기를 강요해 봤자 아무 소용이 없을 것이다. 합의에 이를 수 없다면 제6법칙에서 소개하는 방법들을 사용해서 갈등을 극복하라.

두 사람의 목적 추구 계획이 서로 달라서 저절로 이 전략을 선택하게 되는 경우도 있다. 어느 한 사람이 아직 자신의 목적을 알아내지 못했다면 목적을 알아낸 사람을 중심으로 삶을 꾸리고 싶어 하는 경우도 많다.

내 내담자 그레이엄과 수재나는 20년을 함께했다. 그레이엄이 부동산 사업을 시작했을 때 수재나는 요가 스튜디오를 운영하고 싶은 꿈을 포기하고 남편의 사업을 도왔다. 그레이엄은 목적을 성취했다. 회사는 대성공이었다. 그레이엄이 다른 직원을 고용할 수 있게 된 후에도 수재나는 계속 남편의 회사에서 일했다. 겉으로 보기에 두 사람의 결혼 생활과 사업은 근사한 파트너십에 의해 순탄하게 흘러가는 것 같았다. 그러나 무려 15년간 수재나는 이루지 못한 요가 스튜디오의 꿈 때문에 조용히 슬퍼하고 있었다. 이 목적을 추구하기 위해 무언가를 추진한 적은 없었지만 말이다.

그레이엄을 도와주는 일이나 그의 회사를 키우는 일은 수재나의 목적이 아니었다. 다른 사람의 목적을 위해서 노력하게 되는 것은 대부분 나의 목적을 모르거나 어디서부터 시작해야 할지 모르기 때문이다. 그렇지만 너무 늦은 때란 없다. 수재나의 시간은 헛되지 않았다. 수재나는 그동안 습득한 기술을 활용해서 언제든지 본인의 목적을 추구할 수 있었다. 그 목적이 요가 스튜디오이든 다른 새로운 것이든 말이다.

수재나의 실망감이 얼마나 컸는지 마침내 이해하게 된 그레이엄은 그녀가 늘 바랐던 대로 요가 스튜디오를 개업하라고 격려했다. 그리고 수재나의 사업을 도와주기 위해 본인의 일을 1년간 쉬겠다고 했다. 그래서 자신이 정말로 원하는 일이 무엇인지 고민하던 수재나는 문득 그동안 부동산 사업을 하면서 아주 좋아했던 일이 있다는 걸 깨달았다. 바로 주택을 매물로 내놓을 때 전시용으로 가구며 예술품 등을 비치했던 일이었다. 그때 익힌 기술과 인맥을 활용하기로 한 수재나는 기존에 알던 판매상들에게 연락해 사업을 금세 꾸릴 수 있었다.

성숙한 사랑을 위한 팁:
다르마의 불균형을 바로잡는 법

상대방의 다르마가 둘 사이의 공간을 모두 점령하고 있을 때는 그가 난관에 빠져 있을 때와 비슷한 과정을 거치게 된다. 당신 자신의 목적을 돌보고 비난이나 평가 없이 대화를 나누며 약속을 만들고 계획을 재점검해야 한다.

1. 당신의 목적에 초점을 맞춰라. 상대방의 목적 때문에 실망하게 될 때는 언제나 이 과제부터 해야 한다. 그래야 그 사람이 당신의 목적이 되지 않는다.

2. 소통하라. 왜 서로를 위해서 시간을 내지 않는지 의논하라. 상대방의 시간을 놓고 당신과 그의 목적이 경쟁하는 구도를 만들어서는 안 된다. 목적을 위한 공간을 마련해 주되 함께 있을 때는 집중해 달라고 요구하라.

3. 약속을 만들어라. 각자 언제 목적에 집중하고 언제 함께하는 시간을 가질지 정해라. 마지노선을 정하고 그걸 지켜라.

4. 그 시간을 더 소중하게 만드는 활동을 정하라. 예를 들어 함께 TV를 보는 더 많이 상호작용할 수 있는 다른 활동을 찾아보라. 등산이나 운동처럼 몸을 쓰는 활동을 해도 좋다. 단 두 사람이 모두 좋아하는 활동이어야 한다. 친구나 친척들과 어울리거나 자원봉사를 할 수도 있을 것이다. 시간이 많지 않은 평일 저녁에는 게임을 하거나 함께 요리를 해도 좋고, 당신의 목적을 위한 '학습'과 관련된 활동을 하고 의견을 나누어도 좋다. 에너지가 남아 있다면 음악을 듣거나 함께 강연을 듣는 것처럼 더 많은 활동을 계획해도 좋고 한 번도 시도해 보지 않은 새로운 활동을 찾아보는 것도 좋다.

5. 새롭게 약속한 일들을 지키기 위해 계획표를 짜라. 서로 약속을 잘 지키고 있는지, 계획에 약간의 수정이 필요한지 언제 다시 점검하는 게 좋은가?

3. 돌아가며 각자의 목적을 우선시한다

두 사람 다 자신의 목적을 희생할 뜻이 없고 두 가지 목적을 모두 본격적으로 추진하기에는 시간도 돈도 여유가 되지 않는다면, 한 사람이 일정 기간 자신의 목적에 집중하는 동안 다른 사람이 청구서를 지불하거나 가정을 부양할 수도 있다. 그리고 그 기간이 끝나면 서로 역할을 바꾼다. 이 시나리오에서는 두 사람 다 혹은 한 사람만이라도 자신의 커리어가 목적일 경우 해당 커리어에 지장이 생길 수 있다. 더 검소하게 살아야 할지도 모른다. 그렇지만 어떤 편의를 포기하든 그만한 가치는 있을 것이다. 분명한 시간 계획과 마지노선, 약속을 정하는 것만 잊지 마라.

키스와 앤드리아는 각자의 열정이 있었다. 앤드리아는 자연요법 전문가가 되고 싶었고 키스는 철인 3종 경기 선수가 되고 싶었다. 두 사람은 서로의 꿈을 응원했다. 그렇지만 둘이서 동시에 열정을 좇으려고 하자 커리어에서 성공하는 데 필요한 만큼의 시간이나 집중력을 온전히 투자할 수가 없었다. 육아도 해야 했던 두 사람은 잠을 충분히 잘 수 없었고, 가정을 유지하는 데 필요한 돈을 벌기도 힘들었다. 그래서 타협안을 생각해 냈다. 서로 번갈아서 목적을 추구하기로 한 것이다. 먼저 앤드리아가 3년간 집중적으로 학교를 다니며 필요한 교육과정을 모두 이수했다. 이 기간 동안 키스는 오하이오주 교외에 있는 학교에서 교사로 근무했다. 대단한 월급은 아니었지만 그걸로 매달 내야 하는 막대한 건강보험료가 해결됐다. 키스 혼자서 비용을 감당하지 않아도 되도록 앤드리아 역시 시간을 줄이기는 했지만 일을 계속했다. 학교 수업은 대부분 저녁 시간과 주말을 통해서 받았다. 방과 후나 주말에는 키스가 집에서 아이들을 볼 수 있었다.

이후 사업체를 차린 앤드리아는 꾸준히 고객들을 확보했다. 다음은 키스의 차례였다. 키스는 일을 계속했지만 아이들을 돌보는 일은 앤드리아가 넘겨받았다. 그래서 키스는 업무 외의 시간에 주로 훈련에만 매진할 수 있었다. 그렇게 해서 두 사람 모두 커리어의 기반을 마련한 다음에는 더 짧은 간격으로 번갈아 가며 각자의 목적을 추구했다. 예를 들어 앤드리아가 이어진 교육과정을 끝내야 했던 해에는 키스가 겨울 훈련 시간을 줄였다. 시합 시즌이 다시 다가왔을 때 키스는 남는 시간과 경제적 자원을 훈련과 원정 시합에 전부 사용할 수 있었다.

4. 두 목적 모두에 집중한다

두 사람 모두 어느 정도 경험이 있고 안정된 상태라면 두 사람이 동시에 목적을 본격적으로 추구할 수도 있다. 수입도 중요한 고려 대상이다. 훌륭한 관계에는 안정성이 필수다. 맞벌이 부부를 연구하는 제니퍼 페트리글리에리Jennifer Petriglieri[20]는 이렇게 말했다. "대부분의 언론에서 맞벌이 부부의 상황을 마치 제로섬 게임zero-sum game인 것처럼 묘사한다. 한 명이 득을 보면 다른 한 명이 손해를 보는 것처럼 말이다. 그렇게 '눈에는 눈'식의 사고방식을 가진 커플도 있지만 성공적인 커플은 서로를 경쟁 상대로 생각하는 게 아니라 '우리'라는 개념을 가장 중시한다." 페트리글리에리에 따르면 서로에게 투자하는 커플은 상대방의 성패를 자신의 일처럼 생각한다. 그러면 자연히 상대방이 성공하는 모습을 보고 싶게 되기 때문에 내가 양보해야 하는 경우가 생겨도 원한을 품지 않는다.

두 사람 모두의 목적에 집중하는 것은 어찌 보면 더 쉬운 길이다. 두 사람 다 자신의 목적을 우선시하기 때문에 각자 성취감을 느낄 수 있고 최고의 모습을 발휘하기가 쉬워진다. 불만도 없고 에너지도 넘친다. 그러나 이 시나리오 역시 희생이 필요하다. 함께 보낼 수 있는 시간이 적기 때문에 그 시간을 의미 있게 만들어야 한다. 계속해서 소통을 이어가는 것도 중요하다. 내가 얼마나 바쁜지를 알려주라는 게 아니다. 내가 하는 일이 나에게 얼마나 중요한지 알려주어야 한다. 이처럼 서로가 목적에 충실한 모습을 보면 서로를 더 존중할 수 있을 것이다.

> **성숙한 사랑을 위한 팁:**
> **사랑하는 이에게 시간을 선물하기**
>
> 두 사람이 서로에게 시간이라는 선물을 준다면 두 개의 바쁜 삶에서 오는 스트레스를 완화할 수 있다. 상대방과 시간을 바꿔서 쓸 수 있는 방법을 몇 가지 소개하면 다음과 같다.
>
> - 원래는 상대방의 책임이었던 일을 한동안 혹은 계속 넘겨받기
> - 나를 포함한 다른 사람들에게 방해받지 않는 외부 활동을 만들어주기
> - 일주일치 저녁 계획을 취소하고 더 많은 시간이 필요한 사람의 목적을 함께 추구하기
> - 휴일 하루를 골라 시간이 필요한 사람에게 전적으로 맞춰주기

*

　상대방의 성장을 지켜보고 그 여정의 일부가 된다는 건 당신 자신의 성장만큼이나 보람차고 신나는 일이다. 늘 꽃길은 아니겠지만 분명 아름다운 여정이 될 것이다. **서로의 성장에 참여하라. 그러면 따로따로 성장하는 일이 생기지 않는다.** 성공은 함께 축하할 수 있고 실망스러운 일도 함께 감당할 수 있다. 물론 두 사람이 각자 자신의 필요를 우선시한다면 충돌은 불가피하다. 다음 장에서는 서로 의견이 다르다는 게 왜 가치 있는 일인지 알아보고, 의식적으로 충돌하는 방법을 살펴보자.

너에게 쓰는 러브레터

✳ 오랫동안 지속되는 관계를 만들고 싶다면 깊이 파고들어야 한다. 시간을 내서 배우자에게 속 깊은 이야기를 솔직하게 털어놓아라. 겁이 나서 표현하지 못하는 것들을 표현하라. 자책하지 말고 당신이 저지른 실수를 이야기하라. 죄책감이나 수치심 없이 책임을 받아들여라. 내 약점을 드러낸다고 생각하지 말고 기꺼이 사랑을 표현하라.

당신에게

한때는 사랑이 단순하다고 생각했어. 언젠가 내 마음을 사로잡는 사람을 만나면 그걸로 끝일 거라 여겼지. 그다음은 그냥 '오래오래 행복하게 살았습니다' 일 거라고. 하지만 당신을 알게 되고 내 인생과 마음을 공유하게 되면서 사랑은 종착역이 아니라는 걸 알게 됐어. 사랑은 여정이라는 걸. 그것도 그냥 우리 둘만의 여정, 우리 둘만의 러브 스토리가 아니라 사랑 그 자체가 주인공인 이야기라는 걸 말이야.

우리 둘의 관계는 단순한 연애담에 그치지 않고 계속해서 바뀌고 있어. 당신과 함께하면서 나는 정말 많이 성장했어. 당신도 나처럼 많이 성장하는 모습을 볼 수 있어서 좋아. 당신과 함께하면서 가장 좋은 점 중 하나가 바로 그거야. 당신이 평생 동안 꽃피우는 모습을 볼 수 있다는 것. 예전에 내가 알던 그

242

단순한 정의의 사랑대로라면 사람들은 한 번 사랑에 빠지고 그 상태로 계속 머물러야겠지. 하지만 우리가 계속해서 새로운 길을 모색하고 진화하는 동안 나 또한 계속해서 당신과 사랑에 빠지고 또 빠지고 있어. 매번 조금씩 다른 방식 으로, 그러나 매번 조금씩 더 깊게.

내가 늘 완벽한 연인은 아니라는 걸 알아. 당신 말에 귀를 기울이는 것도, 당 신한테 집중하는 것도 지금보다는 훨씬 잘해야 맞지. 가끔은 나 혼자 생각에 빠져 있을 때가 있어. 나만의 세계에서 정신을 못 차릴 때도 있고. 어떤 때 는 약한 모습을 보여주기가 두렵기도 해. 마음을 열고 당신한테 다 털어놓으면 더 온전히 사랑받을 수 있을 텐데 나는 그냥 싸움을 걸고 마음을 굳게 닫아버리지. 그럼에도 불구하고 나의 불완전한 모습까지 있는 그대로 사랑해 줘서 고마워. 그 리고 당신의 불완전함까지 있는 그대로 사랑하는 법을 알아가게 해줘서 고마 워. 당신은 나의 가장 훌륭한 스승이야. 당신한테 정말 고마워.

나는 또 실수를 저지르겠지. 오해하는 일들도 계속 있을 거야. 그렇지만 계속 당신을 사랑할게. 당신과 한 팀이 될게. 앞으로 무슨 일이 있더라도 항상 같은 편이 될게. 고난이든 승리든, 삶이 우리에게 무얼 안기더라도 당신과 함께할게.

당신을 사랑하는 내가

공존을 위한 명상

✳ 우리는 사랑하는 사람을 지나치면서도 잠깐 멈춰서 온전히 그 사람에게 주의를 집중할 생각을 하지 않는다. 매일 보는 사람들, 정기적으로 우리 삶에 출현하는 사람들에 대한 사랑을 당연시하기도 한다. 다음의 명상은 우리 자신의 감정에 또렷이 집중할 수 있게 해줄 것이다. 우리가 상대방의 어떤 점을 사랑하는지 일깨워 줄 것이다. 혼자서 시도해 봐도 좋고 사랑하는 사람과 함께 해본 후 떠오르는 생각을 공유해도 좋다.

명상 준비

1. 편안한 자세를 취한다. 의자에 앉아도 좋고 바닥이나 방석 위에 똑바로 앉아도 된다. 누워도 상관없다.
2. 눈을 감는 게 좋다면 눈을 감는다. 그렇지 않다면 초점만 가볍게 풀어주어도 된다.
3. 눈을 감고 있든 뜨고 있든 시선을 부드럽게 아래로 내린다.
4. 숨을 크게 들이쉰다. 그리고 내쉰다.
5. 처음에는 마음이 잡히지 않아도 괜찮다. 마음을 차분하고 균형 잡히고 고요한 곳으로 부드럽게 다시 데려온다.

사랑에 집중하는 명상

1. 잠시 시간을 가지고 당신에게 중요한 누군가를 생각해 본다.

2. 그 사람을 떠올려 본다. 그리고 그의 얼굴과 형체를 눈앞에 그려본다.

3. 그 사람이 미소를 짓는 모습을 본다. 웃음을 터뜨리는 모습을 본다.

4. 잠깐 동안 그 사람의 신체 중에서 내가 가장 좋아하는 부분이 어디인지 생각해 본다.

5. 이제 더 깊이 들어가 본다. 그 사람의 생각과 지성, 성격 중에서 내가 가장 좋아하는 부분이 무엇인지 생각해 본다. 그게 얼마나 소중한지 생각해 본다.

6. 그 사람이 그 사람일 수 있게 만드는 이 모든 것들에 대해 마음속으로 혹은 소리를 내서 감사를 표현한다.

7. 그 사람의 어떤 면을 내가 정말로 좋아하는지 열 가지를 생각해 본다.

3부
___

치유

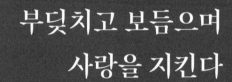

부딪치고 보듬으며
사랑을 지킨다

바나프라스타는 타인을 사랑했던 경험을 곱씹어 보며

남을 온전히 사랑할 수 없도록 나를 가로막는 게 무엇인지

발견하는 곳이다. 용서와 치유를 위해 노력하는 곳이다.

바나프라스타에서는 사랑을 지키기 위해 갈등을 해결하는 법과

사랑을 놓아주어야 하는 때를 알아보는 법을 배운다.

어쩌면 사랑의 어려움을 극복하는 과정이나

다시 혼자가 되는 과정을 거치며 사랑이 더 깊어질 수도 있다.

충돌을 두려워하지 마라

갈등은 인식의 시작이다.[1]

– M. 에스더 하딩(M. Esther Harding)

식당에서 친구와 저녁을 먹고 있을 때였다. 옆 테이블에 앉아 있던 여성의 목소리가 높아졌다. "내려놔." 여자가 말했다. 함께 온 남자는 휴대전화로 빠르게 타자를 치고 있었다. "내려놓으라고!" 여자가 외쳤다. 남자는 한동안 더 여자를 무시하다가 마침내 휴대 전화를 식탁에 내려놨다. 그리고 볼멘소리를 했다. "그만 좀 할 수 없어? 끝도 없는 잔소리 때문에 미쳐버릴 것 같아."

두 사람의 목소리는 다시 정상 볼륨으로 돌아왔다. 친구가 나를 돌아보았다. 친구도 새로운 사람을 만난 지 몇 달 안 되었다. 그전부터 친구는 '진짜' 연애를 하고 싶다고 했었다. 시간을 갖고 자신을 이해해 줄 성실한 사람을 만나고 싶다고 했다. 옆 테이블을 목격한 친구는 의기양양하게 말했다. "엘리랑 나는 정말 잘 맞아. 말그대로 한 번도 싸운 적이 없어."

사람들은 충돌이 나쁘다고 생각한다. 내 눈에도 남의 눈에도 내가 못난 사람처럼 보이기 때문이다. 우리는 내 경우만큼은 서로를 깊이 이해하고 '절대로' 싸우지 않는 커플이 될 수 있다고 생각하고 싶어 한다. '우리는 달라', '우리는 특별해' 하면서 말이다. 그러나 아무리 죽이 잘 맞는 커플이라고 해도 갈등 없이 행복하기만 하다면 그건 사랑이 아니다. '회피'다. 처음 몇 개월은 의견 충돌을 덮고 넘어가는 일도 어렵지 않다. 새로운 끌림 때문에 토대부터 금이 간다는 게 잘 보이지 않기 때문이다. 하지만 충돌이 없다는 건 두 사람 다 관계에서 겉돌고 있다는 의미다. 겉보기에는 아름답겠지만 서로를 깊이 있게 알 수는 없다.

싸움을 회피하는 사람들은 겉으로는 고요해 보일지 몰라도 속은 뒤집어지고 있는 경우가 많다. 이들은 본인이나 상대방이 화가 날까 봐 여러 어려운 감정을 표출하고 대화하기를 두려워한다. 분란을 일으키지 않으려고 감정을 숨기는 데 익숙하다. 하지만 평화를 유지하는 대가로 솔직함이나 서로에 대한 이해를 포기해야 하는 경우가 많다. 물론 반대의 경우도 단점이 있긴 마찬가지다. 솔직함과 이해를 바탕으로 충돌하며 쌓아올린 사랑은 평화로움을 포기해야 할 때가 있다. 하지만 무엇과도 바꿀 수 없는 깊은 충족감을 준다. 충돌함으로써 서로의 우선순위와 가치관, 남모를 괴로움을 이해할 수 있기 때문이다. **모든 커플은 싸운다. 그래야 맞다.**

상대방과 다투는 이유가 무엇이든 비슷한 문제를 가진 사람이 세상에 당신 혼자는 아닐 것이다. 연인 전문 상담사들의 이야기를 들어보면 연인들이 가장 많이 충돌하는 영역 세 가지는 바로 돈, 섹스, 자녀 교육이라고 한다. 이 큰 주제들을 둘러싸고 매일 다툴 거리가 생긴다. 저녁 식사로 뭘 먹을지, 설거지는 어떻게 할지는 물론이고 상대방의 친구가 했던 말이나 행동, '아까 그 바리스타와 시시덕거렸네 아니네' 같은 자잘한 질투와 의심까지 모든 게 다툼을 유발한다. 어떻게 해야 이 지난한 다툼을 멈출 수 있을까?

잠깐 옥신각신한 문제든 오래된 문제든 나의 접근법은 동일하다. 사실 매일같이 다투는 데는 뿌리가 되는 더 큰 원인이 있다고 믿기에 늘 문제의 핵심을 파악하려고 한다.

충돌하는 관계만이 지속된다

『바가바드 기타』는 갈등 해결에 대한 최고의 안내서다. 전장에서 일어나는 일을 다루기 때문이다. 양측(선과 악)의 군대 앞에 전쟁이 임박한다. 선을 대표하는 군대의 리더 아르주나와 아르주나를 인도하는 신 크리슈나가 전장에서 대화를 나눈다. 아르주나의 질문에 답하던 크리슈나는 사람을 만난다는 건 조금 작은 크기의 전쟁터를 마주하는 것과 다름없다고 말한다.

처음에 아르주나는 전투를 꺼린다. 좋은 사람으로 남고 싶기 때문이다. 사람들은 대개 자신이 잘못한 게 없으면 당연히 다툼도 일어나지 않아야 한다고 생각한다. 그런 야무진 꿈을 꾸는 것도 충분히 이해할 만한 일이다. 전면전을 피하는 건 언제나 옳다. 그러나 아르주나는 이미 수많은 협상과 설득을 시도했고 생각에 생각을 거듭했다. 남은 방법은 전쟁뿐이었다. 많은 피해와 사상자가 나올 테고 돌이킬 수 없는 고통이 초래할 것이다. 그렇기 때문에 우리는 '잘' 다투는 법을 배워야 한다.

믿기지 않겠지만 자주 다투면 오히려 큰 다툼을 피할 수 있다. 의견이 서로 다를 때마다 피하지 않고 마주하면 문제를 해결할 가능성이 점점 더 커진다. 피하기만 하다가는 결국 마음에 없는 말을 내뱉게 되어 감정이 상할 것이다. 게다가 그럼에도 불구하고 문제를 해결하지 못할 것이다.

상대방이 양말을 벗어서 아무렇게나 던져놓는 일이 처음이면 약간 짜증은 나더라도 당신이 대신 집어서 빨래 바구니에 넣을 수 있다. 두 번째로 그런 일이 생기면 양말은 빨래 바구니에 넣으라고 말하게 되고 이제는 '문제'가 된다. 세 번째로 같은 일이 반복되면 어떻게 해야 그 습관을 고치겠냐고 물을 수도 있다. 네 번째에는 이렇게 말할지도 모른다. "그래, 이제 당신 양말 문제를 좀 이야기할 때가 됐어." 벗어놓은 양말처럼 작은 문제가 화약고가 되어버리는 수가 있다. 양말이 바닥에 굴러다니는 시간이 길어질수록 불협

화음의 빈도도 커지기 때문이다.

지혜와 선을 대표하는 크리슈나는 아르주나에게 전투에 나서라고 조언하면서 훌륭한 사람도 때로는 싸워야 한다고 알려준다. 적군, 다시 말해 아르주나의 사촌들은 점점 더 공격적으로 나오고 있었다. 그들은 아르주나와 그 형제들의 음식에 독을 탔다. 한 번은 밀랍으로 아름다운 성을 만들어서 아르주나와 형제들을 유혹하고 성 안에 들어가자 불을 놓았다. 아르주나와 형제들을 죽이려고 벼르고 있었던 것이다. 마지막으로 선을 넘은 것은 사촌들이 사람들 앞에서 아르주나의 아내의 옷을 벗긴 일이었다.

아르주나는 그들에게 나라를 맡겼다가는 온 세상에 해악이 미칠 것임을 깨달았다. 조치를 취할 수밖에 없었다. 아내만을 위해서 싸우는 게 아니었다. 자존심을 지키거나 힘을 과시하려고 싸우는 것도 아니었다. 미래 세대를 위해 싸워야 했다. 우리도 아르주나처럼 기꺼이 전투를 치러야 한다. 자존심을 세우기 위해서가 아니라 아름다운 미래를 함께 만들고 지켜나가기 위해서다.

『바가바드 기타』에서 말하는 '적군'은 사실 사람이 아니라 '생각'이다. 무지, 자존심, 탐욕, 거만함이다. 두 사람이 다툴 때도 마찬가지다. 우리는 상대방을 이기려고 다투는 게 아니다. 무찔러야 할 적군은 상대방이 아니라 '잘못된 생각이나 이슈, 그로 인해 생기는 부정적 태도'다.

두 사람이 한 팀이 되어 전투에 임하면 어떨까? 의견 충돌이라는 요괴는 바다의 파도처럼 쌓이는 경향이 있다. 해변에 가까워질

수록 점점 더 커지고 위압적으로 변한다. 그러나 고개를 돌려 못본 척하지 말고 닥쳐오는 파도를 함께 정면으로 바라보면 어떨까? 핵심은 파도가 상대방이 아님을 이해하는 것이다. 파도는 두 사람의 의견이 충돌하는 바로 그 '문제'다. 함께 문제에 접근한다면, 그리고 서로를 격려하며 같은 방향으로 발차기를 해나간다면 나란히 파도를 헤치고 나아갈 수 있다. 공동의 승리를 맛볼 수 있다.

이 새로운 시각이 나의 인생을 바꿔놓았다. 당신의 인생도 바뀔수 있다. 두 사람이 한 팀이 되어 문제에 맞서면 그 문제를 박살 낼수 있다. 이기고 싶은 욕망은 자존심에서 나온다. 그 자존심을 제어해야 한다. 내가 왜 아내를 박살 내고 싶겠는가? 남은 인생을 함께하기로 결정한 사람을 패배자로 만들 이유가 무엇인가? 아내는 나의 적이 아니다. 나는 아내를 사랑한다. 나는 아내의 패배를 바라지 않는다. 그렇다고 내가 패배하고 싶지도 않다. **둘 중에 한 명이 패배한다면, 두 사람 다 진 것이다. 문제가 박살 났다면, 두 사람 다 이긴 것이다.**

> **성숙한 사랑을 위한 팁:**
> **언쟁을 멈추고 공동의 목표에 집중하는 방법**
>
> 문제를 사이에 두고 대치하지 마라. 함께 해결해야 할 문제가 앞에 놓인 것처럼 대화하라. 적으로 만나면 다툴 가능성이 커진다. 그러니 공동의 문제를 해결하는 팀으로 만나야 한다. 언쟁을 멈추고 공동의

목표로 관심을 돌릴 수 있는 대화 방식을 몇 가지 소개하면 다음과
같다.

◆ 언쟁과 협력을 가르는 말 습관

언쟁에 집중하기	공동의 목표에 집중하기
"당신은 쓰고 나면 치우지를 않아."	"매일 해야 하는 집안일들을 미리 정해두는 게 좋겠어."
"당신은 맨날 늦지."	"우리가 저녁이랑 주말 시간을 어떻게 보내면 좋을지 앉아서 얘기를 좀 해보자."
"당신 관심사에 쓰는 돈은 아랑곳하지 않으면서 내가 쓰면 왜 불평을 하는 거야?"	"한 달에 쓸 수 있는 금액을 합리적인 선에서 미리 정해놓자."
"당신은 애들한테 관심이 너무 없어."	"애들한테 뭐가 필요한지, 어떻게 해야 우리가 그걸 채워줄지 한번 생각해 보자."

'사랑하기 위해' 다툴 것

싸움도 잘만 하면 관계에 도움이 된다. 근사한 데이트나 멋진
휴가가 관계를 오래 유지시켜 주는 것은 아니다. 좋은 친구들이 있
다고 지속되는 것도 아니다(물론 안정적인 관계 유지에는 함께 어울리는
사람들도 중요하다). 관계가 오래가는 데 가장 큰 영향을 끼치는 요인

은 '싸우는 방법을 아느냐 모르느냐' 하는 점이다.

성격 및 사회심리학회Society for Personality and Social Psychology가 발표한 논문에 따르면 두 사람이 건강한 방식으로 서로에게 화를 표출할 수 있으면 특별한 자질과 능력을 키울 수 있다고 한다.[2] 여기에서 '자질'은 연민이나 공감 능력, 인내심 등을 가리키는데, 어려움이 닥쳤을 때 해당 문제를 파악하고 이해하는 데 도움을 준다. '능력'은 소통 능력이나 경청하고 이해하는 능력 등을 가리킨다. 이후에 동일한 문제를 마주하게 되거나 더 큰 문제를 해결해야 할 때 도움을 준다.

단 화를 표출하는 것은 의미 있는 일이지만 충돌과 학대(가학 행위)와는 전혀 다르다는 사실을 알아야 한다. 학대는 스트레스를 유발한다. 이 스트레스는 긍정적인 종류가 아니기 때문에 우리를 더 강하게 만들어주지 않는다. 신체적인 학대나 위협, 강압이나 통제, 교묘한 조종 등은 사랑이 아니다. 상대방을 깎아내려서 얻을 수 있는 것은 아무것도 없다. 결코 생산적이거나 긍정적인 행동이 아니다. 상대방이 당신을 때리거나 신체적 가학 행위를 하는 건 절대로 있어서는 안 되는 일이다. 충돌과 학대를 정확히 구분하기 어려운 영역도 있을 수 있다. 다음의 표가 도움이 되기를 바라지만 지금 학대를 당하고 있거나 학대인지 아닌지 명확하지 않다고 느낀다면 전문가의 도움을 받기를 바란다.

◆ 충돌과 학대의 차이

주제	당신과 충돌할 때 상대의 행동	당신을 학대하는 상대의 행동
돈	당신의 지출 습관을 놓고 다툰다.	돈을 이렇게 저렇게 쓰라고 지시한다.
가족	당신의 가족을 비난하거나 그들에 대한 불평을 늘어놓는다.	당신의 가족을 조롱하거나 당신과 멀어지게 만든다.
자녀	자녀들을 대하는 방식을 두고 다툰다.	당신이나 자녀를 위협하거나 위협의 수단으로 사용한다.
여가 시간	함께 보내는 여가 시간이 적다고 불평한다.	당신의 시간을 본인 뜻대로 사용하며 다른 사람과 보내는 시간을 통제한다.
집안일	당신이 충분히 도와주지 않는다고 생각한다.	당신이 뭘 해야 하는지 지시한다.
질투	당신이 다른 곳에 관심을 둔다고 속상해한다.	이유 없이 당신이 거짓말을 한다고 주장한다.
사소한 일	그동안 쌓여온 일들 때문에 좌절하곤 한다.	별것도 아닌 일에 언제든지 화를 폭발시킨다.
존중	말로 자신의 존재감을 높이려고 한다.	말로 당신의 존재감을 깎아내리려고 한다.
성생활	성생활의 방식이나 횟수에 관해 불평한다.	당신이 원하지 않을 때도 동조하라고 압박하거나 강요한다.

모든 다툼에는 근본적인 원인이 있다

크든 작든 다툼에 접근하는 방식이 곧 문제의 해결 방향을 결정한다. 『바가바드 기타』에서 아르주나는 겸허한 마음으로 전투에 임한다. 옳은 일을 하고 미래 세대에게 더 나은 삶을 만들어주고자 한다. 반면에 그의 적인 두료다나는 탐욕과 거만함, 권력욕으로 전쟁을 일으킨다. 두료다나는 크리슈나의 지혜와 통찰을 거절한다. 전투는 두 전사의 의도대로 흘러간다. 아르주나는 승리를 거두고 이기적 충동뿐이었던 두료다나는 모든 것을 잃는다.

다툼에는 세 가지 유형이 있다. 『바가바드 기타』는 세 가지 유형의 '에너지'가 다툼의 유형을 결정한다고 설명한다.³ 세 가지 에너지에 대해서는 『수도자처럼 생각하기』에서 이미 소개한 바 있다 (제2법칙에서도 잠깐 언급했다). 무지를 뜻하는 '타마스tamas', 격정을 뜻하는 '라자스rajas', 선의를 뜻하는 '사트바sattva'다. 나는 이 세 가지 에너지를 순간순간의 마음 상태를 점검하는 도구로 사용한다. 이 셋을 알면 충돌의 순간에 스스로가 어떤 에너지로 문제에 뛰어드는지를 이해할 수 있다.

무지에서 비롯되는 무의미한 다툼

무의미한 다툼은 무지의 에너지에서 발생한다. 아무 생각 없이 폭발하는 경우다. 이때는 스스로 무슨 이야기를 하고 있는지도 잘 모른다. 서로를 이해하거나 해결책을 모색할 마음도 없다. 그저 때와 장소가 잘못 맞아떨어져서 일어난 다툼이기 때문이다. 이 다툼은 아무것도 해결하지 못한다. 서로 퍼붓기만 할 뿐이다. 운이 좋으면 바보 같은 짓임을 인식하고 얼른 다툼을 끝내겠지만 운이 나쁘면 마음속에 있던 다른 원망들까지 스멀스멀 기어올라 분노가 폭발할 것이다.

격정적으로 전개되는 힘의 다툼

힘의 다툼은 격정의 에너지 속에서 일어난다. 이때는 그냥 이기고 싶어서 이기려 한다. 당면한 문제를 해결하기보다는 이기는 것 자체에 초점을 맞춘다. 각자 자신의 이야기만 늘어놓으며 상대방의 실수를 포착해 옭아매려고 한다. 상대방의 말을 듣는 척하기도 하지만 그때조차 실제로 바라는 것은 '내가 옳다는 말'과 '그의 사과'다. 『바가바드 기타』에서 두료다나가 전쟁을 치를 때 사용하는 에너지다. 자존심이 이 다툼의 원동력이기에 '내가 옳아. 내 방식이 유일한 방식이야'라는 입장을 고수한다. 관심사가 온통 힘에만 쏠려 있어서 다툼 중에 무언가를 바꾸자고 제안을 하더라도 상대방을 설득하기 위한 제안일 뿐, 문제를 해결하기 위한 게 아니다.

선의에서 피어나는 생산적 다툼

생산적 다툼은 선의의 에너지가 발생시킨다. 충돌을 장애물로 인식하고 상대방과 함께 극복하기를 원한다. 그의 입장을 듣고 이해하고 싶어 한다. 왜 다툼을 벌이는지 알고 있으며 이 문제를 해결하면 둘 사이가 건강하게 발전할 거라고 생각한다.『바가바드 기타』에서 아르주나가 가지고 있는 에너지가 바로 이것이다. 생산적 다툼에서 가장 중요한 것은 이성과 의도, 관점 그리고 사랑인데 이들은 기술적 수단이 아니라 영적인 도구다. 이 도구를 사용할 때는 머리와 가슴이 일치해야 한다. 행동만 하고 마음에서 우러나지 않는다면 발전은 없을 것이다. 생산적 다툼에서는 두 사람 모두 앞으로 행동을 바꾸기로 합의하고, 결론에 만족한다.

자존심이 다툼을 지배하지 못하도록

누구나 무의미한 다툼이나 힘의 다툼보다는 생산적 다툼을 하고 싶을 것이다. 그러려면 연습이 필요하다(무의미한 다툼이나 힘의 다툼이 흔한 이유는 생산적 다툼보다 더 쉬운 탓도 있다). 화가 나면 숨을 크게 들이마시고 10까지 세라는 이야기를 자주 들어보았을 것이다. 그런데 그렇게 숨을 들이쉰 다음에 뭘 해야 하는지는 정확히 알려준 사람이 있는가?

『바가바드 기타』에서 아르주나는 전투 도중에도 잠시 멈춰 크리슈나에게 지혜를 구한다. 생각해 보라. 아르주나는 전장의 한가운데에서도 하던 일을 멈추고 신과 이야기를 나눈다. 그가 그 긴박한 전투(가장 어려운 형태의 충돌) 중에도 주의를 환기할 수 있다면 우리 역시 둘 사이 관계에서 일상적으로 직면하는 작은 충돌이나 전면전의 한가운데서 잠시 멈춰 상황을 자각할 수 있다.

사랑하는 이와 함께 승리하려면 그와 한 팀이 되고 싶은 욕구와 사랑을 바탕으로 행동해야 한다. 하지만 격한 감정으로 행동할 때는 자존심이 다툼을 지배한다. 힘의 다툼에 돌입할 때 우리는 이미 자존심 때문에 다음과 같이 생각하고 있다. '이기고 싶어. 내가 옳아. 내 방식이 유일한 방식이야.' 그러나 한 팀이 되어 문제와 맞서 싸우려면 반드시 자존심을 제거해야 한다.

내가 옳다고 생각해 봤자 아무것도 해결되지 않는다. 그런데도 우리는 상대방이 명명백백하게 '패배'하기를 바란다. 그가 우리를 승자로 선언하고 요구에 따르기를 바란다. 나는 옳고 너는 틀렸다는 확신으로 다투기 시작하면 굽힐 뜻이 없다는 마음이 목소리나 단어 선택을 통해 상대방에게 뚜렷이 전해진다. 상대방이 들려줄 이야기에도 일말의 진실이 포함되어 있음을 반드시 인정해야 한다. 그리고 그의 입장을 들을 수 있도록 마음을 열어야 한다. 당신이 옳다고 혼자 확신한다고 해서 그의 마음이 바뀌는 것은 아니다. 그런 태도는 오히려 그의 감정이나 생각은 아랑곳하지 않는다는 뜻으로 보인다. 즉 상대방이 생각을 바꾸는 것 말고는 아무것도 수용하지 않겠다는 고집스러운 인상을 남기는 것이다.

물론 누구나 다투는 과정에서 자신이 옳다고 상대방을 설득하고 싶어 한다. 자연스러운 반응이다. 인정을 받고 싶기 때문이다. 남 탓을 하고 싶고 내 믿음과 생각이 역시나 옳았다는 데에서 오는 안정감을 느끼고 싶기 때문이다. 무언가를 바꿀 필요도, 책임을 질

필요도 없다고 확신하고 싶기 때문이다. 힘이 모든 걸 결정하는 경쟁 상황이라면 승자와 패자가 있는 게 맞다. 승자는 '더 옳고 더 훌륭한' 사람으로 대접을 받는다. 정치라면 승리한 후보의 정책이 사회를 지배한다. 전쟁이라면 승자가 평화 협상의 조건을 정한다. 그러나 연인이나 부부 사이에서는 이겨봤자 아무것도 해결되지 않는다. 잠깐 동안 자존심은 채워질지 모른다. 그러나 문제는 다시 대두될 테고, 그 상황에서 한 사람이 옳다는 건 두 사람 관계에 아무런 도움도 되지 않는다. 자존심은 이겨도 지게 만든다.

목표는 '상호 이해'다. 우리는 교감을 원한다. 충돌을 해결하기를 바랄 뿐만 아니라 그 해결책을 가지고 함께 성장하기를 바란다. 다시 한번 말하지만 두 사람 사이에 갈등이 있다면 내가 이기고 상대방이 졌더라도 결국은 둘 다 진 것이다. 그가 이기고 내가 졌더라도 둘 다 진 것이다. 성공적인 다툼의 방법은 오직 우리 둘 다 이기는 방법밖에 없다. 이 점을 잘 알고 마음 깊이 새겨서 내면화해야 한다.

나도 옳고 당신도 옳다.
당신도 틀렸고 나도 틀렸다.
두 상황 모두 당신과 나의 승리다.

상대방과 함께 장애물을 정면으로 극복하고자 자존심을 잠시 옆으로 미뤄둔다면 자존심을 '정화'할 수 있을 것이다. 자존심을 정화한다는 것은 관심의 초점이 되고 싶은 욕망을 놓아주는 것이다. 그러고 나면 더 많은 이해와 공감, 연민과 신뢰 그리고 사랑을 발산하기 시작할 테고 상대방도 그렇게 할 수 있을 것이다.

성숙한 사랑을 위한 팁:
충돌 속에서 자존심과 격정 찾아내기

당신이 겪고 있는 그 충돌이 무의미한 것인지(무지), 힘과 관련된 것인지(격정), 생산적인 것인지(선의) 판단해 보라. 방법은 다음과 같다. 첫째, 그 문제가 중요한 이유를 써본다. 화가 나는 진짜 이유는 무엇인가? 둘째, 싸우고 있는 이유를 확인한다.

- 내 방식이 최고라고 생각해서 싸우는가? (자존심)
- 무언가 '제대로' 해야 한다고 생각해서 싸우는가? (자존심)
- 상대방이 바뀌기를 바라기에 싸우는가? (격정)
- 이 상황이 나의 정곡을 찔렀기 때문에 싸우는가? (격정)
- 남다른 사람이라고 느끼고 싶어서 싸우는가? (격정)
- 상황을 개선하고 싶어서 싸우는가? (선의)
- 서로 더 가까워지길 바라서 싸우는가? (선의)

충돌에서 자존심과 격정을 제거하는 첫 단계는 바로 인식이다. 내가 옳은 것, 최고인 것, 기분 나쁜 것, 현실이 달라지기를 바라는 것으로는 아무것도 해결하지 못한다는 사실을 깨닫는 것이다. 함께 문제를 해결하려면 상황을 개선하려는 의도에 초점을 맞추어야 한다. 상대방을 더 많이 사랑해야 한다. 말처럼 쉽지만은 않다. 중립적인 태도를 취할 수 있어야 하기 때문이다.

한 사람은 반드시 중립을 지켜라

자존심을 버리는 이유는 바로 중립성을 얻기 위해서다. 자존심을 통제하고 나면 충돌을 좀 더 중립적으로 바라볼 수 있다. 중립성이란 상대방과 문제를 분리할 수 있는 능력이다. 충돌 당시에는 두 사람 모두 어려움을 겪게 되겠지만 중립성을 획득하고 나면 두 사람이 한 팀으로 목표를 세울 수 있다. "우리 의도는 서로 잘 지내고 함께 더 행복해지는 거잖아. 당신도 그렇게 생각하지?"라고 말할 수 있게 되는 것이다. 그러려면 우선 충돌을 유발한 그 문제에 있어서 두 사람 모두 어느 정도의 잘못을 했다는 사실을 인정해야 한다.

『바가바드 기타』의 첫 부분에서 전장에 선 아르주나는 자신이 느끼는 감정을 솔직하게 크리슈나에게 이야기한다. "오, 신이시여. 부디 제 마차를 두 군대 사이로 끌고 가소서. 그래서 지금 여기에 누가 와 있는지 볼 수 있게 하소서. 이 큰 무력의 시험대에서 싸우고 싶어 하는 자들, 제가 싸우지 않으면 안 되는 자들을 보여주소서. 이곳에 싸우러 온 자들을 볼 수 있게 해주소서."[4] 다음 연은 이렇게 이어진다. "사랑하는 크리슈나여. 지금 제 앞에 분기탱천하여 모여 있는 친구와 친척들을 보고 있노라니 사지가 덜덜 떨리고 입안이 바싹 마릅니다. 머리카락이 곤두섭니다. 손에서 활이 미끄러지고 살갗은 타는 듯합니다. 더 이상 여기에 이대로 서 있을 수가 없습니다. 내가 누구인지조차 모르겠습니다. 마음이 제멋대로 흘러갑니다. 눈앞에 펼쳐질 불운밖에 보이지 않습니다." 아르주나는 자신의 불안과 방황하는 마음을 크리슈나에게 표현한다.

크리슈나는 아르주나의 감정을 그대로 인정하면서 연민의 반응을 보인다. 두 눈에 눈물이 가득한 채로 크리슈나가 묻는다. "어찌하여 이런 불순한 생각들이 드신 겁니까? 삶의 가치를 잘 아시지 않습니까? 그런데 왜 약한 마음이 드시는 겁니까?" 크리슈나는 아르주나를 평가하지 않는다. 심지어 이 시점에서는 어떻게 하라고 알려주지도 않는다. 중립적인 위치에서 크리슈나는 우선 아르주나를 이해하고자 한다.

우리는 우리만의 전장에서 크리슈나와 같은 사치를 누리지는 못한다. 심리 치료사라면 이상적인 중재자로서 중립성을 갖추고 있겠지만 현실에서 대부분의 연인은 문제를 스스로 헤치고 나아가야 한다. 누구나 '상대'가 먼저 물러서 주기를 바란다. '상대'가 책임져 주기를 바란다. 그러나 둘 중 누구도 기꺼이 나서지 않는다면 결국은 두 사람 다 무한정 기다려야 할지도 모른다. 충돌을 해결하려면 최소한 둘 중 한 사람은 기꺼이 중립적 위치가 되어 공명정대한 대화를 이끌어나가야 한다.

진정성 있는 사과를 한다면 중립적 대화의 포문을 열 수 있다. 그러려면 당신이 먼저 상황을 곱씹어 보고 책임을 받아들여야 한다. 상황이 이미 과열되어 있다면 사과를 했는데 상대방이 "당연히 미안하겠지"라고 말할 수도 있다. 그러나 정말로 책임을 지겠다면 그럴 때조차 "그래, 미안한 게 맞아. 미안해"라고 말해야 한다. 상대방이 저렇게 반응한다고 해서 돌연 방어적 태도를 취하면 안 된다. 만약 처음부터 진정성 있는 사과를 하지 못하겠다면 나중을 위해서 아껴둬라. 중재자는 문제 해결을 서두르지 않는다. 오히려 지금 다투는 사람이 어떤 사람인지부터 알아보려고 한다. 그런 후에야 의견과 통찰을 내놓는다. 크리슈나는 물론이고 심리 치료사의 지혜나 시각조차 갖지 못한 우리로서는 한편으로는 내 마음과 싸우면서 다른 한편으로는 계속 중재를 시도해야 한다.

무의미한 다툼을 하고 있을 때는 속상하고 참기 힘들다. 그래서 상대방의 말을 제대로 듣지 않는다. 그의 감정을 고스란히 뒤집어쓰기 때문에 그가 화를 내면 따라서 화가 나고 우울해하면 똑같이 우울해진다. 이러면 다툼이 과열된다. 두 사람 다 두렵고 불안한 마음이 커진다. 힘의 다툼이 중재되지 못하는 이유는 두 사람 모두 자신의 방식이 유일한 방식이라고 생각하고 있으며 과정 자체보다 당장의 결과에만 관심이 있기 때문이다. 오직 생산적 다툼을 나눌 때에만 양쪽이 세부적인 내용이나 자신의 감정을 솔직하게 표현하고 중재자가 그 이야기를 들으며 중립을 유지할 수 있다.

만약 당신이 중재자 역할을 맡는다면 문제는 상대방이 아님을 계속해서 되새겨야 한다. 문제는 그에 대해 당신이 이해하지 못하는 부분, 그리고 당신에 대해 그가 이해하지 못하는 부분이다. 이 퍼즐을 푸는 게 두 사람 모두에게 도움이 된다. 둘의 이해관계를 동등하게 놓고 판단한다면 분명히 대화를 성공적으로 이끌 수 있을 것이다. 이때 기꺼이 중재자 역할을 자청하지 않는다면 둘 다

해결책을 찾지 못해 괴로울 테고 계속해서 같은 지점으로 되돌아올 것이다.

문제의 핵심을 뚫어지게 보라

생산적 다툼을 하겠다고 결심했다고 해서 그대로 이뤄지는 것은 아니다. 때로는 그냥 폭발할 수도 있다. 그럴 때 언쟁을 지속하거나 포기해 버리는 대신에 뭐가 잘못되었는지 진단할 수만 있다면 상대방을 더 잘 이해할 수 있을 것이고 똑같은 충돌을 다시 겪을 확률도 줄어들 것이다. 생산적 다툼을 하는 연습이 되어 있다면 즉각 이렇게 모드를 바꿀 수 있겠지만 그게 아니라면 두 사람 다 언쟁에서 한발 물러나 이 문제에서 내 역할은 무엇인지 점검하며 나중을 준비하는 편이 좋다.

내 내담자 딘이 여자 친구와 다투었다. 두 사람은 지인의 결혼식에 함께 참석했는데 여자 친구가 마실 것을 가지러 갔다고 한다. 딘이 지켜보고 있자니 음료 테이블에 있던 남자가 여자 친구에게 추파를 던지는 게 분명해 보였다. 여자 친구는 남자를 보며 미소를 지었고 딘 쪽을 가리키며 뭐라고 말을 하더니 곧 음료를 가지고 돌아왔다. 딘은 여자 친구가 다른 남자의 관심을 즐겼다는 사실에 화가 났다.

"그런 식으로 시시덕거리면서 나를 무시할 거면 차라리 그냥 헤어지자고 했어요. 그랬더니 여자 친구는 아무것도 아닌 일에 화를 낸다면서 그날 저녁을 망쳤다고 오히려 저한테 짜증을 내더라고요." 딘과 이야기를 더 나누어보니 누군가 여자 친구에게 관심을 주었을 때 위기감을 느낀 진짜 이유는 그가 둘의 관계에 자신이 없어서였다. 그게 문제의 핵심이었다. 결혼식에서 일어난 일이 중요한 게 아니었다. 그 사건은 그저 둘 사이 관계에 대해 몰랐던 사실을 하나 알려주었을 뿐이다. 이 점을 깨달은 딘은 이유 없이 여자 친구를 닦달해 두 사람 사이에 더 많은 문제를 야기하는 대신 본인의 불안을 해결하는 데 집중할 수 있게 되었다.

다툼의 자리에서 문제의 핵심이 무엇인지 진단하기란 쉽지 않다. 우리는 늘 서로 의견이 다르다거나 상대방이 잘못했다고 생각한다. 『베다』의 위대한 스승 중 한 명인 스와미 크리슈나난다Swami Krishnananda는 충돌에는 네 가지 유형이 있다고 설명한다.[5] 그가 말한 개념에 영감을 얻은 나는 비슷하지만 좀 더 간단하게 두 사람 사이에 놓인 문제의 층을 해부하는 세 가지 방법을 개발했다.

먼저 '사회적 충돌'이 있다. 어떤 외적 요인이 당신의 영역 내로 들어와 의견 불일치를 야기하는 경우다. 그리고 '대인 충돌'이 있다. 상대방에게 불만이 있는 경우다. 마지막으로 '내적 충돌'이 있다. 내적 충돌의 근본 원인은 불안이나 높은 기대치, 실망 등 당신의 내면에 놓인 문제다. 이 각각의 층들이 어떻게 작용하는지 한번 살펴보자.

곧 결혼하는 커플이 있다. 결혼식에 초대할 수 있는 인원은 한

정되어 있다. 그런데 양가 어머니가 모두 피로연의 마지막 남은 두 자리를 본인의 친구들 몫으로 달라고 한다. 신랑과 신부 모두 자신의 어머니 친구들에게 좌석을 주고 싶다. 그래서 두 사람은 각자 본인의 어머니를 위해 싸운다. 어머니의 친구들이 얼마나 가깝고 중요한 사람들인지 왜 꼭 피로연에 참석해야 하는지 이야기한다. 이게 바로 사회적 충돌이다. 두 사람 모두 어머니의 기대치를 충족시키고 싶은 마음에 충돌이 생겼다.

그런데 말싸움을 하다 보면 주제가 옮겨 간다. 신랑은 자신이 결혼식 비용을 더 많이 냈으니 자신에게 결정권이 있다고 한다. 신부는 처음부터 결혼식 계획을 꼼꼼히 세우고 발품을 판 건 자신이므로 결정권은 자신에게 있다고 한다. 이제부터 나오는 말들은 더 이상 양가 어머니와는 아무 관계도 없다. 이제 다툼은 커플 간의 힘 싸움이 됐다. 바로 대인 충돌이다.

이때 두 사람이 잠시 휴지기를 가진다. 화는 가라앉았고 두 사람은 이제 서로가 아니라 문제와 싸울 준비가 된다. 다시 문제 자체로 돌아와 보니 두 사람 모두 어머니를 실망시키고 싶지 않은 마음이 있다는 걸 깨닫는다. 이 문제는 각자에게 내적 충돌이며 두 사람이 정말로 해결해야 하는 것도 내적 충돌이다. 적어도 어머니 한 분은 실망하게 될 것이다. 어머니와 담판을 봐야 할 문제를 가지고 서로 싸우고 있었다. 신랑과 신부는 저마다 속으로 생각해 본다. '내가 어머니를 자주 실망시켰나? 아니면 이번이 특별한 경우인가?' '어머니를 달리 기쁘게 해드릴 방법은 없을까?' '이제 나는

결혼하잖아. 어머니의 비위를 맞춰드리는 건 그만할 때가 아닌가?'
문제의 뿌리를 파고든 두 사람은 그냥 본인들 친구를 두 명 더 초
대하기로 한다. 그리고 결혼식에서 양가 어머니의 노고를 기리며
건배를 올린다.

　　이렇게 다층적으로 문제를 함께 들여다보면 핵심을 진단하고
진짜 문제를 해결할 수 있다. 우리는 종종 엉뚱한 곳에 화를 낸다.
처음에는 분명히 빨래로 말싸움이 시작되었는데 나중에 알고 보니
상대방이 시간을 보내는 방식에 화가 났던 경우가 있다. 아이들의
숙제 문제로 언쟁이 시작됐는데 알고 보니 상대방이 가족들에게
충분한 관심을 기울이지 않아서 서운했던 것일 때도 있다. 아무도
집안일을 도와주지 않는다고 싸우고 있지만 실제로는 나를 이해
해 주거나 내 말을 들어주는 사람이 아무도 없는 것 같아서 속상한
마음일 수도 있다. 이처럼 진짜 원인을 찾아내지 않는 이상 충돌은
사라지지 않고 문제도 해결되지 않을 것이다.

　　상대방이 행동을 고치게 만들 수는 있다. 예컨대 딘의 여자 친
구가 다른 남자에게 다시는 미소를 짓지 않기로 약속할 수도 있다.
그러나 진짜 문제, 즉 딘의 불안감을 해결하지 않는다면 충돌은 결
코 사라지지 않을 것이다. 그러니 중요하지도 않은 문제를 놓고 갑
론을박하느라 시간을 낭비하지 말기를 바란다. 진짜 문제는 따로
있다.

너와 나, 다른 방식으로 다투는 사람들

사람마다 사랑의 언어가 다른 것처럼 다툼에 대응하는 방식도 다르다. 서로가 충돌에 어떻게 대응하는지 알고 있으면 문제가 생겼을 때 해결하기도 쉽고 중립을 유지하는 데도 도움이 된다.

라디와 나는 다툼의 방식이 전혀 다르다. 나는 곧장 뛰어들어 끝장을 볼 때까지 이야기를 나누려 한다. 해결책을 찾고 싶어서 안달복달한다. 반면 라디는 생각을 정리하고 이성을 찾은 다음에 대화하고 싶어 한다. 잠시 휴지기를 가지며 긴장을 풀고 문제를 혼자서 끝까지 한번 생각해 본 다음에 다시 이야기하기를 원한다. 서로의 방식을 일단 이해하고 나니까 언쟁 중에 라디가 갑자기 조용해져도 나는 상처를 받지 않게 됐다. 그리고 라디도 내가 문제를 한참동안 논의하고 싶어 해도 짜증을 내지 않게 됐다.

당신과 상대방의 다투는 방식을 파악하는 것이야말로 사랑을 위한 다툼의 첫걸음이다. 다음 '서로의 싸움 스타일 파악하기'를 참고하여 각자 어떤 스타일을 가지고 있는지 파악해 보라.

> **성숙한 사랑을 위한 팁:**
> **서로의 싸움 스타일 파악하기**
>
> 다음 세 가지 싸움의 스타일을 살펴보며 당신은 어디에 해당하는지 점검해 보라.

◆ 세 가지 싸움 스타일

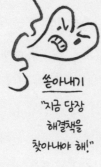
쏟아내기
"지금 당장
해결책을
찾아내야 해!"

숨기
"지금은 내가
이야기를 나눌
준비가 안 됐어"

폭발하기
"전부 다
당신 탓이야!"

1. 쏟아내기

나 같은 사람들은 분노를 쏟아내기를 원한다. 결론이 날 때까지 논의를 해서 끝장을 보려고 한다. 흔한 말로 모든 논쟁에는 세 가지 입장이 있다. 상대방의 입장, 내 입장 그리고 진실이다. 객관적 진실이라는 것은 없다.

해결책 지향의 싸움꾼은 답을 원하고 '팩트'에 과도하게 집착하는 경향이 있다. 만약 이 유형이라면 속도를 좀 늦춰야 한다는 사실을 기억하라. 팩트는 주로 논쟁용이다. 사랑하는 이와의 다툼에는 양쪽의 이야기와 수많은 감정을 듣는 여유가 필요하다.

말을 필터링 없이 하지 마라. 갈등을 마무리하고 싶은 마음에 너무 많은 아이디어나 접근법을 쏟아내 상대를 버겁게 만들지도 모른다. 서둘러 답을 찾으려고 하지 마라. 문제가 무엇인지부터 합의해야 한다. 그래야 함께 해결책을 찾아 나설 수 있다.

2. 숨기

다툼이 시작되면 소통의 문을 닫는 사람들이 있다. 이들은 격렬한 감정을 버거워하며 혼자만의 시간을 필요로 한다. 자신의 생각과 감정부터 처리해야 하는 사람들은 말싸움 도중에 입을 꾹 닫거나 방을 나가버린다. 대화를 계속하려면 다음에 다시 만나야 한다.

이런 사람들은 분위기가 과열된 순간에는 해결책을 고민하고 싶지 않아 한다. 상대방의 말을 들을 준비가 되어 있지 않아서 빨리 해결책을 찾자고 독촉하면 화를 낼 수도 있다. 필요한 만큼 혼자 시간을 가져도 좋다. 다만 침묵을 전투의 수단으로 사용하지는 마라.

3. 폭발하기

그냥 감정이 폭발해 버리는 사람들이 있다. 이 방식은 관계에 큰 타격을 입힌다. 행동을 바꾸려는 면밀한 노력이 필요한 유형이다.

만약 이런 사람이라면 감정을 조절하려 노력해야 한다. 외부의 도움을 받아야 할 수도 있다. 평화로울 때 상대방과 함께 계획을 세우는 방법도 있다. 다음번에는 '타임아웃'을 갖기로 합의하는 것이다. 자신에게 맞는 방법을 찾아내라. 나가서 달리기를 하거나 샤워를 하고 와라. 어떤 식이든 좋으니 울분을 외부로 발산하라.

당신의 방식을 확인했다면 상대방과 이야기를 나눠보라. 그는 자신이 어떤 방식으로 다툰다고 생각하는가? 대답에 기초해서 각자 화낼 수 있는 공간을 만들고 적절한 해결 시기를 정하라.

두 사람 모두 쏟아내는 유형이라고 하더라도 그중 한 사람은 생각과 감정을 처리하는 데 더 많은 시간이 필요할 수도 있다. 문제를 해결할 준비가 안 됐다고 해서 그 사람이 상대방을 사랑하지 않는 건 아니다. 상대방에게도 이 점을 잘 알려주어야 한다. 다음번 다툼이 시작되기 전에 부딪칠 때 서로 어떤 과정을 거치는지 반드시 알아둬라. 그래야 다툼이 더 격해지는 일이 없다. 자기표현 능력을 개발하도록 노력하라. 문제를 해결하려고 시도하기 전에 긴장을 풀고 생각하는 시간만큼은 반드시 갖도록 하라. 특히 두 사람 모두 쏟아내는 유형이라면 문제를 함께 극복하겠다는 목표를 가지고 의도적으로 노력해야 좋은 결과가 있을 것이다.

상대방이 잠시 한적한 곳으로 피해야 하는 유형이라면 붙잡지 말고 가게 놔둬라. 그가 물러나는 게 마치 벌주는 것처럼 느껴질 수 있지만 상대방의 의도는 그게 아니다. 당신을 신경 쓰지 않는다는 뜻이 아니다. 감정에 따른 반응일 뿐이다. 당신이 물러나야 하는 유형이라면 시간이 필요하다고 솔직히 말하라. 혼자 있는 시간을 가지려 한다면 언제쯤 대화할 준비가 될지 계획을 세워라. 그렇게 해서 생기는 여유 시간을 잘 활용하라. 혼자 있으면서 흥분을 더 키우지 말고 두 사람이 같은 편임을 되새겨라. 문제의 핵심을 파악하려고 노력하라. 다시 대화를 재개했을 때는 둘이 어떤 문제로 부딪치는지 더 또렷하게 표현할 수 있을 것이다.

상대방이 잘 폭발하는 유형이라면 그 행동을 고칠 수 있도록 평화로운 시기에 그를 격려하라(271쪽의 '서로의 다툼 방식을 알아보는 법' 참조). 두 사람 모두 폭발하는 유형일 때도 마찬가지다. 이런 행동은 바꾸기가 쉽지 않다. 그러나 폭발하는 것은 절대로 생산적인 다툼의 방식이 아니다. 다투는 도중에라도 이렇게 말하라. "한 명이 이 정도로 화가 난 상태에서 해결책이 나오지는 않을 거야. 둘 다 준비가 됐을 때 다시 이야기하자."

같은 편에 서서 싸워 승리하기

둘 사이에 충돌이 발생했을 때, 가던 길을 멈춘 뒤 중립성을 찾아 상황을 진단하고 문제가 얼마나 중요하며 긴급한지를 알아낼 수 있다면 이상적일 것이다. 이런 사전 작업이 모두 끝나면 두 사람은 서로 싸우는 게 아니라 함께 문제와 싸울 준비가 된다. 아래의 다섯 가지 단계가 평화를 되찾도록 도와줄 것이다.

> 1단계: 시간과 장소 확보하기
> 2단계: 표현 방식 선택하기
> 3단계: 분노를 조절하기
> 4단계: 해결책 도출하기
> 5단계: 진정성 있게 사과하기

1단계: 시간과 장소 확보하기

충돌을 해결할 시간과 장소를 정하라. 물론 이 말이 비현실적으로 들릴 수도 있다. 다툼이란 원래 충동적으로 발생하니까 말이다. 그러나 문제가 발생했을 때 자제할 수 있는 능력을 개발한다면 앞으로의 모든 다툼이 달라질 것이다. "내가 더 일찍 출근해야 하는 거 알면서 어떻게 매번 당신이 먼저 욕실을 쓸 수 있어?"라고 말하지 말고 "나는 아침마다 이런 일이 반복되는 게 너무 힘들어. 날을 잡아서 이 문제를 제대로 한번 이야기해 보자"라고 말한 다음 정말로 날을 정해라. 이 기술을 온전히 익히려면 시간이 좀 걸린다. 처음에는 일단 폭발한 후에야 정신이 들면서 '감정이 격해졌을 때는 시간 간격을 두고 문제에 관한 대화를 나눠야 한다'는 사실이 기억날 수도 있다. 그래도 괜찮다. 폭발했다는 건 다음번에는 후회할 말을 내뱉기 전에 멈춰야 한다는 메시지다.

충돌이 꼭 괴로워야 할 필요는 없다. 꼭 후회를 남겨야 할 필요도 없다. 정신이 돌아오고 나서 "그런 뜻이 아니었어"라고 말한 적이 얼마나 많은가? 기분이 나쁠 때는 생각이나 마음에 없는 말도 내뱉게 된다. 순간적인 감정에 욱해서 생각지도 못한 어떤 행동을 영원히 해버리겠다고 선언하기도 한다.

사회복지학 교수 노엄 오스트랜더Noam Ostrander는 연인들에게 자주 이렇게 물어본다. "평일 오후 5시 30분에 어떻게 싸우시나요?"6 오스트랜더는 《타임》과의 인터뷰에서 "그러면 다들 미소를 지어요. 무슨 뜻인지 아니까요."라고 했다. 오스트랜더가 정말 자주 목격하는 패턴 중 하나가 연인들이 퇴근 직후에 옥신각신하는 것이다. 오스트랜더는 새로운 루틴을 만들면 5시 30분에 싸움을 피할 수도 있다고 말한다. 하루가 어땠는지 간단하게 물어보거나 가벼운 포옹과 키스를 나눈 다음 잠깐 떨어져서 각자 직장인 모드에서 벗어날 시간을 갖는 것이다. 그렇게 한숨 돌리고 난 뒤에 다시 만나면 정신적으로도 감정적으로도 좀 더 편안하고 열린 상태가 될 수 있다.

길었던 하루가 끝난 평일 저녁은 보통 심각한 대화를 나누기 좋은 때는 아니다. 그러나 최적의 시간까지 문제를 미뤄둘 수 없을 경우 택할 수 있는 한 가지 방법은 다툼에 '타임아웃'을 도입하는 것이다. 다툼의 한가운데서 더 이상 이성적인 반응을 하고 있지 않다고 판단되면 생각할 시간을 요청하라. 그래야 서로 자신의 감정을 적절한 방식으로 이야기할 수 있다.

타임아웃을 요청할 때는 도망간다는 느낌을 주지 않는 게 좋다. "지금 내가 엉뚱한 걸로 싸우고 있는 것 같아. 미안. 이 얘기를 나누고 싶은데 10분만 시간을 줘. 도망가는 건 아냐. 생각을 좀 하고 머리를 식힐게. 그러고 나서 제대로 대화를 해보자." 양쪽 모두 상대방의 말을 들어주는 데 초점을 맞추자고 요청해도 된다. 둘 다 속도를 좀 늦추고 순서를 돌아가며 말하기로 하는 것이다. 섣불리 판단을 내리거나 자신을 방어하지는 않도록 주의하라.

두 사람이 함께 계획해 놓은 느긋한 주말을 망치고 싶지 않을 수도 있다. 그렇다면 상대방에게 설명하라. 관계에 영향을 주고 있다고 생각하는 문제에 대해서 이야기를 나누고 싶다고 말이다. 그리고 가능한 한 빨리 대화를 나누면 좋겠지만 그에게도 좋은 시간을 고르고 싶다고 말하라. 두 사람 모두 차분한 때를 고르는 것이 좋다. 아이들이 집 안을 뛰어다니고 있거나 상대방이 업무 메일에 답하고 있는 시간대는 피하라. 일에 대한 압박감이 줄어든 주말도 괜찮고 아이들이 모두 잠든 후도 좋다.

둘 사이에 반복되는 문제가 있다면 편지를 쓰는 것도 고려해 볼 만하다. 그러면 생각을 모두 정리해서 이야기할 수 있으며 주제를 벗어나지도 않을 것이다. 정말로 중요한 문제를 중심으로 이야기하라. 두 사람의 생활에 큰 영향을 주고 있다고 생각되는 문제에만 집중하라.

시간을 정했으면 안심하고 소통할 수 있는 공간을 찾거나 만들어내라. 흔히 "여기서 다 쏟아내 보자"고 말한다. 그렇지만 저녁 식탁 앞에 앉아서 있는 얘기 없는 얘기를 다 쏟아낸다고 생각해 보라. 이미 문제를 해결하기로 하는 데까지는 동의했으니 분위기를 제대로 조성하라. 대화를 나눌 수 있는 조용한 장소를 찾아내라.

둘이서 함께 자거나 먹는 침실이나 식탁은 피하라. 그런 장소는 친밀한 시간을 보내는 곳이므로 신성한 곳으로 남겨두는 게 좋다. 거실이나 공공 도서관처럼 이야기를 나눌 수 있는 중립적인 공간을 골라라. 부정적인 감정이 올라올 수 있는 곳보다는 두 사람 모두 책임감을 느끼고 결심을 굳히며 집중하고 차분해질 수 있는 곳을 선택하라. 날씨만 허락한다면 실외가 가장 좋다. 산책을 나가거나 가까운 공원에 자리를 잡아라.

가능하면 마주보지 말고 옆으로 나란히 앉아라. 인지과학자 아트 마크먼Art Markman의 연구에 따르면 나란히 앉을 경우 말 그대로 주변 세상에 대한 관점을 공유하게 된다.[7] 서로의 입장이나 상황에 공감하는 데도 도움이 될 것이다. 웨스트사이드 토스트마스터스Westside Toastmasters가 펴낸 『몸짓 언어의 여러 차원Dimensions of Body Language』에서는 옆으로 나란히 앉는 것이 "협조적인 위치"라고 말한다.[8] "눈을 마주치기 좋고 서로 미러링mirroring을 할 기회"

를 주기 때문이다. 미러링이란 상대방과 비슷한 자세를 취하거나 몸을 비슷하게 움직이는 것을 말한다. 상대방의 말을 그대로 반복하는 것과 마찬가지로 몸으로 따라 하는 것도 말을 경청한다는 느낌을 준다. 그리고 보통은 '실제로' 경청하게 된다.

성숙한 사랑을 위한 팁:
다음번 다툼에 관한 합의서 작성하기

순간적으로 감정이 고조되면 처음에 생각했던 내용을 모조리 잊어버리기 쉽다. 그러나 미리 계획을 세워서 합의를 해둔다면 감정이 치달을 때 도움을 받을 수 있다.

몇 가지 합의 사항을 예로 들면 다음과 같다. 평화로울 때 두 사람이 함께 다음의 내용에 합의하라. 그리고 다음번에 다툼이 시작되면 일단 잠깐 멈춘 뒤 10까지 세면서 이 합의서를 가져오거나 휴대전화에서 찾아보라.

다툼 합의서
- 지금 당장 충돌하는 대신 이 문제를 논의할 시간과 장소를 정하기로 합의한다.
- 의견의 합치를 본다면 둘 다 이긴 것이지만 한 사람만 이겼다면 둘 다 진 것이라는 데 합의한다.
- 우리 다툼의 의도는 다음과 같다(원하는 만큼 많이 골라라).
  - 타협안 찾기
  - 서로의 감정 이해하기
  - 동일한 다툼을 피하는 데 도움이 되는 해결책으로 접근하기

- 의견이 다르더라도 서로를 응원하기

• 우리가 합의하는 충돌의 방식을 중립적으로 기술하면 아래와
 같다.
   - 이 문제를 논의할 시간: _____
   - 이 문제를 논의할 장소: _____
   - 이 문제를 논의하기 전에 상대방이 화를 내는 이유가 무엇인
    지 각자 글로 적어서 올 것
• 이 문제에 대한 잠재적 해결책 내지는 같은 문제로 다시 충돌하
 지 않는 방법 네 가지는 다음과 같다.
   1. _____
   2. _____
   3. _____
   4. _____

   우리 둘 다 해결책에 만족하는가?

2단계: 표현 방식 선택하기

평화롭게 대화할 시간과 장소를 정했으니 마찬가지로 사용할
단어도 세심하게 선택할 필요가 있다. 구체적인 언어를 사용하라.
한 번 뱉은 말은 되돌릴 수 없다. 한 번 했던 행동은 없었던 일이
될 수 없다. 상대방을 어떻게 평가하는지 말하지 말고 그 순간 느
끼는 감정을 이야기하라. 작가 리투 가투리Ritu Ghatourey는 이렇게

말한다. "다툼의 10퍼센트는 의견 차이에서 온다. 90퍼센트는 목소리 톤이 잘못된 탓이다."[9] 내면의 구루를 소환해서 부드럽고 차분하게 대화를 이끌도록 하라. 당신의 아이디어나 욕망을 상대에게 강요하지 마라.

'맨날', '절대로' 같은 극단적 단어를 사용하지 마라. "이걸 바꾸지 않으면 당신과 헤어질 거야"와 같은 협박의 언어를 사용하지 마라. "이건 당신 잘못이야. 당신이 틀렸어" 같은 공격적인 언어를 사용하지 마라. 이런 말들은 모두 비난이고 상황을 악화시킨다. 상대방을 방어적으로 만드는 소통 방식을 사용하는 경우가 너무나 많다. 격려하는 게 아니라 비난한다. 다툼의 시작은 항상 똑같은 두 마디로 시작되는 경우가 많다. "당신은 맨날"이라는 두 마디는 당신이 자존심을 걸러내지 않았다는 신호다. 비난과 함께 '빵!' 상대방은 즉각 방어적으로 변한다. 당신이 원하는 걸 얻지 못하는 이유는 요구하는 방식이 잘못됐기 때문이다.

그러지 말고 명료함에 초점을 맞춰라. 이렇게 시작하라. "내 생각에 우리 문제는 ~인 것 같아." "나한테는 우리가 ~하는 게 중요해." 사람들은 늘 뭐가 옳고 그른지부터 따져야겠다고 생각하지만 확신하거나 과장스럽게 표현한다고 해서 답이 나오는 것은 아니다. 답은 명료함에서 나온다. 상대방이 나를 사랑하고 나와 함께하고 싶어 한다는 사실을 기억하라. 두 사람 모두 다음 질문에 답해보라.

- 우리가 가진 문제점은 무엇인가?

• 지금 당장 당신이 나에게 바라는 것은 무엇인가?

차분하게 논의를 시작하면 불만이나 비난의 언어가 아니라 요청의 언어를 사용할 수 있다. "당신은 왜 먹고 나면 치우지를 않는 거야?"라고 말하지 마라. 대신에 "먹은 다음에 좀 치워줄 수 있어?"나 "내가 오늘 컨디션이 안 좋은데 집이 어질러진 걸 보니까 스트레스네. 당신이 좀 치워줄 수 있어?"라고 말해보라.

대부분의 말다툼은 "당신은, 당신은, 당신은, 나한테, 나한테, 나한테"다. 즉 "당신이 나한테 이렇게 했어"로 요약된다. 그렇지만 모든 언어를 당신 중심으로 사용하는 건 분열을 조장하는 일이다. 상대방은 분명히 방어적인 언어로 반응할 것이다. "그렇게 안 해. 나는 그런 사람이 아냐. 이건 '당신' 문제야"라고 말할 것이다.

두 사람을 하나로 만들어줄 다툼의 목적부터 점검하라. 그 목적에 비춰보았을 때 각자의 감정이 어떤지 들어보라. 이렇게 말할 수도 있을 것이다. "우리가 그동안 좀 덜그럭거렸잖아. 저녁에 집안일을 어떻게 할지 같이 얘기를 해봤으면 좋겠어." '우리'라는 단어로 시작한다면 상대방도 당신이 이기적인 요구를 하려는 게 아니라는 사실을 깨달을 것이다.

이 일은 당신이 상대방에게 일방적으로 품은 감정의 문제가 아니다. 두 사람 모두의 문제다. 두 사람 다 문제 속에 있고 따라서 둘 다에게 잘못이 있다. 그 점을 인정하고 문제를 어떻게 처리할지 함께 얘기를 나눠라. 실제로 해보면 '당신'이나 '나'라는 단어를 쓰지 않는 게 쉽지 않을 수도 있다. 하지만 상대를 방어적으로 만들어놓고 논의를 시작하는 것보다는 훨씬 더 수월할 것이다. '우리'로 시작할 수 있는 유용한 문장을 몇 가지 예로 들면 다음과 같다.

- "우리는 이 문제를 해결해야 돼."
- "우리가 바꿀 게 있어."
- "우리 둘 다 알아야 할 게 있어."
- "우리 둘이서 같이 이걸 한번 시도해 볼 수 있을까?"

먼저 논의의 의도가 명확해지면 그때부터 서로의 감정을 이야기하면 된다. "내 생각은"이라고 말하면 고정된 입장인 것처럼 들리지만 "내 기분은"이라고 말하면 감정적 반응을 설명 중이고 바뀔 수 있을 것처럼 들린다. 다음의 예시처럼 말하는 것이다.

- "당신이 이렇게 하면 나는 이런 기분이 들어."
- "당신이 쓰레기를 치우지 않으면 집안일은 당신한테 별로 중요하지 않은 것 같은 기분이 들어."
- "당신이 내 흠을 잡으면 나를 사랑하지 않는 것 같은 기분이 들어."

상대방을 모욕하거나 방어적인 태도로 대하지 마라. 사랑하는 사람이 당신의 필요를 충족시키지 못했다며 깎아내리지 말고 존중을 담아서 직접적으로 이야기하라. 문제가 되는 부분에 관해 에둘러서 말할 시간이 없다고, 그래서 직설적으로 말하겠다고 주장하고 싶을지도 모른다. 그러나 제대로 된 방식으로 소통할 시간조차 없다면 더 많은 충돌이 생겨서 결국 문제를 해결하는 데에 더 많은 시간이 걸릴 것이다.

곧장 상대방에게 가서 "세상에, 제이 셰티가 그러는데 우리가 완전 잘못하고 있대"라고 말하라는 뜻이 아니다. 그런 말도 상대를 방어적으로 (그리고 이 저자를 곤란하게) 만들 것이다. 그러지 말고 이렇게 말하라. "우리가 싸우는 방식에 관해 이야기를 좀 나누고 싶어. 그러면 우리 사이가 더 좋아질 것 같아." 소통이 필요할 때는 언제나 불평 대신 시간을 정해서 요구 사항을 말하라.

성숙한 사랑을 위한 팁:
복잡한 문제를 논의할 때 기억해야 할 것

복잡한 문제를 "이제부터 양말은 꼭 빨래 바구니에 넣을게"라든가 "양말을 아무렇게나 벗어놓으면 다시 이야기해 줄게"와 같은 간단한 합의로 해결할 수는 없다. 큰 문제는 빠르고 간단하게 해결할 방법이 없을 수도 있다.

큰 문제를 해결할 때는 더 많이 고민하고 노력해야 한다. 먼저 문제를 명확히 표현하고 함께 생각해 보라. 다음은 복잡한 문제로 논의를 시작할 때 유용한 말이다. 인위적인 해결책으로 대충 얼버무리려고 하지 마라. 이해와 논의의 문을 열어두어라.

- "이런 얘기를 들었어. 그래서 앞으로 이렇게 한번 해보려고."
- "이 부분이 정말 마음에 와닿더라고. 덕분에 사물을 다르게 보게 됐어."
- "당신이 원하는 게 뭔지 이제야 알겠어. 내가 현실적으로 답을 해볼게."
- "이 문제를 어떻게 해결해야 할지 잘 모르겠어. 그렇지만 당신이 걱정돼. 다음 주에 좀 더 논의해 봤으면 좋겠어."
- "이걸 이해하는 데 이렇게 오랜 시간이 걸려서 미안해. 당신이 어떤 영향을 받는지 이제 알겠어. 같이 해결해 보자."
- "당신이 얼마나 노력하는지 알아. 좀 더 참을성을 가지고 이해하 도록 할게."

그동안 서로에 대해 알게 된 점을 이야기하라. 다만 대화를 끝낼 때 다시는 하지 않겠다고 약속하지는 마라. 정말로 약속을 지킬 수 있는 게 아니라면 말이다. 대신에 앞으로 시도해 볼 내용을 약속하라.

3단계: 분노를 조절하기

당신이 최선의 노력을 다했는데도 상대방이 여전히 분노와 자존심에 사로잡혀 있다면 어떻게 해야 할까? 그는 자신에게 문제가 있다는 사실조차 부정할 수 있다. 이 경우 당신에게 두 사람의 관계가 정말로 중요하다면 추가적인 노력을 기울여야 한다.

상대방이 저항한다면 이렇게 말해보라. "저기, 내가 이 문제를 논의해 보자고 하는 건 우리가 함께 노력하면 분명히 더 좋아질 수 있다고 믿기 때문이야. 내가 옳다는 게 아냐. 내 자존심을 세우려는 것도 아니고. 당신이 틀렸다는 얘기를 하려는 건 더더욱 아니야. 당신 기분이 나빠지라고 대화를 하자는 게 아니야. 나는 우리 사이가 정말로 더 좋아졌으면 해. 우리 둘 사이를 어떻게 하면 좋을지 얘기를 좀 나눠보자."

당신이 하려는 게 뭔지 설명해 주면 그에게도 인식하고 반응할 기회가 생긴다. "그래, 당신 말이 맞아." 그리고 상대가 동의해 주지 않더라도, 적어도 당신은 둘 사이에 어떤 어려움이 있고 어떤 가능성이 남아 있는지(혹은 없는지) 더 분명히 알 수 있다. 상대방이 당신과 생각이 다를 경우 보일 수 있는 반응과 그 반응에 적절히 대응하는 법은 다음 쪽의 표 '상대방의 반응에 성숙하게 대처하는 방법'을 참고하라.

다툼을 혼자 해결할 수는 없다. 두 사람이 모두 해결에 동의해야 한다. 관계를 개선하고 유지하겠다는 열정이 있어야 한다. 처음에는 그 열정의 수준이 서로 다를 수도 있다. 하지만 시간이 지나면서 관계를 위해 노력하겠다고 계속 다짐하게 될 것이다. 상대방이 문제에 대해 대화하기를 거부하거나 문제가 있다는 사실 자체를 인정하지 않는다면, 당신이 그 문제를 그대로 안고 살아갈 수 있을지 결정을 내려야 한다. 잊지 마라. '중요한 문제는 중요하다.' 배우자가 중요한 문제를 의논하지 않으려 한다면 제7법칙을 활용하라. 제7법칙에서는 감당할 수 없는 차이를 처리하는 법에 대해 이야기할 것이다.

◆ 상대방의 반응에 성숙하게 대처하는 방법

상대방의 반응	대처 방법
분노나 자존심	사람들은 비난받는다고 생각하면 분노하고 자존심을 세운다. 당신이 중재자가 아니거나 상대방이 사안에 대해 생각해 보지 못한 것이다. 그는 아직도 그 문제가 당신 혼자만의 것이라고 느낀다. 시간을 정해서 한 팀으로서 해결을 위해 노력하고 싶다는 뜻을 전하라.
무시나 비하	이 문제가 당신에게 얼마나 중요한지 상대방은 이해하지 못하고 있다. 문제의 핵심을 제대로 진단했는지 확인하라. '우리'라는 표현을 사용하라. "우리는 진짜 문제를 보지 않고 있어. 가장 어려운 건 '핵심 문제'야." 이 핵심 문제는 상대방도 무시할 수 없을 것이다.
일반화나 비난	상대방이 부분적인 잘못을 문제 전체에 적용하며 비난한다면 책임을 인정하고 사과하라. 그런 뒤에 중립성을 찾아 대화를 처음의 의도로 끌고 와라. 무엇을 함께 하고 싶은지 말하라. "그런 감정이 어디서 오는지 알아. 한 번에 하나씩 해결해 보자."
차단	상대방이 소통을 차단한다면 그 문제를 해결하기에 적절한 시간이나 장소가 아니라는 뜻이다. 그의 다툼 방식을 다시 한번 확인하라. 그런 다음 그 문제를 논의할 시간과 장소를 함께 정하라.
항복이나 해결책 없는 포기	충돌을 끝내고 싶은 마음이 간절한 상대방이 당신이 원하는 모든 내용에 그냥 동의해 버릴 때가 있다. 그가 과연 약속을 지킬지, 진심으로 하는 이야기가 맞는지 확신이 서지 않을 것이다. 이럴 때는 구체적인 언어를 사용하라. "당신은 일주일에 5일은 저녁 6시까지 집에 오고 나는 당신과 상의 없이 주말 계획을 세우지 않기로 해. 우리 둘 다 여기에 동의하는 거지?"

4단계: 해결책 도출하기

문제를 해결하려면 두 사람이 합의에 도달해야 한다고 이야기했다. 이 합의에는 반드시 '변화'가 포함되어야 한다. 그렇지 않으면 같은 문제로 다시 충돌할 가능성이 크다. 그렇다고 어느 한쪽이 "다시는 안 그럴게"라든가 "이번이 마지막이야" 혹은 "다시는 이런 일 없을 거야"와 같은 약속을 해야 한다는 뜻은 아니다. 우리는 극적인 '선언'을 좋아한다. 저런 말을 듣고 싶어 하기도 하고 잘 내뱉기도 한다. 결의를 보여주기 위해 말해야 할 것만 같기도 하고, 이처럼 두루뭉술한 말이 실천하는 과정보다 쉽기 때문이기도 하다. 관계를 정확히 어떻게 조정하고 개선해야 할지 알아내는 일에는 많은 시간과 노력이 필요하다. 그래서 공허한 맹세보다는 찬찬히 나누는 대화가 문제를 해결할 가능성이 더 크다.

때로는 해결책을 찾는 데 외부의 조력이 필요할 수도 있다. 두 사람이 자체적으로 해결하기에는 많이 복잡하거나 어려운 주제도 있다. 둘이서 해결책을 도출하는 데 어려움이 있다면 함께 문제 해결을 도와줄 제3자의 도움을 받아라. 가능하다면 친구나 가족보다는 심리 치료사나 상담사, 중재자 혹은 신망 있는 영적·종교적 지도자처럼 객관적인 사람이 좋다. 도움을 받는 것은 건강한 일이며 그럴 만한 가치가 충분히 있다. 생산적 다툼의 목표는 특정한 반응이나 긍정적 답변을 얻는 게 아니라는 점을 명심하라. 우리가 찾는 것은 단지 문제에 대한 해결책이다.

5단계: 진정성 있게 사과하기

충돌을 통해 성장하려면 내 몫의 책임을 져야 한다. 그리고 사과로 잘못을 인정해야 한다. 이미 사과를 했더라도 결론을 낸 다음 마지막에 다시 한번 사과한다면 힘 있는 마무리가 될 것이다. 물론 부정확한 사과는 "다시는 안 그럴게"라는 다짐처럼 공허할 수 있다. 어릴 때 우리는 "미안하다고 해"라는 말을 자주 들었다. 이 말이면 모든 게 치유되는 줄 알았다. 그러나 어른인 우리들은 문제에 반창고 하나 붙이는 걸로는 부족하다. 생산적 다툼에서 사과란 후회 이상의 표현이다. 사과를 통해 문제를 다시 한번 짚고 변화를 약속해야 한다. 진정한 사과는 세 가지 단계를 거친다. 순서대로 인정, 언어적 표현, 행동이 그것이다.

'인정'은 사과의 첫 번째 단계다. 사과를 하는 사람은 자신의 행동이나 실수를 정말로 후회해야 한다. 자신의 선택이 상대방의 감정에 어떤 영향을 주었는지 인식하고 그 결과에 대해 책임을 져야 한다.

두 번째 단계는 '언어적 표현'이다. 사과를 하는 사람은 무엇이 어려웠고 어떤 감정을 느꼈는지 명확히 표현하면서 내가 이해한 바와 후회를 상대방에게 충분히 전달해야 한다. 다신 똑같은 실수를 저지르지 않겠다고 거창한 선언을 하라는 말이 아니다. 같은 일이 재발하지 않도록 어떻게 행동을 바꿀 것인지 표현하라는 뜻이다. 예컨대 이런 식으로 말이다. "당신이 스트레스를 받았을 때는 '그래도 해야 할 일'을 말해주는 게 도움이 되지 않는다는 걸 이제 알겠어. 그러지 않고 당신을 응원하도록 할게." "처음 만났을 때 당신을 비하해서 미안해. 그것 때문에 당신이 존중이나 사랑을 받지 못한다고 생각해서 불안감을 느낀다는 걸 알겠어. 내가 왜 그러는지 나도 알아가려고 노력 중이야. 당신과 소통할 때 더 공감하고 응원할 수 있도록 노력할게. 대답하기 전에 생각부터 해볼게."

마지막 단계는 '행동'이다. 약속을 존중한다면 같은 실수를 또다시 저질러서는 안 된다. 바뀌겠다는 약속을 지키는 것이야말로 이번 다툼의 가장 중요한 결과다. 소위 말하듯이 "최고의 사과는 행동을 바꾸는 것이다."

당신이 사과했다는 사실이 의미 있는 행동임을 눈치챈 상대방 역시 사과로 호응을 해올 수도 있다. 사과를 하지 않더라도 실망하지 마라. 시간이 좀 더 필요할 수도 있다. 당신은 상대방이 원하는 때에 명확히 사과할 수 있게 기회를 만들어줘라. 다음과 같이 말하라. "정확히 내가 뭘 미안해하는지 아니까 좀 도움이 돼? 오늘 얘기를 생각해 보고 당신 생각도 알려주면 고맙겠어."

성숙한 사랑을 위한 팁:
상대방에게 사과의 편지 쓰기

가만히 앉아서 상대방에게 사과할 만한 내용을 모조리 생각해 보라. 미안한 마음이 드는 내용이라면 무엇이든 상관없다. 당신의 기분을 나아지게 하거나 깎아내리기 위해서가 아니다. 실수에 책임을 지고 상대방에게 끼친 부정적 영향을 반성한다는 사실을 알리기 위해서다. 진작에 알았어야 했지만 놓쳤던 감정을 확인하기 위해서다. 그러면 상대방도 당신이 그를 얼마나 아끼는지 알 수 있을 것이다. 실수했던 일들을 떠올리며 다음의 내용을 적어보라.

1. 어떤 실수인지
2. 그 실수가 상대방에게 어떤 영향을 주었다고 생각하는지
3. 왜 미안한지
4. 어떻게 고칠 것인지 혹은 앞으로는 어떻게 행동할 생각인지

사과에 남 탓을 하거나 설명을 덧붙이거나 핑계를 대지 마라. 그 문제를 해결하기 위해서 노력하고 있다는 사실 자체가 상대방에게는 충분한 설명이 된다. 당신이 상처를 주었다는 사실을 안다는 걸 보여주는 데 초점을 맞춰라.

사과 편지를 쓰고 나면 상대방에게 건네라. 답례로 무언가를 해주기를 바라고 편지를 쓴 게 아니라는 사실을 알려줘라. 그동안 한 번도 다루거나 해결한 적 없는 오래된 감정이나 실수, 후회를 진지하게 생각해 보는 방식으로 사랑을 표현하고 싶었을 뿐이라고 전하라.

중립 지대에서는 무장을 해제한다

평화가 좀처럼 손에 들어오지 않을 때가 있다. 다투었는데 도저히 화해할 수 있을 것 같지가 않다. 두 사람 다 꿈쩍도 하지 않는

다. 둘 사이에 생긴 균열에 둘 다 만족하지 못한다. 아무도 바뀌지 않는다면 두 사람은 그걸 받아들일 방법을 찾아야 할 것이다. 그렇지 않으면 똑같은 싸움을 하고 또 해야 한다. 정신건강전문의인 필립 리Phillip Lee와 다이앤 루돌프Diane Rudolph 부부는 연인 전문가다. 두 사람은 연인이 아무 결론 없이 다투는 습관이 들 수 있다고 말하며 여기에 '언쟁 중독argument addiction'이라는 이름을 붙였다.[10] 이런 연인들은 "똑같은 언쟁을 끝없이 되풀이하는 것처럼 보이는 소통 패턴에 빠져 있다." 기분 좋을 리 만무하다.

이때는 회피하거나 반복적으로 싸우는 게 아니라 그 문제를 '중립 지대'로 만들어야 한다. 서로의 의견을 존중하고 그걸 바꾸려 하지 않기로 합의하는 것이다. 단순히 화가 나서 그 문제에 대해 말을 하지 않는 것과는 다르다. 살아가면서 많은 경우에 이런 차이를 받아들이는 법을 배우게 된다. 서로 다르다는 점 때문에 굳이 두 사람 관계를 손상시킬 필요는 없다.

당신은 무척 외향적인 사람인데 상대방은 몹시 내향적인 사람이라 회사에서 열리는 파티에 참석하거나 축제 같은 기회에 단체로 춤추기를 좋아하지 않고 조용한 행사에서 친밀한 대화를 나누기를 선호할 수도 있다. 그런 차이일 뿐이다. 그러니 문제를 '해결할 수 없어서' 의기소침할 필요는 없다. 충돌의 원인이 사라지지 않을 테니 해당 문제 역시 사라지지 않을 테고 그러면 두 사람 모두가 만족하는 해결책을 찾아 협상하면 된다. 파티나 댄스 모임에 함께 갈 다른 친구를 알아봐라. 아니면 이번에 함께 가줄 경우 당신은 좋아하지 않지만 상대가 좋아하는 모임에 한 번 참석하겠다고 하라. 그렇게 해결하면 된다.

*

관계에는 합의할 방법을 꼭 찾아내야만 하는 어려운 주제들도 있다. 재정 문제라든지 자녀의 교육 문제와 같은 것이다. 긍정적인 의도로 앞서 소개한 여러 툴을 활용한다면, 이런 문제도 잘 헤쳐 나갈 가능성이 크다. 그러나 문제에 함께 접근하고 한 팀으로 끝까지 싸울 방법을 찾아본다고 해서 당신이 원하는 반응이나 결론을 얻는다는 보장은 없다.

복잡하고 중요한 문제에 계속해서 부딪힌다면, 그러고도 도저히 합의점을 도출할 수 없을 것 같다면 두 사람 사이에는 이미 큰 틈이 벌어졌음을 직시해야 할지도 모른다. 바로 다툼이 커다란 의문 부호로 바뀌는 지점이다. 처음 두 사람이 함께하기로 결정한 이래 늘 마주하고 있었던 가장 큰 질문을 이제는 꺼내봐야 한다.

'우리 계속 함께 가야 할까?'

다음 장에서는 이 문제를 이야기해 보자.

보내줄 때를 놓치지 마라

당신은 사랑을 찾아다녀야 하는 게 아니다. 사랑이 들어오지 못하게
마음속에 쌓아 올린 수많은 장벽들을 찾아다녀야 한다.[1]

- 루미(Rumi)

사랑은 하루아침에 해체되지 않는다. 연애 초기는 금방 페인트
칠을 한 벽과 같다. 매끈하고 평평하다. 앞으로 이 벽에 당신이 생
각해 온 인생의 온갖 그림들을 하나둘 채워가면 될 것 같다. 페인
트 아래의 벽은 완벽하지 않았을지 몰라도 그 위에 페인트를 칠해
놓으니 근사하고 멀쩡해 보인다. 하지만 결국 모든 벽에는 흠집이
생긴다. 어떤 것들은 이삿날 짐을 들이다가 벌써 생겼을지 모른다.
그동안 당신은 너무 바빠서 그 흠집들을 신경 쓸 겨를이 없었다.
문제 될 게 없다고 혼잣말을 했을 수도 있다. 하지만 그건 그냥 상

황을 얼버무린 것에 불과하다. 뭔가 조치를 취하지 않는 이상 흠집은 결코 사라지지 않는다는 걸 당신은 알고 있다. 그래도 한동안은 그냥 참고 살 수 있을 것이다. 그렇게 시간이 지나면 흠집이 쌓이고 쌓인다. 매일 그 옆을 지나다녀야 한다. 그게 거슬리기 시작하면 땜질을 좀 할 수도 있다. 심지어 칠을 한번 해야겠다고 결심할지도 모른다.

마찬가지로 사람을 만나면 결점이 하나둘 나타난다. 정신없이 살다 보면 흠집도 나고 자국도 생기는데, 역시나 뭔가 조치를 취하지 않는 이상 결코 사라지지 않는다. 상대방이 늘 차에 기름을 채워놓지 않을지도 모른다. 직장 상사에 관한 험담을 너무 긴 시간 동안 늘어놓을지도 모른다. 당신의 본가를 찾아야 할 때마다 불평을 해댈지도 모른다.

무엇을 흠집으로 볼 것인가에 대해서는 사람마다 생각이 다르다. 하지만 이런 일들은 대단한 문제는 아니다. 하고 싶었다면 진작에 땜질을 했을 테고, 이미 알고 있으니 오히려 참고 살 수 있다고 확신했을 수도 있다. 당신은 손때 묻은 집에서 계속 살기 위한 조건의 하나로 흠집들을 기꺼이 받아들였을 것이다. 흠이 났다고 벽이 꼭 무너지는 건 아니지 않은가. 흠집이 한 번 날 때마다 지진이 난 것처럼 호들갑을 떤다면 둘 사이에 불필요한 스트레스만 쌓일 것이다. 다시 말해서 흠집을 보고 금이 갔다고 말하는 건 너무 옹졸한 시각이다.

관계의 끝을 알리는 경고신호

그렇지만 정말로 벽에 금이 갔다면 구조적인 문제가 있다는 뜻이다. 너무 오래 무시하면 안 된다. 조치를 취해야 한다. 두 사람 사이에서 금이 갔다고 말할 수 있는 경우는 예를 들어 행동을 바꾸겠다고 약속해 놓고 번번이 약속을 어기는 경우, 상대방의 가족 중에 지속적으로 불편한 사람이 있는데 상대방이 나를 도와주지 않는다고 느끼는 경우, 관계가 무미건조해져서 더 이상 대화다운 대화를 나누지 않는 경우 등이다. 관계에 금이 갔다면 그 문제는 해결하지 않고서 넘어갈 수 없다. 일상적으로 생기는 흠집을 해결하는 방법에 관해서는 제6법칙에서 이미 이야기했다.

집에서 벽을 바라보는데 저건 페인트 정도로는 안 되겠다 싶을 때가 있다. 건물 구조에 문제가 생긴 경우다. 삐죽빼죽한 금이 벽을 가로지른다면 보이지 않는 곳에 심상찮은 문제가 있다는 징후다. 둘 중 한 사람이 수리할 방법을 찾지 않는다면 벽은 무너질 것이다. 이처럼 어떤 식으로든 조치를 취해야 할 '대형 균열' 사례를 몇 가지 살펴보자. 차례대로 학대, 바람, 무관심, 관성이다.

학대에는 이별만이 정답이다

당신에게는 안전할 권리가 있다. 신체적으로든 정서적으로든 안전하지 않다고 느낀다면 '떠날 것인가 말 것인가'가 아니라 '어떻게 안전하게 떠날 것인가'를 고민해야 한다. 학대란 어떤 식으로든 한 사람이 다른 한 사람을 통제하는 행위다. 연인이나 부부 사이에 통제란 있을 수 없다. 미국 가정폭력 핫라인에서는 학대를 여섯 가지로 나눈다.[2] 육체적 학대, 정서 및 언어적 학대, 성적 학대, 경제적 학대, 디지털 수단을 통한 학대, 스토킹이다.

당신이나 자녀, 가족 또는 반려동물에 대한 신체적 위협이나 폭력은 가장 명백한 학대의 징후다. 하지만 그 외에도 다음 중 하나에 해당되는 것 역시 학대의 징후다. 상대가 당신의 의사결정에 간섭하는 것, 일이나 외출 등 당신이 시간을 쓰는 방식에 대해 지시하는 것, 입어도 되는 옷과 안 되는 옷을 정해주는 것, 만날 수 있는 사람을 정해주는 것 등이 그렇다.

상대방을 학대하는 사람들은 극단적 질투를 드러내며 당신이 가족이나 친구와 보내는 시간을 통제하려고 든다. 상처를 주는 언어와 표정, 몸짓을 사용하며 둘이 있을 때 혹은 사람들 앞에서 당신을 모욕하고 깎아내리고 위협한다. 재정을 통제하며 당신의 소지품을 제한하고 소지품에 쓸 수 있는 금액을 한정한다. 성생활을 통제하며 성관계를 강요하거나 원하지 않는 행위를 하라고 압박한다. 이런 징후가 나타난다면 그 관계는 연인이나 동반자의 관계가 아니다. 주종 관계다.

당신을 통제하는 사람과 헤어지는 일은 아주 어렵고 무서울 수 있다. 학대를 일삼는 사람에게 통제권을 빼앗으면 위험하게 돌변할 가능성 또한 존재한다. 그래도 신체적이나 정서적으로 학대를 당하고 있다면 안전하게 빠져나올 방법을 모색해야 한다. 만약 지금 이런 상황에 처해 있다면 나의 첫 번째 조언은 언제나, 다시 한 번 말하지만 전문가의 도움을 받으라는 것이다.

학대에 이르지 않았더라도 두려움은 문제가 된다. 당신은 상대 방을 자극할까 봐 겁이 나서 살얼음판을 걷는 듯 하루하루를 보내고 있을 수 있다. 그의 부정적인 반응을 예상하면서 어떻게 대처할지 지나치게 걱정하고 있을 수도 있다. 이때 당신이 피하려고 애쓰는 건 명백한 분노뿐만이 아니라 조롱이나 비난일지도 모른다.

건설적인 비판은 가치가 있다. 구루가 차분한 상태에서 좋은 의도로 제시한다면 말이다. 인생에 온통 '예스맨'만 있기를 바라지는 않을 것이다. 그러나 면전에 대고 혹은 뒤에서 비하하는 것은 성장에 전혀 도움이 되지 않는다. 둘 중 한 사람이 다른 한 사람에게 습관적으로 부주의하거나 공격적인 언어를 사용한다면 관계는 큰 대가를 치르게 된다. 심리학자 클리퍼드 노태리어스Clifford Notarius와 하워드 마크먼Howard Markman에 따르면 공격적인 발언 혹은 수동 공격적passive-aggressive인 발언 한 번이 그동안의 친절한 행동 스무 가지를 싹 지워버릴 수 있다고 한다.[3]

두 사람 사이에 두려움이나 비난이 개입되면 있는 그대로의 나를 드러내기가 어렵다. 그래서 상대방이 요구하는 사람 혹은 관계가 되기 위해 '연기'를 하게 된다. 물론 우리는 살아가며 수많은 역할을 수행하기에 크고 작은 연기를 할 수 있다. 정도의 차이는 있지만 주어진 환경에 적응하기 위해 약간은 절제되고 개선되고 훈련된 버전의 '나'를 소환한다. 매일같이 모든 상황에서 온전히 나 자신이기를 바랄 수는 없는 일이다. 그러나 적어도 연인이나 배우자와 함께 있을 때만큼은 거짓으로 살고 있다는 느낌을 받아서는 안 된다.

두려움에서 비롯된 행동을 하고 있다는 걸 자각했다고 해서 즉각 그 관계를 떠나야 하는 것은 아니다. 우선은 당신이 정말로 어떤 사람인지 더 많이 공유하도록 노력해 보라. 환상을 깨보는 것이다. 이렇게 말할 수도 있다. "내가 야구 좋아한다고 했잖아. 그런데 실은 좋아하지 않아. 당신이랑 야구 경기 보는 건 이제 그만할게." 대부분의 관계에서 이런 일은 크게 문제가 되지 않는다. 하지만 더 크게 문제가 되는 상황도 있다. 어쩌면 상대방에게 이런 말을 해야 할 수도 있다. "내가 아이를 원하지 않는다고 했잖아. 그런데 실은 진심이 아니었어. 시간이 지나면 당신이 마음을 바꿀 줄 알았거든. 사실 나는 정말로 아이를 원해. 아이를 갖지 않으면 뭔가를 놓친 기분이 들 것 같아."

일상에 큰 변화를 주고 싶어질 수도 있다. 다른 곳에 가서 살고 싶어지거나 새로운 목적을 추구하고 싶어질 수도 있다. 지금의 관계를 정말로 중시한다면 당신의 본모습을 표현할 수 있게 진지한 노력을 기울여라. 잠깐 심판대 위에 서는 편이 엉뚱한 상황에서 오랫동안 이러지도 저러지도 못하는 것보다는 낫다. 관계를 유지할 방법이 다른 사람인 척 하는 것뿐이라면 그만 끝내는 걸 고려해 봐야 할 때다.

이 과정을 당신 혼자 감당해야 한다고 생각하지 마라. 외로움과 고립에 대한 걱정이 어려운 결정을 선뜻 내리지 못하게 막아설 수 있다. 이 사람, 이 상황이 아니면 내 인생이 어떻게 바뀔지 두려운가? 그러나 남들도 그런 고통을 겪었고 지금도 겪고 있으며 누군가는 떠났다. 떠나려면 도움이 필요할 수 있다. 걱정하지 마라. 지금 처한 상황이 나쁘다는 걸 인식하고 도움이나 지원을 요청하는 것은 절대로 창피한 일이 아니다.

지인인 주디는 남편을 떠날 때라는 걸 마음속으로는 어렴풋이 알고 있었다. 주디는 이렇게 말했다. "직장에서는 뭔가를 결정하는 게 하나도 어렵지 않아요. 항상 사리분명하고 확신에 차 있다는 게 나의 자부심이었죠. 하지만 함께인 게 더 이상 행복하지 않은데도, 하루도 빠지지 않고 나를 멸시하고 무시하는 그 사람이 지겨운데도 내 자식들의 아빠를 떠난다는 게 엄두가 나지 않았어요."

주디는 이 사실을 친한 친구들에게 털어놓는 것도 힘들어했다. "24년을 함께했어요. 그렇게 오랫동안 행복하지 않았다는 걸, 상태가 그 정도로 악화됐다는 걸 인정하는 게 창피했어요. 그리고 가끔은 친구들이 내가 그냥 남편과 계속 함께 살기를 바라는 게 느껴졌어요. 그래야 본인들의 결혼 생활도 좀 더 안정적으로 느껴질 테니까요."

주디는 결국 온라인 여성 모임을 찾게 됐다. 그것도 최근에야 가입했다. "전부 모르는 사람들이고 전문가는 한 명도 없죠. 그렇지만 내 상황을 익명으로 설명할 수 있었어요. 최대한 주관적으로, 내가 느끼는 그대로 말이에요. 그런데 집단지성이라는 게 무섭더라고요. 내가 겪고 있는 일들을 그 사람들은 속속들이 알고 있었어요. 내가 자유를 갈망한다는 것과 과거에 집착한다는 것, 결혼 서약에 연연한다는 것 말이에요. 미래에 대한 희망, 혼자가 될까 봐 두려워하는 마음, 아이들에 대한 걱정, 남편의 반응으로 가족들이 위험해지지는 않을까 염려하는 것까지도요. 뭐든 겪어본 사람이 그중에 한 명은 꼭 있었어요. 정말 놀랄 만큼 모든 게 또렷해졌죠. 그곳 사람들이 남편과 어떻게 소통해야 하는지 알려주었어요. 긴 세월 동안 감정이 쌓인 나로서는 생각조차 할 수 없었던 방식이었죠. 그리고 제가 안전하도록 지역 센터와 연결해 주었어요."

어려운 결정을 내린 뒤 알지 못하는 세상으로 들어갈 때 굳이 혼자서 헤쳐 나갈 필요는 없다. 지원군이나 전문가를 찾아보라. 온라인 포럼도 좋고 책이나 친구, 각종 기관에 의지해도 좋다. 당신은 당연히 사랑과 존경을 받아야 한다. 당신의 안전은 타협의 대상이 아니라는 걸 기억하라.

바람이라는 배신을 어떻게 바라볼 것인가

연인들이 헤어지는 가장 흔한 이유 중 하나가 바람을 피우는 것이다. 지역 보건소들이 수집한 자료에 따르면 한쪽이 바람피운 사실을 인정한 사례에서 관계가 회복된 연인은 15.6퍼센트에 불과했다.4 한쪽이 다른 한쪽을 배신하는 상황에 이르기까지 관계에 문제가 있었을 수도 있다. 이에 관한 책 역시 수없이 많다. 그렇지만 의문의 여지가 없는 단 한 가지 사실은 일단 한 번 깨진 신뢰는 양쪽의 힘겨운 노력과 의지 없이는 회복이 불가능하다는 점이다.

심리학자이자 불륜 문제 전문가인 셜리 글래스Shirley Glass 박사는 『'그냥 친구'는 없다Not "Just Friends"』에서 상대방이 바람피운 것을 알게 되면 즉각 헤어지고 싶은 게 당연하며 그게 옳은 결정일 수도 있다고 말한다.[5] 그러나 감정이 아직 격할 때에는 정확한 판단이 어렵다. 글래스 박사는 이렇게 썼다. "이 관계를 구제할 수 있을지 확신이 서지 않더라도 두 사람의 관계가 바닥을 치고 있을 때 결정을 내리지는 말아야 한다… 상대방이 저지른 불륜의 의미가 과연 무엇인지 파악하는 힘겨운 작업을 해나가려면 헌신과 보살핌, 연민을 담은 소통이 기초가 되어야 한다."

즉 배신을 당한 쪽도 최선을 다해야 한다는 뜻이다. 당신과 상대방이 함께 노력해서 차분히 치유할 수 있는 분위기를 조성해야 한다. 정보를 공유할 수 있어야 하고 보살핌을 통해 다시 유대감을 느낄 수 있어야 한다. 그런 후에야 두 사람 모두 좀 더 교감을 느낄 수 있도록 구체적으로 관계를 개선하는 작업을 시작할 수 있다. 불륜 문제를 겪은 연인들을 조사한 어느 설문조사에 따르면 바람을 피운 쪽이 상대방의 질문에 정직하게 답할 경우 72퍼센트가 신뢰를 회복할 수 있었다고 한다.[6]

신뢰를 회복하려면 배신을 당한 쪽이 용서를 해야 한다. 결혼 및 가족 문제 전문 심리 치료사 짐 허트Jim Hutt는 배신을 당한 쪽이 상대방을 계속해서 벌주고 경멸할 경우 두 사람의 관계는 파국으로 치닫는다고 한다.[7] 만약 당신이 상대방을 벌주고 있다면 실제로는 당신 자신까지 벌을 주고 있는 셈이다. 아무도 당신이 상대방을 즉각 용서할 수 있을 거라고 기대하지 않는다. 그러나 신뢰를 깬 사람이 상대방이라고 해도, 그 신뢰를 회복하기 위해서는 두 사람 모두 노력해야 한다는 사실을 인지해야 한다.

일부의 경우지만 불륜 이후 치유의 과정에서 전보다 더 많은 신뢰가 생겼다고 말하는 연인들도 있다. 상처를 치유하는 게 분명히 '가능'하기는 하다. 하지만 이를 위해서는 두 사람의 대단한 결심이 필요하며 시간이 오래 걸린다. 글래스 박사는 자신이 상담했던 바람 문제를 겪은 350쌍의 연인 중에 열 차례 이상 심리 치료에 참여한 커플은 그렇지 않은 커플보다 헤어지지 않을 가능성이 훨씬 더 높았다고 말한다.[8]

만약 당신이 바람을 피운 쪽이라면 상대방을 위해서 헤어지지는 마라. 당신 자신을 위해서 헤어져라. 배신을 저지른 쪽은 아직 스스로를 이해할 시간을 갖지 못했다. 두 사람은 그동안 함께 쌓아 온 것이 있다. 그게 산산조각이 났다면 헤어져라. 그러나 먼지가 가라앉기 전에 다른 사람을 만나지는 마라. 아직 먼지가 자욱한데 새로운 사람을 만난다면 무너진 건물의 잔해가 반드시 새 관계에도 영향을 줄 것이다. 똑같은 문제로 또다시 엉망진창이 되고 싶지는 않다면 이 점을 명심하라.

사회복지사 로버트 타이비Robert Taibbi는 헤어진 직후에 바로 다른 사람을 만나고 싶어지는 이유를 이렇게 설명했다. "관계가 끝나버리면 인생에 구멍이 생깁니다… 심리적 애착이 깨지기 때문에 상실감과 슬픔을 느끼게 되죠."9 타이비에 따르면 헤어진 사람들은 '터널 시야tunnel vision'에 빠져서 이전의 연인이나 관계를 나쁘게만 보기 쉽다. 그러면서 해결책은 간단하다고 생각한다. "이전과 다른 사람을 찾으면 되는 거예요." 물론 당신은 지난번 그 사람을 만났을 때와 똑같은 사람이기에 똑같은 어려움을 일부 그대로 가져가게 된다. 실제로 사회학자 애닛 로슨Annette Lawson이 조사한 바에 따르면 다른 사람을 만나려고 이혼한 사람들 중에서 본인이 바람피운 상대와 실제로 결혼에 이르는 경우는 고작 열 명 중 한 명뿐이라고 한다.10

성숙한 사랑을 위한 팁:
헤어지는 이유를 다시 한번 점검하기

지금의 관계를 끝내는 이유가 본인을 위함인가? 아니면 새로운 사람에게 잠시 눈이 멀어서인가? 다음 사항들을 통해 확인해 보라.

1. 유혹
새로운 사람을 만나지 않았다면 곁에 있는 사람과 헤어지지 않았을까? 그렇다면 기존 관계를 소생시키는 데 집중해야 한다.

2. 현실
마술사가 속임수를 몽땅 알려준다고 한번 생각해 보라. 그 마술은 더이상 황홀하지 않을 것이다. 새로운 관계는 마법으로 가득하다. 그러나 마법이 시들해졌을 때 무엇이 남을지는 알려주지 않는다. 새 관계에 금이 가는 상황을 가정해 보라. 해결할 준비가 되어 있는가? 아니면 그때도 똑같이 좌절하고 환멸을 느낄 것인가?

3. 카르마
다른 사람을 만나려고 지금의 상대와 헤어진다면 그 새로운 사람이 당신에게 똑같이 하리라는 사실을 기억하라. 지금의 상대를 떠날 거라면, 이 사람과는 도저히 미래가 없으며 함께하느니 차라리 혼자가 되는 게 낫겠다고 진정으로 믿고 있어야 한다.

서로가 서로에게 무관심해진다면

이혼 전문 변호사인 조지프 코델Joseph E. Cordell은 고객들에게서 자주 목격하는 문제 중 하나가 '일상적인 소통의 부족'이라고 말한다.[11] 서로에게 삶에 일어나고 있는 일을 전혀 공유하거나 의논하지 않는다는 것이다. 그러면 누군가는 자신이 상대방의 삶에서 중요한 요소가 아니라고 느낄 수 있다. 결혼한 지 10년이 됐으면 배우자가 퇴근한다고 해서 헐레벌떡 현관까지 뛰어가지는 않게 된다. 그렇지만 배우자를 보는 일은 대체로 긍정적인 경험이어야 한다. 휴대전화가 울리고 배우자의 이름이 화면에 떴을 때 '거절'을 누른다면 무언가 문제가 있는 것이다. 반드시 스스로에게 이렇게 물어보아야 한다. '내가 왜 이 전화를 피하지?'

친밀한 관계였던 누군가를 피하는 이유 중 하나는 그의 삶에 대한 이야기를 듣는 데 더는 시간을 쓰고 싶지 않기 때문이다. 오랫동안 교감을 느끼지 못했기에 더 이상 그 사람이 흥미롭지 않을 수 있다. 이 변화를 스스로 인정하기란 쉽지 않다. 자기 자신이 한결같이 상대방을 아끼는 사람이라고 믿고 싶기 때문이다.

지금의 상황을 제대로 판단하려면 삶에서 연락하고 싶은 사람, 가까이 있으면 신나는 사람, 대화가 설레는 사람이 있는지 자문해 보라. 이 문제가 당신의 삶 전반에서 나타나는지 아니면 상대방과의 관계에서만 발생하는지 알 수 있을 것이다. 그리고 그 감정이 지속되는지 아니면 지나가는 한 과정인지 살펴보라. 상대방을 만나는 게 전혀 기대되지 않는다면 그를 대하는 감정이 영구적으로 바뀌었다는 걸 알 수 있을 것이다. 그를 기피하지 않는다고 해도 함께 시간을 보내는 게 지치거나 시큰둥하다면 이 역시 좋지 않은 신호다.

관심이 줄어들고 있다는 것을 알려주는 또 다른 징후는 좋은 소식이나 나쁜 소식이 있을 때 즉각 상대방에게 알리고 싶은 마음이 들지 않는 것이다. 좋은 소식이 있을 때 떠오르는 사람이 누구인지 생각해 보라. 그 사람이 세 손가락 안에 들지 않는다면 소식을 전할 만큼 중요하게 느껴지지 않거나 그가 이 소식에 별 관심이 없을 거라 생각한다는 뜻이다.

사적인 정보를 더 이상 공유하지 않는 것은 더 이상 그 사람에게 친밀한 교감을 느끼지 않기 때문이다. 물론 좋은 소식 중에는 상대의 가치관으로 보았을 때 별로 중요하지 않은 것들도 있다. 당신이 새 스웨터를 샀다고 해서 꼭 축하를 해주어야 하는 것은 아니다. 그렇지만 일반적으로 당신이 기뻐하면 상대방도 기뻐하고 슬퍼하면 위로해 주려 한다는 느낌이 들어야 한다.

가장 확실한 한 가지 신호는 더 이상 상대방에게 배울 게 없다고 느끼는 것이다. 결혼 및 가족 문제 전문 심리 치료사 매릴린 허프Marilyn Hough는 더 이상 함께 성장하지 않는 연인의 이야기를 들려준다.[12] 제인은 심리 치료사가 되려고 교육을 받고 있었다. 엔지니어인 남편 톰은 외벌이 가장으로서 가족들을 부양했다. 톰은 제인이 심리 치료사가 되고 싶어 하는 게 시간 낭비라고 생각했다. 제인은 톰이 자신을 무시한다고 느꼈고 톰은 자신의 노동에 지원을 받지 못하고 있다고 느꼈다. 두 사람은 더 이상 함께 성장하지 않았다. 허프에 따르면 두 사람이 심리 치료사를 찾아왔을 때쯤에는 이미 "성장의 격차가 너무 커서 극복할 수 없는 정도였다. 본인들의 진짜 감정과 욕망을 소통하지 않은 채 지낸 세월이 너무 길었다." 그때부터 중요한 것은 더 이상 관계 개선이 아니다. 조심스럽게 서로 배려하면서 헤어질 방법을 협의하는 일이다.

한 사람 또는 두 사람 다 더 이상 관계 유지를 위해 노력하지 않는다면 사랑이 식은 것일 수 있다. 관심을 잃은 쪽은 이유를 설명하기가 쉽지 않을 것이고, 그 이유를 이해해야 하는 쪽은 잔인한 진실을 듣게 된다. 항상 완벽한 관계란 없다. 그러나 정말로 문제가 생겼다면 해결하려고 노력하는 사람이 혹시 당신뿐이지는 않는지 잘 살펴보라.

친밀감 없이 관성적으로 만나고 있을 때

참기 힘든 행동이나 의견의 불일치가 두 사람 사이의 주된 문제는 아닐 수도 있다. 때로는 '단절'이 문제가 된다. 연애 초기에는 불꽃이 마구 튄다. 두 사람 다 서로에게 열정적으로 끌리며 관계에 긍정적 에너지가 흐르는 게 느껴진다. 그러나 시간이 지나면 처음의 그 흥분 상태는 시들해질 수밖에 없다. 두 사람은 불꽃이 튀던 그 시절을 그리워한다. 여전히 상대방을 사랑하지만 왜 모든 게 예전 같지 않은지 궁금해하며 이전처럼 교감을 느껴야 하지 않을까 걱정한다.

내 내담자 중 한 사람은 친구들과는 몇 시간이고 떠들 수 있는데 정작 여자 친구와는 무슨 이야기를 해야 할지 모르겠다고 했다. 그렇다면 지금의 여자 친구가 자신이 기다리던 '운명의 상대'가 아닌 것이냐고 내게 물었다.

나는 이렇게 말해주었다. "식물이 잘 자라려면 햇빛과 물, 토양, 영양, 비가림막 등이 필요하듯이 인간관계도 계속해서 잘 성장하려면 지속적인 보살핌이 필요해요"라고 말이다. 어떤 사람은 "새 화분을 하나 사지, 뭐"라고 말할지도 모른다. 하지만 그런 식으로 다른 식물을 찾는다고 해도 지속적으로 보살핌을 주어야 한다는 사실은 달라지지 않는다. 그 화분 또한 매일 돌보아야만 오랫동안 생생하게 살아 있을 것이다.

더 친밀하게, 더 많이 교감하도록

두 사람이 친밀감을 회복하려면 함께 배우고 성장해야 한다. 내가 아는 연인들 중에도 서로 공통점이 하나도 없다고 말하는 이들이 많다. 저녁 식탁에 앉으면 나눌 이야기가 아무것도 없다는 것이다. 그러면 자연스럽게 식사 분위기가 부정적인 쪽으로 흐른다. 낮에 만난 사람이나 했던 일들에 관해 불평이나 비난을 하거나 가십을 나누게 된다. 영부인이었던 엘리너 루스벨트Eleanor Roosevelt가 했다고 알려진 말이 있다. "위대한 사람은 아이디어를 논하고 평균적인 사람은 사건을 논하며 좀생이들은 사람을 논한다."[13]

다음 쪽의 그림을 보면 교감과 반응의 관계를 한눈에 알 수 있을 것이다. 부정적인 이슈로 교감을 느낀다면 낮은 수준의 반응이 만들어진다. 그렇게 낮은 에너지는 오래 지속되지도, 만족을 만들어내지도 못한다. 일정이나 집안일처럼 일상적인 문제로 중립적인 교감을 나누면 중간 수준의 반응이 만들어진다. 이 역시 친밀감이나 사랑을 만들어내지는 못한다.

하지만 함께 실험을 하고 서로를 통해서 혹은 서로에게서 무언가를 배우면 높은 수준의 반응이 만들어진다. 이는 교감을 자극하고 활성화시킨다. 만약 당신이 이처럼 높은 수준의 반응을 만들어낼 수 없다면 상대와 공유할 만한 새로운 생각이 전혀 없기 때문일지도 모른다.

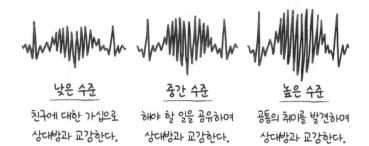

♦ 교감의 내용에 따른 반응의 수준

낮은 수준
친구에 대한 가십으로
상대방과 교감한다.

중간 수준
해야 할 일을 공유하여
상대방과 교감한다.

높은 수준
공동의 취미를 발견하여
상대방과 교감한다.

당신이 스스로를 개발하는 데 시간을 쓰지 않는다고, 독서를 하거나 새로운 아이디어나 기술을 배우지 않는다고 해보자. 이처럼 전부터 해왔던 일을 하고 또 한다면 관계를 새롭게 시작하거나 다른 활기를 불어넣을 수 없다. 반복적인 활동이 편하고 긴장이 풀리는 것처럼 느껴질 수는 있지만 익숙한 루틴으로는 상대방에 대한 새로운 사실을 배울 수 없다. 반면 당신이 성장한다면 관계도 함께 성장한다. 친밀감은 자기 자신을 더 많이 공개하고 여러 아이디어를 실험하며 약점까지도 기꺼이 노출할 때 회복된다.

새로운 생각이나 철학은 앱으로 배달시킬 수 없다. 마음을 열고 상대방과 함께 탐구해야 한다. 친밀감은 함께 모험을 할 때 만들어진다. 그중에는 오락거리도 있고, 경험과 실험도 있고, 교육도 있다. 목적은 모두 동일하다. 경험을 공유하면 그 경험을 곱씹어 보게 된다. 의견을 공유하고 같은 생각을 하는지 비교해 보게 된다. 이 과정을 통해 서로를 더 많이 알고 함께 배우게 된다.

코로나19 이전에 라디와 나는 집에서 함께 명상을 하는 행사를 열곤 했다. 가까운 친구들을 초대해서 깊이 있고 아름다운 명상의 시간을 가졌다. 우리 둘 다 명상과 영적인 탐구에 높은 가치를 두기 때문에 이 행사는 지인들에게 함께 봉사할 수 있는 기회였다. 라디가 음식 준비와 인테리어를 맡고 내가 손님 명단 작성과 초대장 제작 및 발송을 맡았다. 행사가 끝난 뒤 다들 집으로 돌아가고 나면 함께 이뤄낸 일에 대해 즐겁고 감사한 기분이 들었다. 개인적으로도, 직업적으로 늘 목적을 추구하고 또 성취하고 있었지만 실은 우리 둘의 관계에서도 함께 추구할 수 있는 목적이 있었으면 했는데 이 행사는 우리의 관계에 그런 목적을 부여해 주었다.

오락거리를 찾아라

대부분 긴 하루가 끝나면 너무 지쳐서 TV 앞에 웅크리고 앉는 것 말고는 아무것도 할 수 없을 것 같은 기분에 사로잡힌다. 과로에 기진맥진한 상태라 사랑하는 이와 가장 쉽게 교감할 수 있는 수단으로 오락거리를 찾는 경우가 많다. 특히 코로나19로 외출이 제한되던 시기에 TV 시청 시간이 늘어난 사람이 많을 것이다.

죄책감을 느끼면서도 즐길 수밖에 없는, 내가 가장 좋아하는 프로그램은 부동산 프로그램인 〈셀링 선셋Selling Sunset〉이다. 이왕 TV를 보겠다고 결정했다면 상대방과 친밀감을 더 많이 느낄 수 있는 방법이 여러 가지 있다. 먼저 TV를 볼 때 멀티태스킹을 하지 마라. 노트북이나 휴대전화를 멀리하라. 그래야 함께 TV를 시청하는 상대방에게 더 집중할 수 있다. 끝나면 관심 있는 주제를 골라 대화를 나눠라. 대단한 비평을 내놓으라고 할 필요는 없지만 프로그램을 보고 무엇을 느꼈는지 물어보는 정도의 노력은 기울일 수 있다. 그러면 두 사람 모두 그 프로그램에 더 집중하게 되고 교감도 느낄 수 있을 것이다.

하지만 오락거리는 친밀감을 키우기 위해 제안하는 세 가지 활동 중 하나에 불과하다. 오락거리를 즐기면 안 된다는 얘기가 아니다. 다만 상대방과의 여가 시간을 100퍼센트 모두 오락거리에만 쓴다면 이야깃거리가 바닥날 것이다. 이때 억지로라도 밖으로 나간다면 당신의 뇌가 감사해할지도 모른다. 친밀감을 높이기 위해서라면 그 정도의 노력은 충분히 들일 가치가 있다.

경험과 실험을 하라

경험과 실험은 오락거리보다 더 많은 기획과 에너지가 필요하지만 보상을 생각한다면 충분한 가치가 있다. 경험과 실험 후에는 함께 되돌아보며 생각을 공유할 수 있다. 돈이 많이 들거나 과격하거나 특이한 것일 필요는 없다. 출판 기념회나 마술쇼, 미술관 관람, 라이브 바 방문 같은 일도 괜찮다. 직거래 장터를 방문해도 좋고 요리 수업을 함께 듣거나 와인 시음회에 참석하는 방법도 있다. 댄스 수업에 함께 가거나 소풍이나 등산을 가거나 계절별로 바뀌는 인테리어 전시를 보러 가는 것도 좋은 방법이다. 그냥 저녁 식사 후에 산책을 가도 된다.

그렇지만 당신 혼자만 관심이 있는 행사에 상대방을 끌어들이지는 마라. 지역 소식지 등을 보고 두 사람 모두 관심이 있는 것을 찾아보라. 평소에 하지 않던 일을 해보라. 이런 활동은 모두 상대방을 더 많이 알 수 있도록 도와준다. 함께 있는 게 안전하게 느껴지고 친밀감도 더욱 커질 것이다. 관계에 문제가 발생하더라도 해결할 수 있는 여유와 회복력도 생긴다.

함께 휴가 계획을 짜도 좋다. 매주 서로의 호불호를 논의할 수 있는 시간을 따로 정하라. 밤 동안 다른 도시를 경험해 봐도 좋고 사막에 있는 에어비앤비 숙소를 빌려도 좋다. 휴가 기간에 방문할 식당이나 액티비티를 미리 예약해도 되고 그때그때 기분 내키는 대로 해도 된다.

미국여행협회U.S. Travel Association의 의뢰로 2000년에 실시된 조사에 따르면 함께 여행을 하는 연인은 훨씬 더 건강한 관계를 유지하며 더 행복하다고 한다.[14] 그들 중 86퍼센트가 자신들의 관계에 낭만이 있다고 말했고 63퍼센트는 실제로 여행이 낭만적인 감정에 불을 지핀다고 믿었다. 68퍼센트는 건강한 관계를 위해서는 함께 여행을 하는 게 '반드시 필요하다'고 생각했다. 이 보고서에 따르면 여행은 연인들이 서로를 우선순위에 두도록 도와주었다. 함께 먼 곳으로 여행을 가면 다른 일들은 미뤄놓고 서로에게 집중할 수 있기 때문이다.

라디와 나는 매달 함께 여행을 하려고 노력한다. 시간이 없으면 가까운 곳에 잠깐 다녀오거나 당일치기 여행을 하기도 한다. 함께 여행을 한다는 건 단순히 새로운 장소에 가는 행위만을 뜻하지 않는다. 다른 신경 쓸 것이 없는 곳에 있어 보면 더 깊은 이야기를 나눌 수 있고 더 가까워진다.

다 함께 예배를 드리고 자선 행사를 하고 자원봉사를 하는 일은 내가 승려로 사는 동안 깊이 참여했던 활동들이다. 승려들은 가진 시간의 절반을 침묵 속에서 자각하며 공부하는 데 쓴다. 나머지 절반은 예배를 드리고 세상을 더 좋게 바꾸려 노력하며 보낸다. 내가 아는 연인들 중에는 자원봉사를 하면서 만난 사람들도 있고, 정기적으로 함께 자원봉사를 가는 사람들도 있다. 그들은 한결같이 함께 봉사를 가는 게 너무나 아름다운 경험이라고 말한다. 나도 라디와 함께 지속적으로 자원봉사를 한다. 자선 행사를 조직하고 노숙자에게 급식을 주기도 하고 사람들을 모아서 전문가로부터 무언가를 배우기도 한다.

봉사는 음악이나 섹스처럼 옥시토신 수준을 높여준다. 스트레스 수준을 낮추고 사회적 교감을 만들어낸다는 사실도 밝혀졌다. 단순히 서로를 돕거나 혼자 봉사를 하는 것보다 두 사람이 함께 다른 사람들을 돕게 되면 쉽게 교감을 느낄 수 있다. 현실의 문제를 바라보는 시각도 생기고, 함께 감사하는 마음을 경험하며 더 높은 목적을 느낄 수 있다. 2017년 월릿허브WalletHub에서 실시한 설문 조사를 보면 함께 자원봉사를 하는 부부는 부부 관계가 유지될 확률이 높았다.[15] 우리는 영화나 TV 프로그램을 통해서만 유대감을 느끼는 게 아니다. 신념과 사명 의식을 공유하는 데서도 유대감을 느낀다.

최고의 경험 중 하나는 실험이다. 함께 새로운 일을 시도해 보는 것이다. 그러면 단순히 그 새로운 일만 배우는 게 아니라 나 자신과 상대방에 대해서도 배우게 된다. 실험을 하면서 약한 모습을 많이 드러낼수록 오히려 친밀감을 더 많이 느끼게 될 것이다. 심리학자 아서 에런Arthur Aron 팀의 연구에 따르면 새롭고 흥미진진한 활동을 함께 하는 연인은 교감과 유대감을 증진시킬 수 있었다.[16]

두 사람 모두의 전문 분야가 아닌 쪽에서 모험거리를 찾아보라. 한 사람에게만 유리한 종목의 스포츠를 시도하거나 한 사람이 벌써 수년간 해왔던 게임을 하지는 마라. 친밀감을 쌓기 위해서는 두 사람 다 서툰 분야에서 호기심을 느껴야 한다. 비슷하게 불편함을 느끼며 그 과정에서 새로운 시각을 얻어야 한다. 그러면 서로를 의지하게 될 것이다. 힘든 등산이나 유령의 집 방문, 동굴 탐험 혹은 스케이트나 방탈출 게임 같은 활동이 좋다.

약한 모습을 서로에게 노출하는 순간부터 친밀감이 쌓이는 법이다. 한번은 라디와 내가 화실에 간 적이 있다. 이젤과 캔버스, 붓, 그림 등이 준비되어 있는 곳이었다. 강사들은 우리에게 작업복을 입게 하고 정말로 신나는 활동을 안내해 주었다. 결과물을 걱정할 필요 없이 원하는 곳에 스프레이 페인트를 뿌리고 그림을 그리는 경험은 새로움뿐만 아니라 해방감을 주었다. 또 한번은 '분노의 방'이라는 곳에 갔다. 그곳에는 병이며 캔, 오래된 컴퓨터, 망가진 팩스 같은 물건들이 잔뜩 구비되어 있었다. 금속 파이프와 야구방

망이 따위로 마음껏 물건들을 때려 부수며 스트레스를 날리는 곳이었다. 폭력적인 사람들이 아니었던 우리는 주저했다. 그리고 들어갈 때보다 더 스트레스를 받은 채로 그곳을 나왔다.

이런 활동은 두 사람 관계의 축소판이다. 단순히 게임을 하는 게 아니다. 활동들은 심각하지 않은 방식으로 실제 둘의 관계를 알려준다. 연구에 따르면 놀이 상태에서 가장 잘 배울 수 있다고 한다.[17] 놀이는 정신 건강에 반드시 필요하다. 성공 여부가 중요하지 않은 놀이 공간에서 새롭고 도전적인 활동을 함께 하면 두 사람 다 마음의 여유를 가지고 배우며 정신적 안정을 얻을 수 있다. 둘 사이의 약점뿐만 아니라 강점까지 깨달을 수 있다. 그러니 결과가 중요하지 않은 상황에서 함께 실수를 저지르는 연습을 하라. **두 사람이 함께 무언가를 성취하는 경험은 생활 전반에 적용 가능하다.**

특히 지금까지 경험해 보지 못한 낯선 영역에 뛰어들 때 더 큰 유대감이 형성된다. 두 사람의 성향에 맞는, 도전적이거나 어려운 일을 해보라. 스카이다이빙이나 제트스키처럼 버킷리스트에 들어갈 만한 활동도 좋다. 높은 곳에 대한 두려움을 정복하는 과제도 좋다.

아서 에런과 돈 더턴Don Dutton은 한 매력적인 여성이 두 그룹의 남성들을 인터뷰하는 실험을 했다.[18] 남성들은 인터뷰 직전에 아주 높으면서 약간 불안정한 다리 혹은 평범하고 안정적인 다리를 건너온 상태였다. 인터뷰를 진행한 여성은 각각의 남성에게 몇 가지 질문을 한 후 "혹시라도 더 많은 얘기를 나누고 싶으면 연락하라"며 전화번호를 주었다. 흔들리는 다리를 건너온 열여덟 명의 남성들은 중 아홉 명이 여자에게 전화를 걸었다. 평범한 다리를 건너온 열여섯 명의 남성들 중에서는 단 두 명만이 전화를 걸었다.

애런과 더턴은 이 연구를 통해 '흥분의 잘못된 귀인misattribution of arousal' 효과를 지적했다(남성들은 다리를 건너며 신체적 흥분을 경험했을 뿐이지만 여성에게 후광 효과가 일어났다). 혹시 그들이 높은 다리를 건넌 후 자신감이 충만해져서 더 대담해진 건 아닐까? 연구진은 결과를 더 정확히 해석하기 위해 후속 실험을 진행하기로 했다. 이번에는 남성 참가자들에게 신체적 흥분을 일으키기 전에 연구의 일환으로 전기충격을 받게 될 거라고 말해주었다. 일부에게는 전기충격이 약하다고 했고 다른 이들에게는 고통스러울 거라고 했다. 그리고 다시 매력적인 여성 한 명을 마치 실험 참가자인 것처럼 앉혀놓았다.

연구진은 참석자들에게 전기충격기를 설치하는 데 시간이 조금 걸리니 기다리는 동안 몇 가지 설문지를 작성해 달라고 했다. 그중 한 설문지는 참가자들이 여성에게 느끼는 매력의 정도를 평가하는 것이었다. 그 결과 고통스러운 전기충격을 받게 될 참가자들은 약한 전기충격을 받게 될 참가자들보다 여성 참가자가 훨씬 더 매력적이라고 평가했다. 이 연구는 낯설거나 흥분되는 경험(그게 무엇이든 감각적 흥분을 일으키는 것)이 왜 오랜 연인이나 배우자에 대한 관심을 환기하고 되살려 내는지 알려준다. 연구진은 "약간의 스트레스는 사랑의 감정을 촉진할 수 있다"고 결론 내렸다.

목숨이 위험한 일까지 할 필요는 없다. 하지만 새롭고 도전적인 일이 주는 낯설고 흥분되는 느낌은 감각을 고조시키며 상대방에 대한 강력한 끌림을 만들어낼 수 있다. 삶과 직업 코칭 서비스를 제공하는 그로잉 셀프 카운슬링 앤 코칭Growing Self Counseling & Coaching의 설립자인 리사 마리 보비Lisa Marie Bobby 박사는 말한다. "이렇게 함께 보낸 순간들은 오래오래 두 사람 사이에서 이야깃거리가 되고 둘을 이어준다."19

도전적인 경험을 함께 견뎌내면 상대방이 나를 얼마나 아끼는지 알 수 있다. 모험을 하다 보면 한 사람이 먼저 다른 한 사람을 응원했어도 역할이 뒤바뀔 수 있다. 예를 들어 아주 높이 설치된 워터 슬라이드를 함께 타려고 한다고 치자. 꼭대기까지 올라가는 동안 자신감이 넘치는 사람과 실제로 내려올 때 자신감이 넘치는 사람은 서로 다를 수 있다. 그러면 서로가 서로를 응원하고 있는 게 눈에 들어올 것이다. 이럴 때 두 사람은 아름다운 감정을 경험할 수 있다. 실제로 많이 위험한 것은 아니더라도, 상대방이 떨리고 무서운 상황에서도 나를 챙기는 사람이라는 걸 알 수 있기 때문이다. 그런데 반대로 이런 상황에서 상대방이 나를 전혀 챙기지 않고 아랑곳하지도 않으며 공감이나 연민, 응원 따위가 전혀 없다는 걸 발견할 수도 있다. 그렇다면 둘 사이에는 커다란 구멍이 있다는 걸 더 분명히 깨달을 수 있을 것이다.

다양한 교육을 받아라

친밀감을 쌓는 세 번째 방법은 교육이다. 자신과 상대방의 목적에 대해 이야기할 때 언급했던 바와 같이, 교육은 시간과 노력이 가장 많이 들지만 서로의 성장을 응원하는 훌륭한 방법이다. 공통된 관심사가 있다면 함께 수업을 들어보면 어떨까? 부동산에 관한 세미나에 함께 참석하거나 정원 가꾸기 수업을 함께 들을 수도 있을 것이다. 정확히 똑같은 일을 하지 않아도 된다. 각자 교육을 받고 서로 배운 내용을 공유해도 좋다. 핵심은 지식을 넓혀서 새로운 이야깃거리를 만들어내는 것이다.

감사를 표현하라

친밀감을 쌓는 마지막 방법은 감사를 표현하는 것이다. 서로 무관심한 상태가 되면 상대방의 말이나 행동, 성공 등을 인정하거나 감사하지 않는 경우가 많다. 앞서도 이야기했지만 상대방이 당신을 위해 요리를 했다면 감사해야 한다. 제때 출발할 수 있게 차를 옮겨주었다면 감사해야 한다. 당신이 괜찮은지 확인하려고 전화를 했다면 감사해야 한다. 차에 기름을 채워주었다면 감사해야 한다. 화재경보기의 배터리를 교체해 주었다면 감사해야 한다. 자기 전에 다른 방을 돌아다니며 불을 끄고 왔다면 감사해야 한다. 감사할 수 있는 이 좋은 기회를 왜 붙잡지 않는가?

상대방에게 관심을 많이 기울이면 기울일수록 그의 배려에 감사하게 되고 똑같이 돌려받을 가능성이 커진다. 그에게 감사하는 걸 알면 그도 똑같이 당신의 사려 깊음에 감사할 것이다. 그리고 계속 배려심 있는 행동을 이어가는 동시에 당신이 무언가를 해주면 고마워할 것이다. 이게 바로 감사의 선순환이다. 서로를 위해 간단한 일들을 해준다면 사랑을 느낄 기회도 점점 더 많아질 것이다.

한 단계 성장할 것인가, 헤어질 것인가

친밀감을 회복하려는 노력에도 불구하고 두 사람 사이가 학대·바람·무관심·관성이라는 네 가지 관계의 위협과 다른 구조적 위협을 만난다면 선택을 해야 한다. 사랑은 불완전하다. 하지만 불완전함을 이해한다고 끝까지 참으며 건강하지 않은 관계를 이어가야 하는 것은 아니다. 계속 관계에 남아 노력하고 성장할 방법을 찾을지, 아니면 헤어져야 할지 알 수 있는 방법을 살펴보자. 정답은 없다. 선택은 두 가지뿐이다. 하나는 내 관계를 한 차원 더 성장시키기로 하는 것이고, 다른 하나는 갈라서는 것이다.

실은 세 번째 선택도 있다. 많은 사람들이 디폴트(기본 선택)처럼 택하고 있는 그 선택은 바로 '현재 상태' 그대로 두는 것이다. '정체停滯'는 결코 좋은 일이 아니다. 우리는 계속해서 성장하고 있어야 한다. 그러나 사물을 있는 그대로 '받아들이는' 것도 어떻게 보면 성장의 방법 중 하나다. 바쁘게 일하고 이런저런 챙길 일이 많아 둘 사이를 돌볼 시간이 없으면 상대방을 향한 마음이 예전 같지 않다고 느낄 때가 있다. 어쩌면 어딘가 더 나은 사람이 있을지도 모른다고 상상의 나래를 펴기 시작할 수도 있다. '절대로 싸우지 않고 늘 나를 즐겁게 해줄 사람이 있을 거야.' 만약 이런 경우라면 환상을 놓아주고 경로를 이탈하지 마라. 상대방이 환상과 같기를 바라는 건 온당치 못하다. 그를 있는 그대로 바라보는 연습을 하라.

충돌이나 스트레스를 잘 참아내지 못한다면 그 누구와도 계속 함께하기 어렵다. 관계를 포기하기 전에 혹시 내가 상대방에게 너무 많은 것을 기대하고 있는 건 아닌지 확인해 보아야 한다. 친구가 늘 당신을 도와 상자 나르는 일을 해주었다고 해도 갑자기 평소보다 훨씬 큰 상자를 옮겨달라고 하면 이렇게 말할지도 모른다. "미안. 이 상자는 나한테 너무 큰 것 같아." 친구가 이렇게 도움을 거절한다고 해서 당신을 사랑하지 않는다고 생각하지는 않을 것이다. 친구는 그저 당신을 도울 여건이 되지 않을 뿐이다. 연인이나 배우자도 마찬가지다. 그가 삶의 모든 영역에서 늘 당신을 지원할 여건이 되리라는 법은 없다. 그는 당신의 모든 요구를 충족시켜야 하는 '5분 대기조'가 아니다.

그러나 5분 대기조가 아니라도 누구에게나 다양한 삶의 영역을 지원해 주는 사람이 필요한 것은 사실이다. 사람들은 자신에게도 이러한 '지원 시스템'이 있기를 바라면서도 주변의 어떤 사람이 도움을 주고 있는지는 잘 알아보지 못한다.

성숙한 사랑을 위한 팁:
서로의 지원 시스템 확인하기

삶의 핵심 영역마다 내가 힘들 때 의지할 수 있는 사람이 누구인지 알아보자. 이 질문들에는 혼자 답해도 좋고 연인이나 배우자와 함께 답해도 좋다. 서로의 지원 시스템을 더 잘 이해할 수 있을 것이다.

- 자아: 자기 의심이 생길 때나 가치관에 대해 이야기하고 싶을 때, 영적인 탐구를 하고 싶을 때, 성공을 기념하고 싶을 때 당신은 누구를 찾는가?
- 경제: 커리어나 수입, 경제적 의사결정에 대해 물어볼 때 조언을 가장 잘 해주는 사람은 누구인가?
- 정신과 정서: 정신 건강에 관한 가이드나 지원이 필요할 때 어떤 친구나 출처에 의지하는가?
- 건강: 건강과 관련해 질문이 있을 때 찾아가는 사람은 누구인가? 감당하기 어려운 건강상의 문제가 생겼을 때 찾아가기 좋은 사람은 누구인가?
- 인간관계: 친구나 가족 혹은 동료, 연인이나 배우자 등과 충돌 또는 어려움이 있을 때 누구에게 지원이나 조언을 받는가?

각자가 구축한 지원 시스템을 확인하고 나면 서로 가장 잘 지원해 주는 영역은 어디인지, 다른 사람들에게 의지하는 게 좋을 영역은 어디인지 보일 것이다. 여기에 두 사람 다 죄책감이나 창피함을 느낄 필요는 없다.

참을 수 없는 문제를 받아들이기까지

두 사람 사이에 수리가 필요할 만큼 심각하게 금이 갔지만, 그럼에도 불구하고 함께 잘 지내보고 싶다면 어떻게 해야 할까? 상대방을 온전히 신뢰할 수 없어서 어떻게 신뢰를 다시 쌓아야 할지 알고 싶은가? 아니면 한동안 친밀감을 쌓아 오랫동안 쌓여온 문제들을 해결할 준비가 됐다고 느끼는가? 그렇다면 한 단계 더 발전하는 게 두 사람 모두에게 도움이 될 거라고 믿어야 한다. 헤어지는 대신 관계를 한 차원 끌어올려 보기로 선택하는 것이다.

내담자들을 만나면서 나는 4단계 프로세스를 개발했다. 어느 문제를 정말로 참을 수가 없어서 헤어져야 하는지, 아니면 관계가 한 차원 높아지기를 바라는 이상 문제를 달리 바라보고 결국에는 받아들일 방법을 찾아낼 수 있을지 알아볼 수 있는 방법이다.

시작은 '참을 수 없는 문제'가 무엇인지부터 확인하는 것이다. 둘 사이의 어떤 '차이'는 헤어져야 하는 이유가 된다. 보통은 같은 일로 계속해서 좌절하면서, '이걸로 우리 관계는 끝이 아닐까' 하는 생각이 들게 만드는 문제다. 우리는 이 문제를 가지고 네 단계를 밟을 것이다. '참을 수 없는 상태'에서 '참을 수 있는 상태'로, 그리고 '이해'로, 그다음은 '수용'으로 말이다. 때로는 '감사'하는 방법까지 찾아낼 수도 있다. 한때는 참을 수 없다고 생각했던 문제로 오히려 상대방을 존경하고 그에게 감사하는 경지에 이를 수도 있다. 다음 쪽의 그림을 보면 이해하기가 더 쉬울 것이다.

◆ 관계의 차원이 높아지는 과정

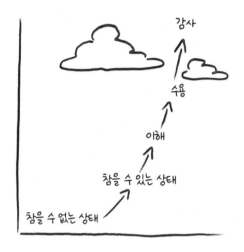

참을 수 없는 상태에서 수용에 이르는 여정에서 가장 중요한 것은 당신이 얼마나 인내하며 시각을 바꿀 수 있느냐(상대도 솔직한 태도로 노력해 주어야 한다) 하는 점이다. 최선을 다해 노력해도 어떤 행동이나 환경은 끝까지 참을 수 없는 상태로 남을 수도 있다. 그때는 갈라서야 한다. 그러나 노력이 결실을 맺지 못한다고 하더라도 최선을 다했다는 사실만큼은 변하지 않는다. 혹시 노력조차 하고 싶지 않은가? 그렇다면 둘 중 하나다. 지금 상태 그대로 계속 가거나 헤어지는 것이다.

1단계: 참을 수 없는 상태

소냐의 남편 로한은 신용카드 빚을 갚는 대신 비싼 자동차를 리스하겠다고 했다. 두 사람에게는 자녀가 둘 있었는데, 소냐는 가족의 주머니 사정이 걱정되었을 뿐만 아니라 로한이 아이들에게 무책임과 물질만능주의의 본보기가 되는 게 우려스러웠다. 소냐에게 이는 참을 수 없는 문제였다. 균열은 이미 오랫동안 진행되었고 계속해서 그렇게 살아간다는 건 상상할 수 없었다.

이런 예는 무수히 많다. 상대방이 직업상 어쩔 수 없이 장시간 일해야 하는데 당신은 많은 시간을 함께할 수 있는 사람을 원할지도 모른다. 상대방은 한 사람은 일을 하고 다른 한 사람은 가정을 돌보는 부부 관계를 바라는데 당신 생각은 다를 수도 있다. 또 상대방은 휴가 때마다 새로운 도시를 탐험하고 싶어 하는데 당신은 그냥 해변에 쓰러져 있고 싶어 한다면 이 사람과 여가 시간을 어떻게 보내게 될지 상상이 안 될 수도 있다. 상대방이 지출을 통제하지 못해서 당신을 빚더미에 앉게 할 수도 있다. 각각 정도의 차이는 있지만 이런 사례들은 근본적으로 뜻이 맞지 않는 경우다. 이런 균열은 무시하고 지나갈 수 없다. 때로는 상대방이 헤어지자고 할 수도 있다. 당신이 관계를 지킬 마음이 굳건하다면 그가 당신의 생각을 바꿔놓을 수도 있다.

자동차를 사랑하는 남편을 둔 소냐의 경우처럼, 상대방이 참을 수 없는 행동을 바꾸지 않는 이상 도저히 이 간극을 메울 수 없을 것 같다는 충동이 든다면 어떻게 해야 할까? 가장 먼저 자기 자신에게 질문을 던져보라. '어느 정도의 불편을 감수하고 이 문제를 극복할 만큼 나는 이 사람을 사랑하는가?' 그 답이 '아니다'이고 절대로 이 문제를 안고 살아갈 수는 없으며 상대방의 행동이 바뀔 거라는 기대조차 없다면 당신은 이 문제를 해결할 만큼 그를 좋아하지 않는 것이다.

2단계: 참을 수 있는 상태

소냐는 로한을 포기할 마음이 없었다. 로한은 다른 영역에서는 무책임하거나 물질에 집착하는 사람이 아니었다. 소냐는 시간이 오래 걸리더라도 왜 로한에게 자동차가 그처럼 중요한지 알아볼 마음이 있었다. 소냐는 로한이 유독 이 문제에서만큼은 고집을 피우는 이유를 알고 싶었다.

참을 수 없는 상태에서 수용으로 가는 긴 여정의 첫 단계는 아무리 내키지 않더라도 해당 문제를 해결할 수 있는 방법이 '혹시나' 있을지도 모른다는 점을 인정하는 것이다. 방법은 아직 모르겠지만 일단 두 사람이 이 문제를 해결할 수 있다고 믿는 것이다. 이렇게 인정만 해도 그 문제는 참을 수 없는 상태에서 참을 수 있는 상태로 바뀐다. 이 사람이 도대체 무슨 일을 겪었던 건지, 어떤 경험의 차이가 이런 의견 차이를 만들어냈는지 이해하기 위해 시간을 투자할 의향이 생기고, 상대방도 자신의 입장을 설명하고 이해를 구할 의향이 생긴다. 그렇게 서로 공감 능력을 키우게 된다.

3단계: 이해

소냐는 단순히 이해를 하고 싶을 뿐이라는 점을 분명히 밝히고 로한과 자동차에 대한 대화를 시작했다. 그리고 로한이 어릴 때 버스를 세 번이나 갈아타고 등교를 해야 했었다는 사실을 알게 됐다. 로한은 그게 창피했다고 말했다. 친구들은 부모님의 근사한 차를 타고 등교했기 때문이었다. 그래서 그는 자신의 자녀들에게는 절대로 이런 기분을 물려주지 않겠다고 맹세했다.

소냐는 여전히 로한의 생각에 동의할 수 없었다. 그러나 그의 행동에 대해서는 연민을 느꼈다. 단순히 무모하기만 한 행동이 아니라 깊은 정서적 뿌리를 갖고 있는 문제라는 걸 인식했다. 그래서 소냐는 자동차에 대한 이야기가 나올 때 이해를 바탕으로 대화를 나눌 수 있었다. 또한 로한이 욕구와 불만 사이에서 갈팡질팡하도록 만드는 게 아니라 마음을 치유하도록 도와줄 수 있었다. 두 사람은 아직 이 문제를 해결하지 못했다. 그렇지만 목적지를 향해 계속해서 나아가고 있다.

결혼 및 가족 문제 전문가이자 심리 치료사 존 가트맨 박사에 따르면 결혼 생활의 갈등 중 69퍼센트는 계속 진행되는 문제이며 끝까지 해결되지 않는다고 한다.[20] 우리는 똑같은 대치 상황에 지쳐서 서로를 조금도 이해하지 못했으면서도 더 이상 시도하기를 포기한다. 때로는 그 문제로 계속 싸워볼 만큼 관계를 중요하게 여기지 않아서 포기하는 경우도 있다. 자신의 욕구 혹은 관점만 옹호하는 노력을 부질없이 계속하다가 지쳐서 싸우기를 중단하기도 한다. 또 어떤 때는 문제 해결보다는 평화를 유지하는 게 더 중요해 보여서 문제 자체가 존재하지 않는 척하기도 한다.

이런 식의 거짓 행세에 아주 능해질 수도 있다. 하지만 숨은 문제는 튀어나오기 마련이며 때로는 처참한 결과를 빚는다. 그런 참사를 막으려면 문제를 피할 게 아니라 직시해야 한다. 우리는 상대방이 늘 내 편이 되어주는 관계를 원한다. 그가 나를 이해한다고 느끼는 관계를 원한다. 무슨 이야기든 할 수 있는 관계를 원한다. 그래서 상대방과 교감하려면 어떤 문제든 동의해 줘야 할 것 같지만, 실제로는 의견이 달라도 교감할 수 있다. 사실 상대방과 교감하기 위해서는 '반드시' 의견이 달라야 한다.

상대방의 행동이 말이 안 된다고 단정 짓지 말고 그가 나를 개의치 않는다고 섣불리 판단하지 마라. 과거의 경험이 그의 행동에 어떤 영향을 미쳤는지 자세히 알아보자. 진심을 다해서 말이다. 위협이나 비난은 마음을 닫게 만들 뿐이다. 예를 들어 남편의 가족 모임이 있을 때마다 '미팅'이 생기는 아내가 있다. 남편은 중립적으로 대화를 시작한다. "당신은 우리 가족 모임에는 절대로 참석을 안 하잖아. 최악이야!"라고 말하는 대신 "우리 가족의 저녁 식사 모임에 가면 어때?"라고 물어본다. 남편은 이렇게 물어봤을 때 본인의 가족과 관련해 뼈아픈 소리를 듣게 될 수도 있다는 걸 알고 있어야 한다. 그러면서도 자극받지 않으려고 노력하며 선입견 없이 아내의 말을 경청해야 한다.

아내가 "미안해. 다음에는 참석할게"라고 말할 수도 있다. 하지만 남편은 과거 경험에 비추어 이게 거짓 약속임을 알고 있다. 그래서 진짜 답을 들으려고 노력한다. 아내가 마침내 인정한다. "당신 가족들이랑 있으면 마음이 편하지 않아. 항상 나를 다른 친척들이랑 비교하잖아." 여기까지 왔으면 아주 조심해야 한다. 대화가 남편 가족의 행동에 관한 언쟁으로 흘러가지 않도록 주의해야 한다. 남편이 말한다. "알아. 유쾌한 일은 아니지. 그런데 당신이 참석하는 게 나한테는 중요한 일이야. 당신이 불편하지 않을 정도로, 가끔씩만 참석하는 건 혹시 가능할까?"

아내는 한 달에 한 번은 참석하겠다고 동의하고 다음 달에 시가를 방문한다. 만약 남편이 아내에게 주의를 기울이지 않았다면 집으로 돌아오는 차 안에서 이렇게 말할 수도 있다. "어때? 괜찮았지? 재밌었잖아!" 그러나 아내는 남편의 생각과는 달리 끔찍한 시간을 보냈다. 이해받지 못한다고 느낀 아내는 폭발한다. "아니! 최악이었어. 다시는 안 가."

만약 남편이 생각이 깊고 관찰력이 있다면 이렇게 말할 것이다. "저기, 쉽지 않았다는 거 알아. 같이 와줘서 고마워." 아내를 이해하려는 노력을 통해 이 부부는 세 번의 다툼을 피했다. 첫 번째는 남편이 아내의 행동을 불평하지 않고 이유를 물어보았을 때고, 두 번째는 남편이 자기 가족의 문제를 기분 나쁘게 받아들이지 않았을 때다. 그리고 세 번째는 그 경험이 어땠는지 아내의 이야기를 세심하게 경청했을 때다. 이해를 한다고 해서 참을 수 없는 그 문제가 사라지는 것은 아니다. 그렇지만 이제 두 사람에게 이 문제는 참을 수 없는 정도는 아니게 되었다.

신경이 쓰이는 문제나 행동이 있다면 대화를 나눠라. 상대방에게 이렇게 물어보라. "당신 이거 좋아해?" "왜 좋아해?" "이런 식으로 처리하는 이유가 있어?" 당신이 요청을 했음에도 상대방이 행동을 바꾸지 못하는 이유를 물어보라. 질문을 하고 시간을 들여서 답을 들어라. 이렇게 대화를 나누면 상대방을 비난하거나 그의 행동을 고깝게 여기는 대신 더 깊이 이해할 수 있다. 그리고 그때부터는 함께 노력할 수 있다.

상대방을 이해하기 위해서는 그가 가진 문제에는 분명히 이유가 있다는 사실뿐만 아니라 성장이 쉽지 않다는 사실도 깨달아야 한다. 그리고 둘의 관계를 한 차원 더 끌어올리기로 결심했다면 누구든 하루아침에 바뀔 수는 없다는 사실을 인정해야 한다. 즉 상대방이 노력하는 동안 인내심을 가져야 한다.

4단계: 수용

서로의 차이를 수용해야 한다고 말하면 아무것도 바꿀 필요가 없다는 뜻이라고 생각할 수 있다. 꼭 그런 의미는 아니다. 수용이란 연인이나 배우자의 변화하려는 노력을 인정한다는 뜻이거나 타협을 위해 함께 노력 중이라는 뜻일 수 있으며 어쩌면 바뀌어야 할 사람은 바로 나라는 사실을 깨달았다는 뜻일 수도 있다.

내 내담자의 남자 친구가 포르노 중독을 고백했다. 남자 친구는 극복하고 싶어 했지만 중독은 오랫동안 지속되었고 대체 어떻게 멈춰야 할지 알 수 없었다고 했다. 심지어 자신이 멈출 수나 있을지 모르겠다고 말했다. 그녀는 남자 친구가 그런 성향을 숨겨왔다는 데 화가 났다. 하지만 그녀가 가장 먼저 해야 하는 일은 남자 친구가 정직하게 털어놓았을 때 얼마나 힘들었을지 인정하고 고백에 감사하는 것이었다.

요즘 세상은 비밀을 간직하는 걸 기만이라고 생각한다. 마치 더 훌륭해 보이려고 거짓말을 한 사람처럼 취급한다. 그러나 실제로 비밀을 안고 사는 이유는 두려움이나 수치심 때문인 경우가 대부분이다. 상대방을 잃고 싶지 않고 자신에 대한 상대방의 존중을 잃고 싶지 않기 때문이다. 그녀는 남자 친구와 이 문제에 관해 허심탄회하게 대화를 나눴고 어쩌다 그에게 그런 문제가 생겼는지 알게 됐다. 그리고 남자 친구가 정말로 변화하고 싶어 한다는 것도 알게 됐다.

그녀에게는 두 가지 선택지가 있었다. 관계를 정말로 중요하게 생각하는 만큼 남자 친구가 중독을 극복할 때까지 참을성 있게 기다리는 것과 포기하고 떠나는 것이었다. 그녀는 어떻게 했을까? 남자 친구의 노력을 받아들일 수 있었을까? 그녀는 이렇게 말했다. "저는 남자 친구를 이해해요. 사랑하고요. 도와주고 싶어요."

나는 말했다. "남자 친구가 영영 그 중독을 버리지 못할 수도 있다는 걸 인정해야 해요. 하지만 남자 친구가 노력하는 동안 이 사람이 어떤 사람인지 더 잘 알게 될 겁니다. 그리고 그 과정에서 두 사람 모두 변화할 수도 있어요." 문제를 이해하고 나니 그녀는 남자 친구의 행동을 참을 수 있는 상태가 됐다. 남자 친구의 변화하려는 노력이 수반된다면 말이다. 상대를 받아들일 때 우리는 어려운 진실을 품위 있게 마주하는 법을 배우게 된다. 그녀는 남자 친구를 응원하고 격려하며 참을성 있게 기다렸다. 남자 친구는 심리 치료를 받았다. 몇 번 무너지기도 했으나 그때마다 솔직하게 털어놓았다. 시간이 걸렸지만 두 사람은 해피엔딩으로 끝을 맺었다. 현재 그 남자 친구는 중독에서 완전히 벗어났다.

소냐와 로한의 경우로 돌아가보자. 소냐는 남편에 대해 새롭게 알게 된 사실을 바탕으로 고급 자동차에 대한 의견을 낼 수 있었다. 소냐는 이렇게 말했다. "당신이 이러는 건 아이들 때문이잖아. 그런데 장기적으로 보면 오히려 아이들한테 마이너스야. 차라리 그 돈을 저축해서 대학 등록금을 보태주는 게 낫지 않겠어?" 소냐는 남편의 심리를 활용했다. 남편은 자신이 갖지 못했던 걸 아이들한테 주고 싶어 했다. 그러나 아이들에게 정말로 도움이 되는 일은 따로 있었다.

로한은 당장 자동차를 포기할 뜻은 없었다. 그렇지만 이번 리스기간이 끝날 때 이 문제를 다시 논의해서 함께 결정을 내리자는 데까지는 동의했다. 소냐는 올해 남은 기간 동안은 어떻게든 리스 비용을 감당할 수 있다고 생각했다. 그리고 남편이 그 욕구를 놓아줄 수 있게 곁에서 기꺼이 도와줄 마음이었다.

한 단계 더: 감사

참을 수 없는 문제를 상대하는 일은 사랑이 주는 가장 힘든 도전 과제 중 하나다. 도전이 늘 그렇듯 많은 능력을 개발할 수 있는 일이기도 하다. 하지만 '완벽한' 사람을 찾으려 한다면 이런 여러 가지 능력은 결코 키울 수 없을 것이다. 사랑을 당연한 걸로 치부하게 되며 문제를 해결하는 과정에서 상대방에게 생기는 관심과 이해, 공감 그리고 깊은 감사의 마음을 다 놓치게 될 것이다. 사실 참을 수 없는 그 문제는 보기에 따라서 사랑하는 사람의 필수불가결한 일부일 수도 있다. 어쩌면 그 사람을 사랑스럽게 만드는 요소의 일부일 수도 있다. 이를 깨닫는 것이 '참을 수 없는 상태'에서 '수용'으로 가는 긴 여정의 목표다. 이 사람이 왜 지금과 같은 사람이 됐는지 그 본질을 꿰뚫는 것 말이다.

소냐는 참을성 있게 로한을 기다렸다. 로한은 단번에 바뀌지는 못했으나 노력 중이었다. 동시에 소냐는 노력이 필요한 사람은 로한뿐만이 아님을 서서히 깨닫기 시작했다. 그녀 역시 자녀들과 관련해 나름의 문제를 안고 있었다. 바로 소냐가 자신의 가치를 증명하려고 아이들의 성공을 바란다는 점이었다. 이번에는 남편 측의 인내와 품위 있는 대응이 필요했다.

내 내담자 아든이 감사의 마음을 발견한 방식은 조금 달랐다. 아든은 남자 친구가 어머니에 대한 애착이 너무 심해서 좌절하고 있었다. "어머니가 부탁하면 뭐든 다 들어주더라고요. 남자 친구 어머니가 일요일 저녁에 식사를 하러 오라고 하면 저희는 무조건 가야 돼요." 그렇지만 남자 친구의 행동을 파고들어 보니 아든도 그를 인정할 수밖에 없었다. "남자 친구는 남들 기분부터 챙기는 사람이에요. 늘 자신이 아니라 다른 사람이 행복하길 바라죠. 남자 친구가 어머니한테 하는 것과 똑같이 저를 챙겨주면 저도 사실 기쁘거든요." 나를 힘들게 하는 바로 그 부분이 실은 나를 잡아끄는 상대의 매력과 연결되어 있을지도 모른다는 점을 인지하는 게 바로 사랑이다. 상대의 면면은 모두 연결되어 있다. 그 연결성이 눈에 들어오면 감사하게 된다.

두 사람 사이에서 차이점이 드러날 때마다 이런 단계를 밟고 연구하는 게 목표는 아니다. 이는 숙제가 아니라 '추가 질문' 같은 것이다. 나는 이 사람과 여정을 계속하고 싶은가? 장기적인 관계에서 상대방이 똑같은 행동을 반복할 때 서로 왜 이렇게 다른지 탐구하거나 이해하고 싶을 만큼 그에게 호기심이 생기는가? 어쩌다 우리는 각자 이렇게 멀리 떨어진 섬에 이르렀는가? 두 섬을 잇는 다리를 건설하는 방법을 나는 알고 싶은가? 이런 질문들을 던져보라. 그 사람에 대한 사랑과 헌신이 당신에게도 동기부여가 된다면, 이 여정을 더 잘 견딜 수 있을 것이다.

절대 헤어지지 않는 관계는 없다

지금 상태를 유지하지도, 둘의 관계를 한 차원 끌어올리지도 않기로 결심했다면 헤어져야 한다. 만약 누군가를 만나기 전에 혼자 있는 시간의 가치를 충분히 음미하지 못했다면 다시 혼자가 되는 게 싫어서 그 관계를 벗어나지 못할지도 모른다. 내가 누군지, 내가 뭘 원하는지를 이 관계에 의존해서 생각하고 있다면 아마 영영 헤어지지 못할 것이다. '내가 지금 행복하거나 만족하는 건 아니지만 적어도 혼자는 아니잖아'라고 생각할 것이다.

때로 우리는 '이 사람이 바뀔 거야'라고 나 자신을 설득하며 관성에 빠진 내 행동을 정당화한다. 상대방이 야망을 좀 줄일 거라고, 나한테 더 관심을 기울일 거라고 희망을 품을 수도 있다. 하지만 기다린 시간이 길다면, 이미 여러 번 다른 방법을 시도해 보았다면 어쩌면 상대는 영원히 바뀌지 않을 것임을 깨달아야 한다.

사전에서 '깨진broken'이라는 단어를 찾아보면 '금이 간' 혹은 '손상된', '더 이상 온전하지 않은' 그리고 '제 기능을 할 수 없는'이라 정의하고 있다. 헤어질 때의 기분이 바로 이럴지 모른다. 연구에 따르면 사랑에 빠졌을 때 뇌에서 활성화되는 부분은 코카인 중독에 빠졌을 때 활성화되는 부분과 동일하다고 한다.[21] 그러니까 뇌가 헤어짐을 경험하는 방식은 마치 마약 중독을 치료할 때의 끔찍하고 고통스러운 과정과 비슷하다. 마약 중독자들이 마약을 찾아 헤매듯이 우리는 말 그대로 상대방을 갈구한다. 우리 뇌의 보상 회로 및 동기부여 회로에 신경전달물질이 넘쳐나게 되는 탓도 있다. 뇌는 서둘러 부족한 것을 되찾아야 한다고 긴급 신호를 보낸다. 이별에 관한 한 연구는 실험 참가자들이 깨어 있는 시간의 대략 85퍼센트 동안 헤어진 사람을 생각한다고 보고했다.[22]

이별에 대한 뇌의 반응은 넘쳐나는 호르몬뿐만이 아니다. 이별 기간에 활성화되는 뇌의 영역은 육체적 고통을 처리하는 영역과 동일하지만, 인류학자이자 인간 행동 연구자 헬렌 피셔가 말하듯이 둘 사이에는 차이가 있다.[23] 발가락을 찧거나 치통이 있으면 고통이 서서히 옅어지지만 이별의 통증은 휘몰아치는 감정 때문에 오히려 더 격화할 수도 있다.

치통이나 소파에 부딪힌 일 때문에 거절당한 기분을 느끼지는 않는다. 그렇지만 헤어진 사람은 상처받은 마음과 깨어진 꿈들 때문에 고통이 더 악화되고 연장될 수 있다. 이런 상태에서 뇌는 유대감을 형성하는 호르몬인 옥시토신을 절박하게 찾아다닌다.[24] 그래야 두려움이나 불안의 감정이 줄어들기 때문이다.

또한 헤어진 사람은 상대방에게서 느꼈던 화학적 경험을 갈구할 가능성이 크고, 이 때문에 상당히 비이성적인 행동을 할 수도 있다. 깨어 있는 시간의 85퍼센트는 헤어진 사람을 생각한다고 했던 사람들은 또한 "몇 주 혹은 몇 달간 계속해서 감정이 통제되지 않는 모습을 보인다. 부적절한 전화를 걸거나 그런 글이나 이메일을 써서 보낼 수도 있다. 다시 만나자고 애걸복걸하기도 하며 몇 시간씩 흐느끼거나 폭음을 하거나 헤어진 사람의 집이나 직장 그리고 사회적 공간을 극적인 모습으로 드나들며 분노나 절망 혹은 열정적 사랑을 표출하기도 한다."[25]

이런 화학물질의 늪에서 벗어날 방법을 강구해야 한다. 그 시작은 영적인 진리를 되새기는 것일 수도 있다. 공허하고, 길을 잃고, 부서지고, 상처받은 기분이 들어도 영혼은 깨지지 않는다. 『바가바드 기타』를 보면 영혼은 결코 파괴될 수 없다는 이야기가 7연에 걸

처서 나온다. "온몸 구석구석 스며 있어 파괴될 수 없다는 것을 알아야 한다. 불멸의 영혼은 누구도 파괴할 수 없다. 영혼은 그 어떤 무기로도 조각나지 않으며 불에도 타지 않고 물에도 젖지 않고 바람에도 시들지 않는다. 개인의 영혼은 깨지지 않으며 녹아 없어지지 않는다. 태울 수도 말릴 수도 없다. 영속하며 어디에나 있고 바뀌지 않으며 옮길 수 없고 영원히 그대로다."[26]

『바가바드 기타』는 그렇게 말할 수 있다고 치자. 그러나 이별 중일 때 '누군가를 상실했지만 나는 여전히 온전한 사람'이라는 사실을 기억하기란 쉽지 않다. 바로 이럴 때 그동안 노력한 것들이 빛을 발한다. 혼자 있는 능력을 키우기 위해 그 많은 단계들을 밟지 않았던가. 누구를 만나지 않아도 온전함을 느낄 수 있다는 걸 적어도 머리로는 알고 있다. 자신의 취향과 의견, 가치관과 목표를 알고 있다. 그러니 호르몬이 아무리 딴소리를 해도 관계가 와해될 때 부서지는 건 '당신 자신'이 아니라는 사실을 반드시 인지하기 바란다.

이별했다고 영혼이 끝장나는 게 아니다. 상대방에게 품었던 기대가 깨지고 있을 뿐이다. 그 사람과 함께 만들어가고 있다고 생각했던 것들이 부서지고 있을 뿐이다. 둘이서 공유하고 있던 게 사라지고 있을 뿐이다. 당신이 아픈 건 그 때문이다. 그러나 당신은 목적을 상실하지 않았다. 당신 자신을 잃지 않았다. 무언가 깨지고 있는 건 사실이지만 당신이 그 '무엇'은 아니다.

타는 듯한 이별의 고통에 대처하는 법

그 사람을 만나기 전에도 당신은 존재했고 관계가 끝난 후에도 당신은 계속해서 존재할 것이다. 이렇게 생각하면 지금 이 순간 당신이 느끼는 고통으로부터 당신 자신을 분리할 수 있다. 고통을 인정하라. 그렇지만 그 고통이 어디에 놓여 있으며 깨진 게 무엇인지는 제대로 알아야 한다.

그 사람과 함께 창조했던 것은 해체되고 있다. 그러나 당신 자신이 해체되고 있는 것은 아니다. 당신 인생이 산산조각 나고 있는 것은 아니다. 당신이 끝장난 게 아니다. 기분은 그렇지 않더라도 이렇게 믿고 나면 그다음 과정을 시작할 수 있다. 이별에서 회복하는 데 필요한 단계들을 밟을 수 있다. 이별로부터 배우고 그 사랑을 내 모든 인간관계로 다시 가져올 수 있다. 그러면 이제 당신이 고했건 상대방이 고했건 다가온 이별을 대하는 방법에 관해 이야기해 보자.

이별을 고할 거라면

먼저 데드라인을 정해라. 이미 결정을 내렸는데 질질 끌 이유가 무엇인가? 오늘의 고통을 회피하면 내일의 고통이 커질 뿐이다. 이별을 미루는 건 두 사람 모두에게 도움이 되지 않는다. 시간을 내서 상대방을 직접 만나라. 상대방의 감정을 조심조심 다루어라. 관계를 끝낼 때는 카르마를 염두에 두어라. 기억하라. 당신이 세상에 내놓는 고통은 다시 당신에게 돌아온다. 그러니 잠수를 타거나 바람을 피우지 말고 정직하라. 이유를 명확히 밝혀라.

누군가와 헤어지는 일은 언제나 어렵다. **누군가에게 우리 사이가 끝났다고 말하기에 완벽한 단어란 존재하지 않는다.** 너무 친절하게 이야기하면 왜 헤어져야 한다는 건지 이해하지 못할 수 있다. 두 사람이 안 맞는다고 생각하는 이유를 이야기하면 동의하지 않을 수 있다. 악당처럼 비치거나 상대를 실망시키거나 야비하게 보일까 봐 겁이 날 수도 있다. 하지만 무슨 말을 해도 상대방은 좋게 받아들이지 않을 것이다. 그 사실을 감수해야 한다.

교감을 형성하는 세 가지 핵심 요소를 중심으로 대화를 구성한다면 조금 나을 것이다. 상대방의 성격을 좋아하고 그의 가치관을 존중하며 목표를 향해 나아가도록 돕고 싶어야 교감이 가능한 관계라는 것을 기억하고 두 사람의 차이점을 명료하게 설명하라. 서로 가치관을 존중하지 않는다거나 상대방이 목표를 향해 나아가는 데 도움이 될 만한 사람이 아니라고 생각한다면 그렇게 알려줘라. 그 정도면 적당히 구체적이고 적당히 도움이 된다. "당신과 함께하는 게 더 이상 행복하지 않아"처럼 지나치게 애매모호하지도 않고 "나는 당신의 이 점이 싫어"처럼 아플 만큼 구체적이지도 않다.

얼굴을 마주 보고 이별하라. 눈을 보고 진실하게 말하라. 아무리 많은 생각을 하고 말을 골랐어도 상대방의 반응을 통제할 수 없다는 사실을 기억하라. 상대방은 당신에 관해서 누구에게든 원하는 대로 말할 수 있다. 당신이 옳은 이유로 헤어짐을 고했다고 생각하지 않을 수도 있다. 당신이 할 수 있는 거라고는 그저 사랑과 연민, 그리고 공감을 담은 결정을 전달하되 감상적이지는 않도록 또렷하게 설명하는 것뿐이다. 확신을 가지고 소통하라. 그래야 상대방이 당신을 설득하려고 하지 않는다.

이 대화가 하루 이상 이어져서는 안 된다. 대화를 나눴다면 깨끗이 헤어져라. 누가 이별을 고했든 즉각 거리를 둘 수 있게 조치를 취하라. 공동 소유인 무엇인가가 있다면 바로 돌려주거나 지워버려라. 그걸 핑계로 상대방을 다시 만나거나 다시 이어지려고 시도하지 마라. SNS 팔로우를 끊고 SNS에서든 현실에서든 마주치지 않도록 최선을 다하라. 통화나 메시지를 계속 나눈다거나 친구로 남으려고 하지 마라.

헤어진 후에도 친구로 남는 사람들이 많이 있는 건 알지만 내 생각에는 문제를 괜히 복잡하게 만드는 일일 뿐이다. 그렇게 되면 다음번에 만나는 사람이 불안할 수도 있고 헤어진 사람이 재결합에 대한 잘못된 희망을 품을 수도 있다. 정말로 친구로 남는 걸 시도해 보고 싶다면 오랜 공백을 갖기를 추천한다. 적어도 1년, 다른 사람을 만날 때까지는 연락하지 마라.

실제로 헤어졌다는 걸 분명히 하라. 헤어진 사람과 연락을 덜할수록 그가 남기고 간 구멍이 더 빨리 채워질 것이다. 특히 다른 사람들과의 관계를 심화하면서 그 구멍을 메운다면 말이다. 그 구멍 중에는 당신이 그 사람과 나눈 유대감이나 우정도 있다. 헤어진 사람과 공유했던 친구들의 일부도 떨어져 나갈 것이기 때문에 어울리는 집단에도 틈이 생길지 모른다. 지금이 재투자의 적기다. 친구들을 불러 모아 당신의 사랑이 한 사람에게만 미치는 게 아니라는 걸 다시 한번 알려줘라. 자녀가 있다면 당연히 뜻을 맞출 수 있도록 최선을 다해야 할 것이다. 그렇지만 당신에게 최선인 것과 자녀에게 최선인 것을 혼동하지 마라. 자녀를 헤어진 사람과 만날 핑계로 사용하지 마라. 스스로에게 정직하라. 당신에게 최선인 것을 희생하지 않으면서도 아이들에게 옳은 일을 하라.

끝난 관계는 끝난 것이다. 헤어지고 나면 본능적으로 상대를 위로하고 이별의 과정을 도와주려 할지도 모른다. 그런 충동에 저항하라. 당신은 그 사람의 인생에 남지 않기로 결심했고 상대방에게도 그렇게 말했다. 그 사람의 구원자가 되는 게 죄책감을 덜어줄 수 있다. 그가 나를 끝까지 근사한 사람으로 생각하기를 바랄 수도 있다. 심지어 그에 대한 지배력을 약간은 남겨두고 싶은 유혹을 느낄지도 모른다. 그 어떤 경우에도 모두 놓아줘라. 최대한 품위 있고 정직하게 메시지를 전할 수는 있겠지만 이별의 결과를 당신이 통제할 수는 없다. 카르마란 상대의 반응을 당신 행동의 자연스러운 결과로 받아들여야 한다는 뜻이다.

이별을 당했다면

상대방이 이별을 고했다면 하나만 기억하라. 당신에게 상처를 준 사람이 그 치유를 도와줄 수는 없다. 상대방에게 당신과 헤어지는 완벽한 방법이란 없다. 그런 방법이 있을 거라고 기대한다면 수

렁에 빠질 뿐이다. 사람들은 이별의 순간에 상대방이 미안하다고 말해주기를 바란다. 내 상태를 해결해 주기를, 그가 저지른 실수를 인정하고 내가 가치 있는 사람이라고 말해주기를 바란다. 어찌 보면 이상한 기대다. 내 고통의 원인인 이에게 의지해서 그 고통을 완화하려고 하다니 말이다.

물론 당신은 아주 최근까지 그 사람과 친밀함을 공유했다. 그동안 가장 친한 친구였을 수도 있다. 매일 하루에 있었던 일을 이야기하고, 계획을 세우고 문제를 해결하고 감정을 처리할 때 다른 그 누구보다 의지했다. 그래서 가까운 사람을 잃는다는 이토록 큰 문제를 헤쳐 나가게 도와줄 이가 그 사람이 아니라는 사실을 받아들이는 걸 힘들어한다. 특히나 잃어버린 상대가 바로 그 사람인데 말이다! 기분이 나아지도록 도와줬으면 좋겠는데 어떻게 나와의 대화를 중단할 수 있단 말인가? 그러나 이 순간 당신을 행복하게 만드는 건 그 사람의 일이 아니다. 그건 이전에도, 지금도 당신이 해야 할 일이다.

그러니 당신은 상대방을 놓아주어야 한다. 그가 말하는 이유를 더 잘 이해하려고 질문을 하는 건 괜찮다. 그러나 떠나지 말라고 압박을 주며 붙잡지는 마라. 이미 마음이 뜬 사람과 함께하는 건 당신이 원하는 일이 아니다. 무엇을 잘못했는지 반성하는 일도 중요하지만 그의 실수를 그가 알 수 있게 '도와주고' 싶은 충동은 자제하라.

상대방이 잘못을 저질러놓고 도망간다거나 큰 실수를 저지르고 있다는 느낌이 들 수도 있다. SNS에서 그 사람이 신나게 즐기는 모습들을 보게 될 수도 있다. 당신에게 상처를 줘놓고 아랑곳없이 잘 지내는 것처럼 보여 싫을 수도 있다. 당신은 이렇게 혼자 외로운데 말이다.

복수를 바라게 될 수도 있다. 심지어 반드시 복수를 '해야만' 제대로 끝낼 수 있을 것 같은 기분이 들지도 모른다. 물론 상대방에게 카르마를 갚아주고 싶을 수도 있다. 그러나 복수심에서 어떤 행동을 한다면 오히려 당신에게 부정적인 카르마가 돌아올 뿐이다. 거듭 말하지만 카르마의 법칙은 누구나 자신이 저지른 행동에 대해 똑같은 반응을 돌려받게 된다는 것이다. 다른 사람의 인생에 고통의 원인으로 남지 마라. 카르마가 알아서 할 것이다.

내 코칭 수업에서 한 남자가 15년간 결혼 생활을 한 아내를 떠나 더 젊은 여자에게 간 일이 있었다. 그리고 그 젊은 여자가 그를 버렸을 때 남자는 그녀가 바람을 피우고 있었다는 사실에 충격을 받았다. 젊은 여자와의 관계가 자신이 아내를 두고 바람을 피우며 시작되었다는 사실을 까마득히 잊었던 것이다. 물론 카르마가 늘 이처럼 명백하고 만족스러운 방식의 복수를 해주는 것은 아니다. 그러나 우리가 저지른 행동에는 반드시 결과가 따른다. 복수를 카르마에게 맡겨둔다면 당신은 다음 단계로 넘어가 더 중요한 일에 집중할 수 있다. 다친 자존심을 수리하고 자신감을 쌓고 그 사람과의 관계에서 배운 것을 다음 관계에 적용하는 일 말이다.

사과를 기다리지 마라. 마음의 정리는 당신이 스스로 하는 것이다. 헤어진 사람이 당신 마음을 정리해 주고 갈 수는 없다. 그 사람도 답을 갖고 있지 않기 때문이다. 사람들이 항상 본인의 실수를 자각하는 것은 아니다. 상황을 명확히 규명하지 못하는 경우도 많다. 그러니 상대방이 아무리 당신에게 이유를 알려주려고 해도 당신에게는 여전히 그가 답할 수 없는 의문이 남을 것이다. 왜냐하면 "왜 내가 원하는 대로 나를 사랑해 주지 않은 거야?"라는 질문에는 정답이 없기 때문이다.

다른 사람이 당신의 상처를 치유해 주기를 바라는 것은 어불성설이다. 아무리 그게 상대방의 잘못이었다고 하더라도 말이다. 만약 누가 당신을 밀어서 무릎이 까졌다면 상대방이 반창고를 가져다주기만 기다리고 있는 대신 스스로 상처를 돌볼 것이다. 정리가 필요한 당신 마음의 상처도 당신이 해결해야 한다. 그곳에 반창고를 가장 잘 붙일 수 있는 사람은 바로 당신이다.

인간의 두뇌는 의미를 아주 잘 만들어낸다. 두뇌가 의미를 만들어내는 가장 강력한 방법은 '스토리'다. 이별을 곱씹을 때 우리는 배후의 스토리를 찾아서 교훈을 배우려고 한다. 상대방이 알려주는 간단한 헤어짐의 이유를 거절한다. 심리학자 가이 윈치Guy Winch는 이렇게 말한다. "이별의 아픔이 너무나 극적이기 때문에 우리는 이별의 원인도 똑같이 극적일 거라고 착각한다."27

우리는 불현듯 음모론자가 되어 복잡한 내러티브를 구성할 수도 있다. 실제 이유는 비교적 단순한데 말이다. 어느 연구팀이 5개월 이내에 이별한 성인들을 대상으로 실험을 했다.28 연구팀은 실험 참가자들에게 자신의 감정을 자유롭게 서술해도 좋고 헤어진 사람과의 관계에서 이별 등 몇몇 측면에 관해 직접적이고 서술적인 스토리텔링을 해도 좋다고 했다. 나중에 보니 의미 있는 스토리를 구성했던 사람들은 단순히 자신의 감정만 기술한 사람들보다 심리적 고통을 덜 받았다. 단 이렇게 만들어진 스토리는 힐링을 위한 도구이지 궁극적 진실은 아니라는 사실을 기억해야 한다. 그래도 내 생각을 한번 정리할 수 있는 내러티브를 구성하고 나면 다음으로 넘어가기가 수월하다(그리고 이 스토리는 나중에 다른 정보가 추가되면 얼마든지 수정할 수 있다).

성숙한 사랑을 위한 팁: 이별의 장점을 되짚어 보기

글을 쓰든 녹음을 하든 상대방이 당신에게 유발한 고통을 묘사해 보라. 그에게 하고 싶은 말을 모두 하라. 그가 당신을 어떻게 대했고 당신은 어떤 기분을 느꼈는지 말하라. 그의 말투, 당신을 대하는 방식, 질문 또는 비난, 트라우마를 남긴 사건, 고통스러운 기억까지 모두 이야기하라. '헤어져서 좋은 이유'라고 생각하라. 좋았던 기억만 곱씹고 있으면 헤어진 현실을 인정할 수 없다.

내 감정에 귀를 기울여라

부당하다고 느꼈던 상대방의 모든 말과 실수, 문제점들을 기록하라. 혹시 무언가를 회피하고 있지는 않은가? 모든 감정을 다 느껴봐라. 느껴보기 전에는 치유할 수 없다. 외면하면 줄어들지 않는다. 어느 감정에 제대로 주의를 기울여 주지 않으면 그 감정은 오히려 증폭된다. 감정을 제대로 인식하기 위해서는 느끼는 바를 또박또박 표현하고 패턴을 찾아내고 스스로에게 설명해야 한다.

책임을 분명히 하라

다음으로는 당신을 고통스럽게 했던 행동 하나하나에 누구의 책임이 있는지를 써라. 그 행동을 취한 것은 누구인가? 하지 말았어야 할 말을 한 사람은 누구인가? 하지 말았어야 할 행동을 한 사람은 누구인가? 때로는 당신의 책임도 있을 것이다. 그걸 깨닫게 되면 책임을 질 수 있다. 개선하고 성장할 수 있다.

새로운 삶을 받아들여라

헤어진 사람의 실수도 보일 것이다. 그와 함께할 당시에는 덮고 넘어갔던 부정적 요소가 있을 수도 있다. 대부분의 사람이 무의식적으로 '모르는 천사보다는 아는 악마'를 선호하기 때문이다.

당신은 그 사람이 아침이면 무례하게 굴 거라는 사실을 알고 있었다. 그 사람이 당신의 생일을 잊으리라는 걸 알고 있었고 제시간에 저녁 식사 자리에 나타나지 않으리라는 걸 알고 있었다. 전화나 메시지를 하지 않으리라는 것도 알고 있었다. 그 사람이 뭘 오해할지까지도 알고 있었다.

알고 있지만 받아들이는 편이 혼자가 되는 것보다는 쉬웠다. 혼자라는 새로운 영역에 들어가면 어떤 기분이 들지 알 수 없었기 때문이다. 심지어 어떻게 그 영역으로 옮겨가야 할지도 몰랐다. 다음에 어떤 고통이 기다리고 있을지 알 수 없는 상황보다는 참고 받아들이는 편이 더 쉬웠다.

많은 이들이 안정성 때문에 마땅히 받아야 할 대우를 받지 못한 채 상황을 받아들이고, 익숙한 고통을 붙잡고서 늘어진다.

이별로 성장하라

모두 기록해 보면 이 이별이 당신에게 좋은 이유를 알 수 있다. 그러면 거기에 집중할 수 있다. 마음을 정리해 줄 스토리를 찾아보라. 어쩌면 조상님이 도운 것일 수도 있다. 다시는 되풀이하고 싶지 않은 교훈을 배운 것일지도 모른다. 이 관계가 향후 더 나은 관계로 가는 첫걸음에 불과했을지 모른다. 그 판단의 이유를 찾아보라.

이제 아무도 없는 방에서 당신이 기록한 것을 큰 소리로 읽어보라. 비록 헤어진 그 사람은 들을 수 없겠지만 마음의 정리가 될 것이다. 그 내용을 공유했다는 느낌이 들기도 하거니와 스스로 전진하기 위해 엔딩을 썼다는 사실을 알고 있기 때문이다.

카르마의 교훈을 되새겨라

이별 후에는 자신의 감정에 스스로 벽을 치게 된다. 고통은 스스로를 '자기 보호 모드'로 만들어 다른 곳으로 주의를 돌리고서 지난 기억을 몰아내려고 노력한다. 그렇지만 신체 부상을 당했을 때 어떻게 회복하는지 한번 생각해 보라. 근육이 찢어지거나 수술을 하게 되면 처음에는 움직이지 못하게 된다(당연히 그래야 한다).[29] 그래야 더 이상의 부상을 입지 않는다. 그러다가 치유의 과정으로 들어서면 신체는 상처 부위에 콜라겐 섬유를 쌓는다. 이 섬유는 원래의 조직보다 훨씬 더 촘촘한 흉터 조직이 되어 상처를 잘 보호한다. 그렇지만 낫고 있는 상처를 살피지 않고 그대로 두면 흉터 조직의 촘촘함이 문제를 일으킨다. 움직임을 둔하게 만들고 통증을 높이며 재부상의 위험까지 키운다. 그래서 우리는 회복 과정에서 물리치료를 받아서 근육이 잘 움직일 수 있게 하고 흉터 조직도 재배치한다. 그런 뒤에야 다친 곳에 힘을 다시 키워 온전히 건강해질 수 있다.

마음을 다쳤을 때도 마찬가지다. 자기 자신을 언제까지나 보호만 하고 있을 수는 없다. 통증을 이겨내고 부상을 이해하고 힘을 키워서 다시 세상으로 나아가야만 한다. 명상 강사이자 임상심리학자면서 베스트셀러 작가이기도 한 타라 브랙Tara Brach[30]의 말처럼 말이다. "우리가 사랑하는 모든 것은 사라진다. 충만하고 열린 마음이 되기 위해서는 그 상실을 애도하고 놓아주고 슬픔을 꽉 채우는 방법밖에 없다. 상실에 마음을 열지 않는다면 사랑에도 마음을 열 수 없다."

고요한 장소를 찾아 자기 마음에서 깨진 것은 무엇이며 남은 것은 무엇인지 점검해 보라. 지난 관계에서 어떤 교훈을 얻을 수 있을지 깊이 생각해 보라. 아무리 많은 것을 잃었다고 생각하더라도, 아무리 상처가 크더라도, 아무리 고통스럽더라도 앞으로를 위해서는 교훈이 필요하다. 다만 학대는 그 어떤 이유로도 정당화될 수 없으니 논외로 치자.

헤어진 모든 이들은 당신에게 선물을 남긴다. 그러나 지금 이 야기하는 점검 단계를 거치지 않는다면 그 선물을 놓칠 수도 있다. 선물은 조언 한 마디일 수도, 교감 하나일 수도 있다. 그 사람이 함 께하는 동안 어려운 시기를 잘 헤쳐 나갈 수 있게 당신을 도왔다는 사실을 깨닫게 될지도 모른다. 혹은 그와는 다르게 건강한 선택을 내리는 사람을 만나야 한다는 교훈을 얻게 될지도 모른다. 미리 정 해놓은 조건들을 모조리 충족시키는 사람만 찾아다니다가는 코앞 에 서 있는 사람도 보지 못할 수 있다는 걸 알게 될지도 모른다. 그 게 무엇이든 헤어진 사람이 남긴 선물을 존중하라.

미국의 여승 페마 쵸드론Pema Chödrön[31]은 자신의 결혼 생활을 돌아보다가 놀라운 사실을 발견했다. 그녀는 이렇게 말했다. "나는 내가 괜찮다는 걸 다른 사람이 확인시켜 주는 일에 그처럼 집착하 고 있는 줄 몰랐어요. '나는 괜찮아'가 내 안에서 나오는 게 아니라 다른 사람이 보는 내 모습에서 나오고 있었어요." 이 점을 이해한 쵸드론은 더 이상 다른 사람에게 자존감을 의존하고 싶지 않아졌 다. 뼈아픈 깨달음이었지만 덕분에 그녀는 자기 자신 및 주변 사람 들과의 관계를 변화시킬 수 있었다.

쵸드론처럼 당신도 그동안 뭘 잘못 생각하고 있었는지 반성해 보기 바란다. 어떤 실수를 저질렀는가? 뭘 더 잘할 수 있었는가? 이런 교훈을 배우지 못한다면 남은 평생 그처럼 성숙하지 못한 관 계를 계속 반복하게 될지도 모른다.

성숙한 사랑을 위한 팁:
카르마가 남기는 교훈을 알아보는 법

최근에 헤어진 사람들과의 관계를 점검하여 앞으로의 관계에 도움이 될 만한 교훈을 얻어보자.

- 무엇을 얻었는지 생각해 보기
- 무엇을 잃었는지 생각해 보기
- 나의 단점이 무엇인지 생각해 보기
- 지난 관계에서 나에 대해 새롭게 알게 된 것을 생각해 보기

따뜻한 옷을 입고 차를 한 잔 들고서 난로 앞에 앉아라. 이제부터 다소 불편할 수도 있는 깨달음을 얻을 것이다. 물론 어떤 것들은 신나고 힘이 솟게 만들겠지만, 어떤 것들은 속이 상하게 만들지도 모른다. 치유는 자주 불편함을 동반한다.

사랑은 두 사람의 잘못이나 어려움을 보지 못하게 만든다. 누구나 자신의 실수에는 종종 눈을 감곤 한다. 그리고 사랑한다는 이유로 상대방의 짜증 나는 습관, 심지어 파괴적인 행동까지도 간과할 수 있다. 이 연습을 하면 바로 그런 것들을 새로운 눈으로 볼 수 있다. 스스로에게 다음과 같이 물어보라.

- 이 사람과 함께하면서 내가 잘한 일은 무엇인가?
- 되풀이하고 싶지 않은 일은 무엇인가?

당신이 늘 자신의 욕구를 앞세우느라 상대방의 말은 진심으로 경청하지 않았다는 사실을 깨달을 수 있다. 혹은 정말로 건강한 경계선을

그었는데 상대방이 그걸 존중하지 않았다고 느낄 수도 있다. 그 내용을 모두 적어보라.

그런 다음 지난 관계에서 얻은 것이 무엇인지 생각해 보라.

- 조언이나 통찰을 얻었는가?
- 경제적 지원을 얻었는가?
- 덕분에 어려운 시기를 잘 넘길 수 있었는가?

그 사람이 당신 삶을 더 가치 있게 만들어주던 시기도 있을 것이다. 지금 많은 걸 잃었다고 생각해서 마음이 아프더라도 그 사람이 주고 간 것은 그대로 인정해야 한다.

함께하며 잃어버린 것은 무엇인지 생각해 보라. 자신감일 수도 있다. 그 사람이 당신을 혹평했기 때문에 스스로에 대한 의구심이 생겼을 지도 모른다. 시간을 잃었을 수도 있다. 에너지를 잃었을 수도 있다. 그 사람과의 관계에 헌신하느라 다른 사람이나 다른 기회를 놓쳤을 수도 있다.

마지막으로 그 사람과 함께하며 당신이 잘못한 일은 무엇인지 생각해 보라.

- 내가 저지른 실수는 무엇인가?
- 스스로에게 솔직했는가?
- 훌륭한 동반자는 어떤 사람인가에 대한 개념이 바뀌었는가?

이렇게 어려운 질문을 하고 또 답해봐야 한다. 여기서 드러나는 실수들을 곱씹지 않으면 다른 사람을 만나도 똑같은 실수를 되풀이하게 될 것이기 때문이다.

가치관을 새롭게 정의하라

오래된 우화가 있다. 소년이 아버지에게 삶에는 얼마 정도의 가치가 있느냐고 물었다. 아버지는 반짝거리는 빨간 돌멩이를 건네주며 말했다. "빵집 주인한테 가서 이걸 사겠냐고 한번 물어보고 오렴. 얼마에 팔 거냐고 묻거든 그냥 손가락 두 개만 펴면 돼. 답을 얻으면 다시 돌멩이를 갖고 집으로 돌아와라."

소년은 빵집에 가서 돌멩이를 보여주었다. "얼마니?" 빵집 주인이 물었다. 소년은 아버지가 시킨 대로 손가락 두 개를 펴 보였다. "2달러에 내가 사마." 빵집 주인이 이렇게 말했다.

소년은 집으로 돌아와서 아버지에게 가격을 말했다. 소년의 이야기를 들은 아버지가 말했다. "그러면 이제 시장에 가서 골동품 상인한테 얼마나 줄 건지 물어보렴." 소년은 시장에 갔고 골동품 상인에게 돌멩이를 보여주었다. "루비 같은데! 얼마에 팔 거니?" 소년은 손가락 두 개를 펴 보였다. 상인이 말했다. "200달러? 큰돈인데. 그래도 내가 사마."

다음으로 아버지는 아들을 보석상에게 보냈다. 보석상은 돌멩이를 들고 햇빛에 비춰보며 빛이 어떻게 굴절되는지 살폈다. 현미경 아래에 돌멩이를 놓고 보던 보석상의 눈이 휘둥그레졌다. "아주 희귀하고 아름다운 루비로구나." 보석상이 말했다. "얼마에 팔 거니?" 소년은 손가락 두 개를 펴 보였다. "그래, 20만 달러면 적당한 가격이지." 보석상이 말했다.

흥분한 소년은 서둘러 돌아와서 아버지에게 이 소식을 전했다.

아버지는 미소를 지으며 루비를 다시 주머니에 넣고는 물었다. "이제 네 삶에 어느 정도의 가치가 있는지 알겠니?"

이 이야기는 사람의 가치는 누굴 만나느냐에 달렸다는 사실을 아름답게 보여준다. 당신은 당신이 뭘 수용하느냐에 따라 다르게 정의된다. 이별이 그토록 어려운 이유 중 하나는 한때 당신을 높이 평가했던 사람이 이제 더 이상 당신을 높이 평가하지 않기 때문이다. 그래서 당신은 스스로 가치가 하락했다고 느끼게 된다. 하지만 그건 그 사람에게만 해당되는 이야기다. 가치는 다른 누구도 아닌 당신 자신이 만드는 것이다. 당신은 그저 당신을 있는 그대로 높이 평가해 줄 사람을 찾으면 된다.

마음을 지성과 분리하라

아직도 외로움이 두렵다면 마음의 장난질에 놀아나고 있는 것이다. 그렇기 때문에 또다시 혼자로는 만족스럽지 않다고 믿게 된다. 나를 원하는 사람이 있으면 내 가치가 큰 듯한 기분이 든다. 이처럼 많은 이들이 다른 사람과 함께하기 때문에 자신의 가치가 그렇게 큰 것이라고 생각한다. 가치라는 게 자신에게 늘 부여되는 것이라는 생각은 미처 하지 못한다.

그렇지만 이는 마음이 가진 단순한 생각에 불과하다. 한 차원 더 나아가서 생각할 필요가 있다. 『바가바드 기타』는 여러 가지 감각과 마음, 그리고 지성을 구분한다.[32] "감각은 무감각한 물질보다는 우월하다. 마음은 감각보다는 고차원적이다. 하지만 지성은 마음보다 더 높은 곳에 있다."

감각은 내 몸이 아픈지 알려준다. 마음은 내가 이것을 좋아하는지 좋아하지 않는지 알려준다. 그리고 지성은 이렇게 묻는다. "나는 왜 이걸 원하지 않을까? 내가 여기서 뭘 배울 수 있을까?" 그러니 헤어지면 마음은 내가 이전에 가졌던 것이 좋으며 그걸 되찾고 싶다고 말한다. 헤어진 그 사람이 그립고 그가 SNS에서 뭘 하고 있는지 알고 싶어 한다. 아직 나를 생각하는지도 궁금해한다. 이럴 때는 자기 비하적인 생각이 들 수도 있다. '나는 매력적이지 않아. 강하지 않아. 내가 관심이 부족했어. 나는 영향력이 없어' 하는 식으로 말이다.

생각을 멈출 수는 없지만 그 내용이 마음에 들지 않는다면 방향을 바꾸어 '나는 부족해'라는 생각을 옆으로 치워둘 수 있다. 생각의 방향을 바꾸는 훈련을 하려면 의사결정을 내릴 때 하는 질문들을 해보면 된다.

마음: 그 사람 아파트 앞으로 가서 집에 불이 켜져 있는지 보고 싶어.

지성: 그게 무슨 의미가 있어?

마음: 혹시 다른 사람을 만나는지 알아야겠어.

지성: 그게 나한테 유용한 정보야?

마음: 그럼. 다른 사람을 만난다면 나도 다음으로 넘어갈 수 있잖아.

지성: 너 스스로 바뀔 수 있는데도 그 정보에 따라서 좌지우지
　　되고 싶어?

마음: 아니… 그래도 그 사람이 보고 싶어!

지성: 네가 다음으로 넘어갈 수 있게 하는 다른 일은 없어?

마음: 친구한테 전화를 걸 수는 있지.

만약에 잘못된 생각이 든다면 스스로 이렇게 물어보라. 내가 이 생각을 좋아하는가? 유용한 생각인가? 현명한 생각인가? 내가 앞으로 나아가는 데 도움이 되는 생각인가? 그렇게 하면 마음과 나누던 대화에서 지성과 나누는 대화로 옮겨갈 수 있다.

기억하라. 마음은 그 사람에게 연락을 해보라고 하지만 지성은 친구에게 연락해 보라고 한다. 마음은 그 사람한테 초점을 맞추라고 하지만 지성은 나 자신에게 초점을 맞추라고 한다. 마음은 '사람들이 어떻게 생각하겠어?'라고 묻지만 지성은 '내 생각은 뭐지?'라고 묻는다.

공백기를 가져라

크리스틴이 브래들리를 만난 지 몇 달쯤 됐을 때 브래들리가 조깅 데이트를 제안했다.[33] 평소에 달리기를 잘 하지 않는 크리스틴이었지만 알겠다고 했다. 그렇게 만난 장소에서 크리스틴은 달리고 걷고 심지어 깡충깡충 뛰기도 하면서 꿋꿋이 나아갔다. 브래들리는 꾸준히 뛰고 있었다. 그러다가 어느 지점에서 크리스틴을 돌

아본 브래들리는 짜증 난다는 듯 인상을 쓰고는 휑하니 가버렸다. 뒤에 남은 크리스틴은 혼자서 차로 돌아왔다.

그동안 크리스틴은 자신을 형편없이 대하는, 빨간색 경고등이 뜨는 사람들을 줄줄이 만나왔는데 브래들리가 그 대미를 장식했다고 느꼈다. 결국 크리스틴은 미래의 남편감을 찾아 가정을 꾸리고 싶은 마음이 간절했음에도 1년간 데이트를 쉬기로 마음먹었다. 좋은 남자에 대한 판단력을 되찾을 때까지 혼자서 시간을 보내보기로 결심한 것이다.

데이트를 쉬겠다고 마음먹자마자 크리스틴과 만나고 싶다는 남자들이 여기저기서 마구 등장했다. 미래의 남편이 될지도 모르는 사람이니 좋은 인상을 주고 싶은 마음이 굴뚝같았지만 크리스틴은 그냥 자신을 있는 그대로 보여줬다. 어차피 지금은 데이트도 할 수 없는데 잃을 게 뭐가 있겠는가?

이 과정에서 크리스틴은 네이선을 만났다. 정말로 괜찮은 사람이었던 그는 데이트 신청을 해왔다. 크리스틴은 내년 6월이 되기 전에는 데이트를 할 수가 없다고 자초지종을 설명했다. 그러자 네이선은 사라졌다.

한 달, 두 달 시간이 지나면서 크리스틴은 점점 더 자신감이 차오르는 걸 느꼈다. 그리고 내년 6월이 되어 본인의 연애 사업에 무슨 일이 벌어진다고 해도 자신은 괜찮을 거라는 사실을 마침내 깨달았다. 그렇게 6월 1일이 됐고, 전화벨이 울렸다. 네이선이었다. 네이선은 다시 데이트 신청을 했다. 그는 '미래의 남편'이 맞았다.

두 사람은 지금 자녀 둘을 키우고 있다.

헤어진 후에도 이별을 분석하며 시간을 다 보낸다면 결코 다음으로 넘어가지 못할 것이다. 그렇지만 다음으로 넘어가기 위해 섣불리 다른 연애에 뛰어들어서도 안 된다. 이 시간은 당신이 원하는 삶을 만들기 좋은 때다. 관심사를 공유하는 친구들, 편안하게 느끼는 커뮤니티, 여러 욕구를 각각 충족시켜 주는 사람들로 주위를 채워라. 함께 깊은 이야기를 나누기 좋은 사람, 함께 춤을 추러 가고 싶은 사람, 함께 운동을 하고 싶은 사람 말이다.

새로운 우정을 쌓고 기존의 우정을 다져라. 만나는 사람이 없어도 스스로 온전하다고 느낄 수 있도록 하라. 혼자 있는 시간을 재발견하라. 당신의 목적에 다시 집중하라. 이 시간은 나 자신에게 온전히 투자할 수 있는 시간이다. 스스로를 정말로 알아갈 수 있는 시간이다. 누가 함께 있으면 나 자신을 잃어버릴 수 있다. 그러니 이제 이별 속에서 나를 찾아보자.

**성숙한 사랑을 위한 팁:
다른 사람을 만날 준비가 되었는지 알아보기**

새로운 사람을 만날 준비가 되었는가? 다음의 질문을 통해 당신의 상태를 점검해 보라.

1. 나는 지나간 관계에서 교훈을 얻었는가? 다음번에는 더 좋은 관계

를 맺을 수 있을까? 다음 질문에 답해보자.

- 나는 무엇을 기억하고 싶은가?
- 나는 무엇을 피하고 싶은가?
- 다음번 사람이 나에 대해 처음부터 꼭 알았으면 하는 것은 무엇인가?

2. 지금 이 순간 나는 내가 소중하게 여기는 것과 내 목표를 알고 있는가? 만약 그렇지 않다면 혼자 있을 때 시간을 내서 다음의 영역들을 생각해 보자.

- 나는 다음번 사람을 어디까지 만나고 싶은지 알고 있는가?(데이트를 시작하더라도 관계를 너무 빨리 발전시키지는 말자고 미리 정해둘 수도 있다)
- 나는 육체적 관계의 한계를 그어두고 싶은가?
- 나는 아직까지 배타적인 관계는 맺고 싶지 않은가?
- 나는 지난번처럼 누군가를 위해 다른 해야 할 일들을 소홀히 하는 일이 없도록 조심하고 싶은가?

마지막으로 다시 누군가를 만날 준비가 되었는지 확신이 서지 않는다면 그냥 한번 시도해 보라. 공식적으로 누군가를 만난다고 밝힐 필요는 없다. 일단 해보고 느낌이 어떤지 보라.

무한으로 확장되는 사랑에 대하여

승려 시절 나는 '마야maya'라는 걸 배웠다. '착각'이라는 뜻이다.[34] 사랑에 관한 마야 중 하나는 '특별한 사람이 다가오는 일'처럼 오직 제한된 방법을 통해서만 사랑에 접근할 수 있다고 여기는 것이다. 사랑을 지키는 문이 하나 있고 그 문을 여는 단 하나의 열쇠를 찾아야만 깊은 사랑과 행복을 경험할 수 있을 거라고 믿는다. 그리고 그 열쇠는 '사람'이라고 생각한다.

그러다가 돌아보면 당신의 곁에는 아무도 없다. 혹은 자녀들을 키웠지만 다들 떠나버리고 없다. 당신과 당신 곁에 있는 사람은 마치 인생에 더 많은 목적이 있을 것처럼 아직도 안절부절못한다. 불완전한 사랑은 교훈을 준다. 불완전한 사랑은 다음으로 넘어가라고 말한다. 불완전한 사랑은 강제로 기대를 접게 만들고 환상을 놓아주게 한다. 한 사람이나 내 작은 가족을 사랑하는 것만이 전부가 아니었음을 깨닫게 만든다.

이런 깨달음은 실망감을 안겨주지만 완전히 새로운 차원의 사랑을 준비하게도 한다. UCLA의 스티븐 콜Steven Cole 교수는 외로움이나 단절을 치유하는 최고의 약은 자기 삶의 목적과 의무를 커뮤니티에 참여하는 일로 연결하는 것이라고 말한다.[35]

봉사를 하며 시간을 보내면 깊은 충족감을 느낄 수 있으며 더 건강해진다. 자원봉사를 포함해 친사회적인 행동은 면역체계를 강화하고 외로움으로 인한 신체적 스트레스를 이기게 해주며 수명을 늘려주는 것으로 밝혀졌다.

콜 교수에 따르면 안타깝게도 요즘에는 너무 많은 사람이 개인적인 건강 증진 목표를 세우고 추구하느라 타인과의 관계에서는 오히려 후퇴하는 경향이 보인다고 한다. 사람들은 철인 3종 경기 훈련을 받고 요가 수업에 참여하며 '내가 정말로 좋아하는 한 가지'를 찾아다닌다. 물론 이런 활동들도 훌륭하지만, 모두에게 가장 좋은 결과를 내는 것은 콜 교수의 표현대로 "당신의 건강이 어떤 목적에 이바지하는 것"이다. 특히 "당신뿐만 아니라 타인을 위해 무언가 의미 있는 일에 쓰이는 것"이다.

*

우리는 가장 높은 사랑(즉 연인 관계의 사랑)이 확장될 수 있다고 생각했다. 사랑은 더 많은 사랑을 만들어낸다. 당신도 깊이 숨을 들이쉬고 사랑에 대한 신뢰를 다시 한번 키워나갈 때다. 그리고 사랑하는 능력을 키울 준비를 할 때다.

사랑을 어디서 시작했든 누구를 사랑했든 얼마나 많은 돈을 벌었든 눈에 보이는 것만으로는 만족할 수 없는 때가 온다. 무언가 더 있어야 할 것 같은 느낌이 든다. 온전히 만족이 되지 않는다. 누구는 그걸 '중년의 위기'라고 생각할지도 모른다. 사실 이는 영적인 활동에 더 관심을 가질 때라는 뜻이다. 연민과 공감, 이타심이 있다면 가족이란 범위 너머로 당신을 확장할 준비가 된 것이다. 더 큰 세상에서 당신의 목적을 찾을 준비가 된 것이다.

이번 생에 사랑을 완성할 수는 없을 것이다. 그렇다면 살아 있는 동안 매일매일 사랑을 실천해야 한다.

이별한 나에게 쓰는 러브레터

✳ 많은 사람이 힘든 시기를 지나는 친구가 있으면 위로하고 응원하면서도 자신이 힘들 때는 참을성이나 동정심을 덜 보이는 경향이 있다. 인생에서 어떤 문제로 고전하고 있을 때마다 스스로에게 '극복해'라고 무심히 말한다. 친구한테는 그렇게 말하지 않으면서 말이다. 친구나 사랑하는 사람에게 하는 것처럼 당신 자신을 위한 치유의 편지를 써보라.

이별을 겪은 너에게

내 눈엔 네가 보여. 나는 네 옆에 있어. 우리는 사랑을 하고 그 사랑을 잃으면 버려지고 혼자가 된다고 생각하지만 그건 절대로 사실이 아냐. 실제로는 아픔과 고통을 경험하며 광대한 커뮤니티에 속하게 돼. '이별한 자들의 종족'이라는 커뮤니티 말이야. 여기에 속한 사람은 많아. 우리는 튼튼해. 우리는 다정해. 무엇보다 우리는 함께 치유하고 있어.

그 치유라는 게 네 생각이랑은 다를 수 있어. 찢어진 마음의 일부는 언제나 그대로 남으니까. 하지만 그건 슬픈 일이 아냐. 아름다운 일이야. 왜냐하면 그것도 사랑의 일면이거든. 외롭다고 느끼겠지만 착각일 거야. 사실 지금 이 순간 네가 느끼는 고통이야말로 너를 전 인류와 교감하게 해주거든. 어찌 보면 너는 한 사랑을 잃으면서 세상을 얻은 거야.

마음이 찢어졌다고 해서 우리가 부서지는 건 아냐. 오히려 우리를 열어주지. 언젠가 앨리스 워커(Alice Walker)가 말한 것처럼 말이야. "마음은 찢어지라고 있는 것이다. 그게 마음에 일어나는 일 중 하나이기 때문이다. 내 마음도 얼마나 여러 번 찢어졌던지 이제 몇 번 그랬는지 기억도 나지 않을 정도다. 사실 얼마 전에 내 심리 치료사에게도 그렇게 말했지. '저기, 지금은 제 마음이 무슨 여행 가방처럼 열린 것 같은 기분이에요. 마치 땅에 툭 떨어져서 활짝 열린 것 같아요. 왜, 큰 여행 가방은 떨어뜨리면 바로 열리잖아요. 그런 기분이에요.'"[36] 마음이. 찢어지고 무언가를 상실하는 이유는 우리를 세상으로부터 잘라내기 위해서가 아니야. 세상을 향해 마음을 열게 하기 위해서야. 너무 작게만 사랑하지 않도록.

사실 넌 사랑과 분리된 적이 한 번도 없어. 사랑을 느끼고 싶다면 그냥 공유하기만 하면 돼. 주든 받든 사랑은 우리를 통해서 움직이니까. 사랑을 경험할 기회는 바닷물의 양처럼 많아. 인생에서 무슨 일이 벌어질지는 아무도 몰라. 그렇지만 이거 하나는 믿어도 돼. 그 어떤 순간에도 사랑은 우리 모두를 둘러싸고 있다는 사실 말이야.

사랑을 담아, 내가

치유를 위한 명상

✳ 셰익스피어를 인용하자면 "사랑이 가는 길이 늘 평탄하지만
은 않다." 사랑은 불가피한 아픔과 상처를 가져온다. 하지만 무슨
일로 힘들어하든 사랑과의 연결을 놓지 않는 게 중요하다. 지금 이
순간도 당신은 언제나처럼 사랑받을 가치가 있다는 사실, 남들에
게 사랑을 줄 능력 또한 충만하다는 사실을 기억하고 실천하는 게
중요하다.

명상 준비

1. 편안한 자세를 취한다. 의자에 앉아도 좋고 바닥이나 방석
   위에 똑바로 앉아도 된다. 누워도 상관없다.
2. 눈을 감는 게 좋다면 눈을 감는다. 그렇지 않다면 초점만 가
   볍게 풀어주어도 된다.
3. 눈을 감고 있든 뜨고 있든 시선을 부드럽게 아래로 내린다.
4. 숨을 크게 들이쉰다. 그리고 내쉰다.
5. 처음에는 마음이 잡히지 않아도 괜찮다. 마음을 차분하고 균
   형 잡히고 고요한 곳으로 부드럽게 다시 데려온다.

사랑을 통한 치유의 명상

1. 모든 관심을 나 자신에게 집중시킨다. 호흡이 몸으로 들어오고 나가는 것을 느낀다.

2. 한 손을 부드럽게 가슴 위에 올리고 그 안으로 부드럽게 숨을 들이마신다. 몸속에서 고동치는 심장의 에너지를 느낀다.

3. 조용히, 그렇지만 큰 소리로 스스로에게 말한다. "나는 사랑받을 가치가 있어."

4. 숨을 들이쉬고 내쉬면서 심장박동을 느낀다. 그리고 다시 한 번 말한다. "나는 사랑받을 가치가 있어."

5. 한 번 더 반복한다.

6. 다시 호흡에 집중한다.

7. 나 자신에게 말한다. "나는 사랑받을 만해." 꾸준하게 호흡을 계속하면서 이 말을 두 번 더 반복한다.

8. 다시 호흡에 집중한다.

9. 나 자신에게 말한다. "나는 사랑으로 이루어져 있어." 손 안쪽으로 계속해서 호흡하며 그 호흡을 통해 심장이 되살아나는 것을 느낀다. 두 번 더 반복한다.

4부

교감

내 곁의 모두를 아끼며
사랑을 완성한다

네 번째 아슈람인 산야사는 사랑을 삶의 모든 영역과

사람에게 확장하는 단계다. 이 단계에서 사랑의 경계는 사라지고

언제 어디서나 사랑할 수 있음을 알게 된다.

살아 있는 모든 존재를 향한 연민, 즉 카루나[karuna]를 느낀다.[1]

우리는 네 가지 사랑의 단계를 전부 경험할 수 있지만

그중에서도 사랑이 가장 고차원적으로 표현되는 것은

바로 이 네 번째 단계다.

스치는 모든 것을 사랑하라

당신 안에 흐르는 강이 내 안에도 흐른다.[1]

– 카비르 다스(Kabir Das)

아슈람에서 들었던 스승과 제자의 이야기가 있다. 스승이 물었다. "만약 자네에게 100달러가 있다면 한 사람에게 모두 주는 게 좋겠나, 아니면 100명에게 1달러씩 주는 게 좋겠나?" 제자는 자신 없는 표정으로 대답했다. "한 사람에게 모두 준다면 그 사람의 인생을 바꿀 수 있을지도 모릅니다. 그렇지만 배고픈 사람 100명에게 나눠준다면 다들 무언가 요기를 할 수 있겠지요."

스승이 말했다. "둘 다 사실일세. 그렇지만 자네가 더 많은 사람을 도울수록 사랑할 수 있는 능력이 커진다네." 사랑을 시작할 때 우리는 100달러를 연인 한 사람이나 가족처럼 소수의 사람에게 주어야 한다고 생각한다. 그러나 사랑의 네 번째 단계에 이르면 접근법을 바꾸게 된다. 많은 사람에게 1달러씩 나눠주게 되는 것이다. 물론 처음에는 작게 시작한다. 그리고 시간이 지나면서 사랑을 주는 능력을 키운다. 사랑을 완성하고 싶다면 사랑을 찾거나 기다릴 게 아니라 언제 어디서나 누구와 함께 있든 사랑을 만들어내야 한다. 여기까지 오며 당신에게 줄곧 하고 싶었던 이야기다.

그 사람의 세상까지 사랑한다는 것

당신은 사랑을 찾는 방법이나 지금 곁에 있는 사람과의 사랑을 유지하는 방법이 궁금해서 이 책을 펼쳤을 것이다. 우리는 모두 사랑을 원한다. 그리고 자연스레 그 사랑은 단 둘만의 사랑이어야 한다고 생각한다. 그러나 삶에서 사랑을 연인이나 배우자, 가족 또는 친구하고만 할 수 있다는 생각은 분명히 오해다. 삶이 당신과 어느 한 사람 사이의 러브 스토리여야 한다는 생각도 오해다. 그 사랑은 디딤돌에 불과하다.

연인을 찾는 게 최종 목표가 될 수는 없다. 그 사랑은 더 큰 무언가, 즉 인생을 바꿔놓을 무언가를 위한 연습이다. 보다 크고 보람찬 형태의 사랑을 위한 연습이다. 사랑하는 사람을 만나면 연습할 기회가 생긴다. 그러나 연인 간의 사랑이 충족되어야만 더 큰 사랑의 단계에 이를 수 있는 것은 아니다. 이 사랑은 매일같이 모두에게 열려 있다. 이 사랑은 무한하다.

삶의 네 번째 단계인 산야사의 목표는 어떻게 하면 나 자신을 넘어 타인에게 봉사할 수 있을지 살피는 것이다. 다른 사람들에게 늘 사랑을 주는 선택을 함으로써 끊임없이 사랑을 경험하는 것이다. 좌절하고 짜증 나고 화나고 당황스러운 상황에도, 사랑이 불가능해 보이는 순간에도 사랑을 찾아내는 것이다. 만나는 모든 사람과 사랑의 교감을 만들어내는 것이다. 전 인류를 향한 사랑을 느끼는 것이다. 즉 모든 사람이 사랑받을 가치가 있음을 알고, 인간이라면 누구나 마땅히 누려야 할 존엄성과 존중으로 사람들을 대한다는 뜻이다.

노르웨이의 철학자 안 네스Arne Naess는 자각의 과정을 『베다』에서 개념을 빌려와서 설명했다. "실현되어야 할 자아가 각자의 의식 수준을 넘어 계속해서 확장하여 점점 더 많은 현상계를 포함하는 것."[2] 자아를 '넓히고 심화하면' 우리가 서로 연결되어 있음을 알 수 있다. 따라서 타인에게 봉사하는 일은 곧 나에게 봉사하는 일이다. 둘 사이에는 전혀 차이가 없다.

삶의 네 번째 단계에 이른 사람들은 몸과 마음과 영혼을 신에게 봉사하고 인류에게 희망을 주는 일에 바친다. 산야사에 이른 사람, 즉 '산야시sannyasi'는 단 한 사람에게서는 찾기 힘든 사랑의 깊이를 깨닫는다.[3] 사랑의 서로 다른 형태를 알아보게 되며 도덕적 의무 때문이 아니라 모든 존재와 하나임을 알기 때문에 봉사하게 된다. 다시 말하지만 우리는 서로 연결되어 있으며 타인에게 봉사하는 일은 곧 나 자신에게 봉사하는 일이다.

과학도 이런 생각을 뒷받침한다. 심리학자들은 우리가 타인을 돕는 행위를 '친사회적 행동prosocial behavior'이라고 부른다. 비교문화심리학을 전공한 메리아나 포고시안Marianna Pogosyan은 친사회적 행동이 타인에 대한 교감을 높여주며 교감에 대한 욕망은 우리의 가장 깊은 심리적 욕구 중 하나라고 말했다.[4]

산야시는 최대한 많은 사람에게 봉사한다. 사랑을 왜 한 사람이나 가족에게만 한정하는가? 사랑의 반경을 넓히면 매일 매 순간 사랑을 경험할 기회가 생긴다. 이렇게 생각하면 사랑의 품은 점점 더 넓어진다. 부모가 자녀를 사랑하면 자녀의 학교에 있는 다른 아이들까지 사랑하게 된다. 내 아이가 경험할 커뮤니티까지 중요해지기 때문이다. 커뮤니티가 중요해지면 학교도 중요해진다. 학교가 중요하면 학교가 앉은 땅까지 중요해진다. 그래서 자녀를 사랑하면 자녀가 살아가는 세상 전반이 더 좋아지길 바라야 한다.

주위 사람들을 사랑하면 살아 있는 모든 존재를 사랑하게 된다. 모든 존재를 사랑하면 그들이 '집'이라 부르는 세상을 사랑하게 된다. 세상을 사랑하면 초월적인 힘을 가진, 그 세상을 창조한 신까지 사랑하게 된다. 15세기 인도의 시인이자 성자인 카비르 다스는 "당신 안에 흐르는 강이 내 안에도 흐른다"라고 했다. 우리는 모든 말과 행동, 숨결을 통해 인류 전체와 연결되어 있다는 뜻이다. 우리가 하는 모든 일이 서로에게 영향을 끼친다. 코로나19가 시작되었을 때 이 점이 특히 두드러졌다. 그 시기에는 서로를 돌보고 보호하며 내가 사랑하는 사람들을 넘어선 커뮤니티 전체를 고려해야 했다.

『안네의 일기』의 안네 프랑크Anne Frank는 이렇게 말했다. "나눔으로 가난해진 사람은 아무도 없다."[5] 사랑의 개념을 차츰 넓혀가면 사랑에 접근할 새로운 방법들이 보인다. 언제든 느끼고 싶을 때 사랑을 느낄 수 있다. 타인에게 사랑을 나눠주면 이 모든 일이 가능해진다.

사랑을 주는 것은 연인 간의 사랑보다 더 큰 인간의 욕구를 해결해 준다. 바로 '봉사하고 싶은 욕구'다. 이보다 더 큰 황홀경은 없다. 내가 좋아하는 중국 속담이 있다. "한 시간 동안 행복하고 싶으면 낮잠을 자라. 하루 동안 행복하고 싶으면 낚시를 가라. 1년 동안 행복하고 싶으면 유산을 물려받아라. 평생 동안 행복하고 싶으면 남을 도와라."

봉사를 통해 느끼는 기쁨을 '헬퍼스 하이helper's high' 또는 '기버스 글로giver's glow(나눔을 실천하는 사람의 얼굴에서는 빛이 난다는 뜻이다-옮긴이)'라고 부른다. 이를 과학자들은 '사심 없이 타인을 도운 후에 느끼는 기쁨과 흥분, 에너지 증가 및 뒤이어 오는 차분하고 고요한 기분'이라고 정의한다. 『선행의 치유력The Healing Power of Doing Good』이라는 책을 쓴 연구자 앨런 룩스Allan Luks는 자원봉사자 3000명 이상의 데이터를 관찰했다.[6] 그리고 헬퍼스 하이가 봉사를 하는 몇 주 동안만 지속되는 것이 아니라 그때를 회상하기만

해도 되살아난다고 언급했다. 헬퍼스 하이는 단순히 뇌에서만 느끼는 '기분 좋음'이 아니다. 헬퍼스 하이를 경험하면 스트레스호르몬 수치가 낮아지고 면역체계의 기능이 향상된다.

우리의 본질은 결국 사랑이다

사랑을 기대할 것이 아니라 표출할 방법을 찾아야 한다. 우리는 사랑을 경험하는 방법은 사랑을 받는 것뿐이라고 배웠다. 그러나 『베다』에서는 당신 안에 늘 존재하는 사랑과 연결되기만 해도 원할 때면 언제든지 사랑을 느낄 수 있다고 말한다. 『베다』의 관점에서 보면 우리는 사랑을 찾거나 쌓거나 창조할 필요가 없다. 우리는 처음부터 사랑하고 사랑받도록 만들어져 있기 때문이다.

『베다』는 영혼이 '사트sat'이고, '치트chit'이며, '아난다ananda'라고 말한다.[7] 각각 영원하고, 앎으로 가득하고, 은총으로 충만하다는 뜻이다. 우리의 본질은 바로 이 사랑이다. 그러나 세상을 경험할 때는 이 본질이 자존심이라든가 시기심, 자만심, 질투 또는 욕정, 착각 같은 감정들로 겹겹이 뒤덮여 있어서 사랑하는 능력이 저해된다. 이런 감정들을 모두 거둬내고 사랑이 넘치는 본래의 모습으로 되돌아가야 한다. 『베다』는 사회의 가장 사악하고 위험한 구성원들까지도 이런 시선으로 바라본다. 그들의 가장 깊은 곳에 있는 사랑이 불순한 것들로 지독하게 뒤덮여 있다고 말이다.

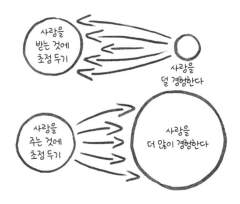

누구나 불순한 면을 가지고 있다. 그러나 대부분의 사람에게는 그 불순한 면이 작은 부분이고 상대적으로 무해한 반면 사랑이 다른 것들로 완전히 뒤덮여 버린 사람은 그의 힘과 영향력을 이용해 생명을 파괴할 수도 있다. 그러나 산야시는 모든 사람의 행동과 활동은 결국 내가 사랑으로 반응할 기회라고 본다. 아무리 누군가의 중심에 있는 사랑에 닿는 일이 힘들더라도 말이다.

어떻게 사랑을 주어야 할까

삶의 네 번째 단계에 들어섰다는 건 더 이상 한 사람에게서만 사랑을 찾지 않는 지점까지 도달했다는 의미다. 지금 곁에 연인이 없어서일 수도 있고, 연인을 만나 행복하지만 이 충분한 사랑을 확장해야겠다고 느낄 수도 있다.

그동안 당신이 사랑을 공부하는 학생이었다면 이제부터는 사랑을 지키는 집사가 될 것이다. 『바가바드 기타』는 '스레야스śreyas'와 '프레야스preyas'라는 원칙을 이야기한다.[8] '우리가 추구하는 것'과 '추구해야 하는 것'이라는 뜻이다. 만약 지금껏 추구해 온 것 이상을 볼 여유와 기회가 있다면 추구해야 할 것을 보려고 노력해야 한다.

그동안 당신은 자신의 목적을 충족시키려고 애써왔다. 연인이나 배우자, 자녀의 목적도 실현시켜 주기 위해 애썼을 것이다. 이제는 봉사를 목적으로 삼아라. 연인이나 배우자가 있다면 함께 봉사함으로써 사랑이 더 깊어질 것이다. 다만 섣불리 이런 얘기를 꺼내면 언쟁이나 오해로 이어질 가능성이 있으니 주의하라. 함께 타인이나 커뮤니티, 세상을 위해 봉사할 방법을 생각할 때쯤이면 서로의 강점과 약점을 잘 알고 있어야 한다. 두 사람의 강점과 약점을 잘 이해해야 쉽게 협업할 수 있으며 연민을 모든 사람에게까지 확장할 수 있다.

산야시가 되는 건 힘든 일이다. 연습해 본 적이 없다면 사랑을 무한 확장할 준비가 되어 있지 않을 수도 있다. 그러면 자칫 다른 사람들을 기쁘게 하는 것으로 자존심을 충족시키려는 욕구로 빠지기 쉽다. 또한 내가 아는 사람, 사랑하는 사람이 아닌 시공간적으로 먼 사람일수록 사랑을 느끼기가 어렵다.

스탠퍼드대학교의 심리학과 교수이자 스탠퍼드 사회신경과학 연구소Stanford Social Neuroscience Laboratory의 소장인 자밀 자키Jamil Zaki는 이렇게 말했다. "공감 능력은 고대로부터 이어져 온 것이어서 수렵채취인으로서 소규모 집단을 이루고 살던 시절에 맞춰져 있다. 당시에 그랬던 것처럼 우리는 모습이나 생각이 나와 비슷한 사람이나 익숙한 사람, 그리고 바로 내 앞에 있는 사람들을 좋아하는 게 더 쉽게 느껴진다."[9]

그는 전 세계적으로 기후변화에 대처하기가 힘든 이유를 이렇게 설명한다. "사람들은 재난으로 한 사람(우리가 얼굴을 볼 수 있고 울음소리를 들을 수 있는 사람)이 죽었다는 소식을 들으면 강한 공감을 느낀다. 그러나 희생자가 수백 혹은 수천 명이라고 하면 무덤덤하다. 이런 '연민 붕괴compassion collapse' 현상이 기후변화에 대응하는 것을 방해한다."

그러나 루미가 말하지 않는가. "나, 당신, 그 남자, 그 여자, 우리/신비로운 연인들의 정원에서/이런 것들은 구별되지 않네."[10] 사랑으로 가득한 평화로운 세상을 상상하기란 어렵지 않지만 오늘 오후, 내일, 매일 어떻게 하면 그런 세상이 될지는 뚜렷하지 않다. 루미는 우리가 생각처럼 타인과 분리되어 있지 않다고 말한다. 구별은 존재한다. 그러나 연습을 통해 사생활에서 직장 생활로, 커뮤니티로, 지구 전체로 사랑의 스펙트럼을 확장할 수 있다. 『바가바드 기타』는 이렇게 표현한다.[11] "참된 지식을 가진 겸손한 현자[12]는 배운 자나 소나 코끼리나 개나 똑같이 본다."

가까워서 더 힘든 관계가 있다면

대부분 가장 사랑하기 쉬운 가까운 사람들에게 먼저 사랑을 주고 그 이후에 범위를 확장한다. 친구나 가족에게 사랑을 보여주는 방법에는 말과 행동만 있는 것이 아니다. 말과 행동 뒤에는 네 가지 핵심 자질이 있다.

1. 이해: 누구나 이해받고 싶어 한다. 가장 가깝고 소중한 사람들을 사랑하는 것은 그들이 어떤 사람이고 무얼 성취하려는지 이해하려고 노력하는 것이다. 그러려면 당신의 생각과 희망을 강요할 게 아니라 경청하고 질문해야 한다.

2. 믿음: 친구나 가족은 그들을 믿어주기를 원한다. 그들이 꿈을 성취할 잠재력이 있다고 믿어주기를 바란다. 사랑하는 누군가가 아이디어를 공유한다면 긍정적으로 피드백을 하라. 응원하고 격려하라.

3. 수용: 친구와 가족은 수많은 결점과 차이점에도 불구하고 자신들을 있는 모습 그대로, 오히려 그런 모습이라는 이유로 받아들여 주기를 바란다. 당신의 기대치를 그들에게 투영하지 마라.

4. 인정과 감사: 가족이나 친구가 하는 크고 작은 일들, 그들이 직면한 난관, 그들의 노력과 변화, 그들이 불어넣어 주는 에너지를 알아봐 주는 것도 사랑이다. 많은 사람들이 그냥 곁

에 있어주는 것만으로도 인정과 감사를 드러낸다고 생각한다. 그러나 잘한 일에 대해 구체적이고 진정성 있는 칭찬을 듣는 것을 마다할 사람은 아무도 없을 것이다.

네 가지 핵심 자질을 깨달았다면 이제 구체적으로 어떻게 해야 가까운 사람들을 사랑할 수 있는지 알아보자.

서로 존중할 수 있도록 거리 두기

가까운 사람을 사랑하는 게 쉽지 않을 때도 있다. 사랑에 긍정적으로 반응하지 않는 사람도 있다. 이들을 상대하기는 어렵지만 여전히 아끼고 계속 사랑하고 싶을 때가 많다. 이처럼 다소 해로운 사람을 사랑하고 싶다면 존중할 수 있는 거리를 유지하면 된다.

심리학자 러셀 바클리Russell Barkley는 말했다. "사랑이 가장 많이 필요한 아이는 언제나 가장 사랑스럽지 않은 방식으로 사랑을 요구한다."13 사랑을 갈구하기 때문에 상처를 주는 행동을 한다는 사실을 받아들이기란 쉽지 않다. 앞서 말했던 것처럼 학대는 수용할 수 없는 행위지만 누군가가 고통스럽기 때문에 더욱 고통을 만들어낸다는 건 수용해야 한다. 그들은 자신의 고통을 당신에게 내려놓으려 한다. 관심을 받으려고 고함을 지르고 울고 떼쓰고 짜증 내는 어린아이처럼, 사랑을 애원하는 행동의 방향을 잘못 잡은 것이다.

친구나 가족 중에 까다롭다거나 해롭다고 생각되는 사람 한 명쯤은 드물지 않게 볼 수 있다. 그런 사람과 시간을 보내면 부정적인 환경이 만들어진다. 그는 당신의 아이디어를 차단한다. 말을 들으려 하지 않는다. 그래서 거절당하거나 홀대받는 기분이 든다. 이런 상황에 놓이면 사랑하려던 사람도 부정적으로 평가하게 되고 상처와 미움으로 얼룩진 생각이 떠오르게 된다. 그렇다고 해서 죄책감을 느끼거나 미안해하지는 마라. 누군가 당신을 부당하게 대하면 화가 나는 건 자연스러운 일이다.

사랑하기 어려운 사람들이 삶에 등장하는 것은 당신에게 관용을 가르쳐주기 위해서다. 그가 사랑을 들고 나타나지 않더라도 당신은 사랑을 든 채 그를 만나라. 누가 싸움을 시작했든 의사는 양쪽을 다 치료해 주듯이 신야시는 모든 사람에게 똑같은 방식으로 사랑을 준다. 그러나 사랑을 주는 능력은 최대한 발휘하더라도 가치관을 타협하거나 학대를 받아들이지는 마라.

함께 있기 어려운 사람을 마주쳤을 때 그를 사랑하는 첫걸음은 그 사람을 보는 나의 반응이 스스로에 대해 무엇을 알려주는지 아는 것이다. 내가 불안정한 게 아닌가? 내 자존심 때문인가? 두려움인가? 친구나 가족이 당신 말에 동의해 주고 기운 나게 해주고 당신의 모든 아이디어와 의사결정을 격려해 주길 바라며 기다리기만 한다면 욕심이다. 그들은 본인의 제한된 관점과 의심과 두려움을 당신에게 투영할 수밖에 없다. 그들의 태도 때문에 화가 나거나 걱정이 된다면 그 반응 중 일부가 본인의 의사결정에 자신감이 없어서는 아닌지 생각해 보라. 신임을 얻으려고 에너지를 쓰지 말고 혼자 있는 시간에 확신을 쌓는 데 집중하라. 당신이 어떤 사람이고 무엇을 원하는지를 받아들이면 남의 의견이나 반응에 울컥하는 일은 줄어들 것이다.

사랑의 반경을 넓힐 때 상대방의 직업이나 행동을 이유로 배제하지는 마라. 그들을 사랑하는 이유는 그저 당신이 사랑을 주는 사람이기 때문이다. 청결한 것을 좋아하는 사람은 손님이 있든 없든 집을 깨끗이 유지한다. 그러면 더 살기 즐거운 공간이 되기 때문이다. 마음속에 사랑으로 가득한 환경을 만들 때도 마찬가지다. 그런 환경을 만드는 이유는 당신 자신을 위해서다. 사랑을 누군가가 받든 안 받든 상관없이 말이다. 지저분한 사람이 손님으로 왔다고 일부러 집을 어지럽히지는 않을 것이다. 그러니 미움이 가득한 사람이 반경 안에 들어왔다고 마음을 미움으로 채우지는 마라. 당신이 살고 싶은 집은 사랑이 가득한 집이라는 사실을 기억하라.

그렇지만 모든 사람을 똑같은 위치에서 사랑할 수는 없다. 가까이에서 사랑하려고 노력해도, 만날 때마다 그 사람이 가진 부정적이고 쌀쌀한 에너지 때문에 불만이 생길 수 있다. 그렇다면 너무 가까이 다가가서 원망을 쌓기보다는 그를 존중하고 응원할 수 있게 적당히 거리를 두는 편이 낫다. 가족 중에 관계를 끊고 싶지는 않지만 까다로운 사람이 있다면 1년에 한 번만 보는 편이 가장 많이 사랑할 수 있는 방법일지도 모른다. 직접 만나기보다는 통화만 나누는 게 방법일지도 모른다. 뭐가 되었든 감당할 수 있는 시간만큼만 그 사람을 상대하라. 이렇게 거리를 두면 가까이서 사랑할 준비가 될 때까지 이용당한다는 기분도 들지 않고 멀리서 행복을 빌어줄 수 있다. 혼자 지내면서 힘과 자신감을 키울 여유와 기회가 생긴다. 길게 보면 연민을 갖고 다시 돌아와 그의 인생 여정을 도울 가능성도 있다.

까다로운 사람에게 사랑을 나눠주는 한 가지 방법은 그 사람이 사랑받을 수 있는 다른 곳을 찾아주는 것이다. 사람들은 종종 상대방에게 사랑을 줄 수 있는 사람이 자기 자신뿐이라고 생각한다. 지금까지는 정말 그런 상황이었을 수 있다. 그러나 의존은 두 사람 모두에게 도움이 되지 않는다. 까다로운 사람을 다 받아주려면 시간과 의향, 능력, 심지어 참을성도 필요하다. 이를 다 쏟아붓지 못한다고 자책할 필요는 없다. 괜찮다. 구세주가 될 필요는 없다. 그런 사람을 사랑한다는 건 지금까지 익히 알고 있던 일대일의 사랑을 벗어나야 한다는 의미고, 그래야만 한다. 그를 사랑하기에 당신이 최선이 아닐 수 있다. 유일한 사람도 아닐 수 있다. 무엇보다 중요한 건 사랑으로 둘러싸인 그 사람 또한 많은 사랑을 전파할 기회를 가질 수 있기를 바라는 마음이다.

다음 쪽의 '주위에서 사랑을 찾도록 도와주기'에서 이야기하는 방법으로 함께 노력했는데도 여전히 그들을 사랑할 방법을 찾을 수 없다면 더 이상 스스로를 몰아세우지 마라. 한때는 중요했던 친구나 가족이라 하더라도 때로는 물러나는 게 해줄 수 있는 최선일 때가 있다. 어려운 일일 수 있다. 나에게 중요하거나 중요했던 사람을 포기하려고 하면 확신이 서지 않는다.

이 일이 어려운 이유 중 하나는 『베다』가 옳다는 걸 본능적으로 알기 때문이다. 그 사람의 영혼에도 선함이 있다. 여러 겹의 나쁜 경험과 부정적인 감정, 심지어 트라우마가 덮여 있을 뿐이다. 하지만 사랑으로 놓아준다면 필요한 거리를 확보하기가 더 쉬워진다. 사람을 옷으로 판단하지 않듯이 상대를 겉으로 보이는 것으로 판단하지 마라. 상대를 둘러싼 것들이 아니라 그 사람 안의 불꽃을 보고 그를 사랑하도록 노력하라. 그럼에도 불구하고 더는 지속하기 힘든 관계라 판단될 때는 결단을 내려라.

성숙한 사랑을 위한 팁: 주위에서 사랑을 찾도록 도와주기

친구나 가족을 가까이에서 사랑하는 게 힘들다면 그 사람이 사랑받을 수 있는 곳을 찾아주는 것도 사랑의 한 방법이다. 새로운 친구들을 찾아줘라. 생각이 비슷한 사람들을 소개해 줘라. 같은 지역에 사는 지인들이 있는지, 그들과 잘 어울리는지 물어보라. 공공 단체를 찾아주는 것도 좋다. 관심사를 추구하도록 도와줘라.

중립적인 장소에서 가족 모임을 기획하라. 사람이 많은 곳에 가면 긴장도 풀리고 모두가 행동을 조심한다. 집에 방문하는 게 너무 힘들면 두 사람 모두 편안하게 느낄 수 있는 공공장소나 식당에서 만나도록 노력하라. 때로는 감사의 편지를 써라. 무엇이든 좋았던 기억을 공유하고 그의 어떤 점을 존경하는지, 그가 당신의 삶을 긍정적으로 바꾸어놓은 부분이 있는지 알려줘라.

의식적으로 시간 투자하기

친구와 가족에게 사랑을 주려면 시간이 필요하다. 그러나 많은 사람들이 너무나 바쁘고 정신없이 살아가는 탓에 시간을 내는 데 어려움을 겪는다.

이 문제의 해결책은 '계획'이다. 영국의 인류학자 로빈 던바 Robin Dunbar는 뇌가 특정한 크기의 사회집단만을 감당할 수 있다는 가설을 세웠다.[14] 역사적·인류학적 데이터 및 최근 자료를 살펴본 그의 팀은 그 숫자가 대략 150명이라고 결론을 내렸다. BBC닷컴BBC.com의 한 기사는 이렇게 덧붙였다. "이 이론에 따르면 가장 긴밀한 집단은 '사랑하는 사람'으로서 다섯 명이다. 그다음 집단은 친한 친구 15명, 친구 50명, 의미 있는 지인 150명, 지인 500명, 알아볼 수 있는 사람 1500명이다. 각 층에 속하는 사람의 목록은 계속 바뀔 수 있다. 핵심은 새로운 사람이 들어오려면 공간을 비워야 한다는 것이다."

이런 숫자는 평균에 불과하지만, 같은 방식으로 당신이 아는 사람들을 카테고리로 나눈다면 그들에게 시간을 어떻게 배분해야 할지 훨씬 더 의식적으로 판단하고 결정할 수 있을 것이다. 당신에게 연락하는 모든 사람에게 수동적으로 응하지 마라. 이제부터는 스스로 누구를 만나고 싶고 얼마나 자주 보고 싶은지 의식적으로 결정하라.

성숙한 사랑을 위한 팁:
사랑하는 사람들의 목록 만들기

가족과 친구의 목록을 만들어라. SNS의 친구나 팔로어 목록으로 시작하는 것도 한 방법이다. 오프라인에서도 똑같이 하라. 이 목록을 친한 친구와 가족, 친구, 의미 있는 지인, 지인으로 나눠라.

각 카테고리에 어느 정도의 시간을 부여할지 결정하라. 친한 친구나 가족과는 일주일에 한 번, 다른 친구들과는 한 달에 한 번 연락을 하거나 함께 어울리겠다고 결정할 수 있다. 의미 있는 지인들과는 분기마다, 지인들과는 1년에 한 번 연락하고 싶을 수도 있다.

이렇게 나눠보면 시간을 어떻게 쪼개고 싶은지 의식할 수 있다. 집단과 소통하는 데도 도움이 된다. 이렇게 말하는 것이다. "나는 우리가 한 달에 한 번은 꼭 점심을 함께했으면 좋겠어." 계절이 바뀔 때마다, 혹은 휴일 전후로 만나겠다고 정해둔다면 계속해서 연락을 나누고 그들의 삶에 일어난 변화를 알아차릴 수 있을 것이다.

친구를 사귀는 데 어려움이 있거나 최근에 이사를 해서 새롭게 시작하는 경우라면 이 목록을 보고 당신이 소중하게 생각하는 사람들이 누구인지 되새길 수 있다. 가족이나 지인 중에 더 가까워지고 싶은 사람은 없는가? 당신의 흥미를 끌거나 당신이 아끼는 사람들의 목록을 만들어두면 인맥을 쌓는 데 도움이 될 것이다.

매일 보는 동료에게 사랑 전하기

가족보다 동료와 더 많은 시간을 보내는 게 드문 일은 아니다.

직장도 다른 어느 집단 못지않은 하나의 커뮤니티다. 우편실에 있는 직원, IT 직원, 아래층의 경비원, 마케팅 구루, 가까운 동료 등은 바로 옆에서 일하든 화상회의 프로그램의 작은 화면 안에 있든 모두 매일 보는 사람들이다. 그런데도 이들에게 사랑을 전하라고 하면 선뜻 이해도 가지 않고 방법도 잘 모르겠다고 말하는 사람들이 많다.

형식적이고 공식적인 직장이라는 환경 때문에 동료를 사랑하면 안 될 것 같은 기분이 드는 게 원인이다. 심지어 직장에서의 사랑은 달리 보인다. 깊이도 없고 정서적인 사랑도 아닌 것 같다. 사적인 관계가 되어 속 깊은 이야기까지 털어놓기에는 신뢰가 쌓이지 않았다는 생각도 든다. 실제로 당신의 직장은 사적으로 연락하는 문화가 아닐지도 모른다. 이를 극복하려면 직장 환경에 따뜻함과 감사의 마음을 주입할 방법을 찾으면 된다.

직장에서는 후배와 동료, 상사를 사랑하는 방법이 각각 다르다. 후배를 사랑할 때는 통제나 소유욕을 드러내지 말고 지도와 멘토링을 제공하면 된다. 생일 때 케이크를 내놓는 것만이 사무실에서 사랑을 보여줄 수 있는 유일한 방법은 아니다. 그가 개인적으로 성장할 수 있게 지식과 지혜를 전할 수도 있다. 가능할 때는 멘토가 되어주거나 일상적인 직장 생활에서는 배울 수 없는 아이디어나 통찰을 알려줄 수도 있다. 초청 강사를 초빙하거나 명상에 관한 강연을 공유하거나 동료들이 함께 참여할 수 있는 자선 달리기 대회를 조직할 방법은 없을까?

후배의 헌신적인 업무에 감사를 표할 새롭고 창의적인 방법들도 어렵지 않게 찾아볼 수 있다. 블루보드Blueboard는 직원들에게 감사를 전하는 일에 진심인 회사다.[15] 설립자 중 한 명인 케빈 입Kevin Yip은 이전에 일하던 회사의 상사로부터 블루보드를 창업할 아이디어를 얻었다. 당시 그는 어느 프로젝트 때문에 일주일에 7일, 하루에 12~15시간씩 일했는데, 그의 상사가 이에 대한 감사의 표현으로 케빈 입의 책상에 아메리칸 익스프레스 기프트 카드를 올려두었다고 한다.

블루보드는 사업주들이 온갖 종류의 체험 활동으로 직원들에게 감사를 표현할 수 있게 도와준다. 예컨대 무중력 부유 탱크(물에 뜬 상태로 스트레스를 풀 수 있게 만들어놓은 소금물 탱크를 뜻한다-옮긴이)를 체험한다거나 치즈 전문가로부터 치즈에 관해 배운다거나 오로라를 보러 간다거나 중장비를 이용한 '익스트림 모래 어드벤처'를 즐기게 해주는 것이다. 그러나 무엇보다 중요한 것은 누군가가 해놓은 일을 인정하는 일이다. 인정을 받은 사람은 인정을 해준 사람에게 감사하게 된다. 비즈니스 컨설팅 회사인 워크닷컴Work.com에 따르면 절반에 가까운 직원들이 지금의 회사보다 다른 회사가 자신에게 더 감사를 표현한다면 그 회사로 이직하겠다고 말했다.[16]

동료를 사랑하고 싶다면 지원하고 격려하고 협조하며 감사하면 된다. 직장에서 사랑을 표현하는 것은 친구나 가족에게 표현하는 것과 비슷하지만 좀 더 생산적이어야 하기 때문에 약간의 차이가 있다.

마지막으로 상사를 사랑하고 싶다면 하겠다고 한 일을 끝까지 마무리하고 그를 존중하며 선을 지켜라. 그의 지도를 억울하게 생각하지 말고 적극적으로 받아들여라.

성숙한 사랑을 위한 팁: 일하는 곳에서 사랑을 전하는 법

직장에서 다음과 같은 노력을 해보라. 이때 주의할 점은 동료에게 답례를 기대하거나 요구하는 마음이 아니라 세상에 사랑이 더 많아지기를 바라는 마음으로 하는 것이다.

1. 이해하기
동료가 어떤 사람이고 무엇을 원하는지 가까운 친구나 가족만큼 잘 알 필요는 없지만 사생활에도 관심을 갖고 기복은 없는지 살펴보라. 특별한 응원이 필요할 때는 더 신경 써라. 분위기가 바뀌면 별일이 없는지 확인하라. 어려움을 겪고 있는 것을 알고 있다면 끝까지 챙겨봐라. 힘든 시기를 지나고 있다면 일을 덜어주는 등 도와줄 방법이 없을지 살펴보라. 일에 쏟아붓는 노력을 알아채고 언제 일을 잘하는지, 어떻게 그의 능력이 개선되는지 살펴라. 성공을 축하하라.

2. 교감하기
온라인이든 오프라인이든 하루를 시작하거나 미팅을 할 때 안부를 물어보라. 힘든지 즐거운지 관심을 가져라. 동료가 들려준 개인적인 이슈를 잊지 않고 나중에 근황을 물어보라. 즉각 안건부터 시작하기보다는 인간적인 미팅을 만들어라.

3. 감사하기
직장에서 매일 한 사람을 골라 음성이나 문자메시지, 이메일 등으로 짧은 메시지를 보내라. 해당 동료가 직장에서 한 일에 대해 구체적으로 칭찬하거나 감사하라.

직장의 악어와 어울리는 지혜

선종에 원숭이에 관한 스토리가 있다. 한 원숭이가 보니 강 건너에 자신이 원하는 바나나가 있었다. 원숭이의 욕망을 지켜보던 악어가 강을 건너게 해주겠다고 했다. 원숭이는 기꺼이 악어 등으로 뛰어내렸고 악어는 헤엄을 치기 시작했다. 그러나 강 한복판에서 멈춘 악어는 이렇게 말했다. "멍청한 원숭이 같으니. 이제 내 등을 벗어날 수 없으니 너를 잡아먹을 테다."

원숭이는 얼른 머리를 짜내서 이렇게 말했다. "나를 잡아먹는 건 괜찮지만 심장을 반대편 강둑에 놓고 왔어. 원숭이는 심장이 가장 맛있는 부위인데 말이지. 육즙이 넘치고 기름져서 정말 맛나. 나라면 그렇게 아쉬운 식사를 하지는 않겠어." 그러자 악어가 말했다. "그것참 맛나게 들리는구나. 좋아. 그러면 반대편 강둑에 데려다줄 테니 심장을 가지고 와." 결국 둘은 반대편 강둑에 도착했고 원숭이는 악어의 등 위에서 깡충 뛰어내려 목숨을 구했다.

이 이야기에서 배울 점은 '악어를 상대할 때는 심장을 집에 두고 와야 한다'는 것이다. 늘 속내까지 드러내며 살 수는 없다. 때로는 그러면 불리해지기 때문이다. 특히 직장에서 무조건적인 사랑을 나눠준다면 사람들이 경계할 수도 있다. 그들은 사랑이 아니라 두려움이나 결과로 동기부여를 하는 데 익숙해져 있다. 무조건적인 사랑은 낯선 경험이기에 제대로 반응하지 못할 수도 있다.

기억해야 할 것이 있다. 우리는 사랑을 상호적이라고 생각하지만, 산야시는 보답을 바라지 않고 사랑하는 사람이다. 마음의 본질인 사랑을 계속해서 지켜야 한다. 비록 악어 떼가 득실거리는 직장이라고 하더라도 말이다. 나에게 상처를 준 사람에게도 연민을 가지려고 노력해야 한다. 주어진 환경에서 최선의 기운을 나눠주면서 내 삶을 살아가야 한다. 동시에 악어가 되지 않도록 유의하자. 직장에서의 모습은 결국 집으로까지 이어지기 때문이다. 직장에서 당신이 바라는 만큼 산야시가 될 수 없다면 집에서는 반드시 사랑을 줄 수 있도록 각고의 노력을 쏟아야 한다.

공동체에 사랑을 나눠라

직장까지 넘어서 사랑을 확대하려고 할 때는 보통 자신이 속한 커뮤니티에 손을 내밀게 된다. 지역 단체나 학교 위원회, 종교 기관, 북클럽이나 기타 관심사를 중심으로 한 모임들이 대표적이다. 이런 커뮤니티에서 사랑을 보여줄 때는 도움이 필요한 곳을 살펴서 그 필요를 채워주면 된다. 자율 방범대 조직이나 인프라 문제 해결을 도울 수 있다. 이웃끼리 모여서 어울리는 자리를 기획할 수도 있다. 만약 권력이나 권위 혹은 통제를 위해 이런 일을 한다면 결국은 공허한 기분이 들 것이다. 그러나 사랑과 연민, 공감에서 우러난 노력을 기울인다면 마음이 충만해질 것이다.

이처럼 사랑을 확장하는 과정에서 당연히 반대와도 마주친다. 더 많은 사람에게 봉사할수록 그만큼 많은 사람이 이견을 내놓을 것이다. 자율 방범대 활동을 싫어하는 사람이 한두 명 있을 수도 있다. 지역 사회를 위해 하는 일이 많아질수록 싫어하거나 반대하는 사람도 늘어날 것이다. 극단적인 예를 들어보자. 미국 대통령이 되면 국민의 거의 절반이 반대한다. 사랑을 나누는 여정이 길고 깊어질수록 상충하는 의견도 늘어난다는 사실을 기억하라.

낯선 이에게 미소를 보내는 이유

길에서 낯선 사람과 마주치면 어느 정도 조심하게 된다. 또 그게 옳다. 이 사람이 사랑을 잘 받아들일지, 어떻게 해야 그가 불편하지 않게 사랑을 보여줄지 알 수 없다. 하지만 우리는 매일 집을 나서는 순간부터 아무 연고도 없는 사람들을 마주친다. 대부분의 시간을 내 이름조차 모르는 이들과 함께 보내는 사람도 많다. 버스 운전사, 계산대 직원, 웨이터부터 줄을 설 때 내 뒤에 서는 사람까지 말이다.

우연히 마주치는 사람들에게 가장 안전하면서도 쉽게 사랑을 나눠주는 방법은 미소를 짓는 것이다. 뇌의 생존 회로 덕분에 우리는 주위 환경이 나를 환영하는지 끊임없이 확인한다. 과학자들은 미소를 지으면 사회적 교감의 신호가 되어 상대방이 좀 더 마음을 놓는다고 이야기한다.

퍼듀대학교 연구진은 낯선 사람과의 1초가 채 지나기도 전에 이뤄지는 교류가 우리에게 어디까지 영향을 주는지 조사했다.[17] 연구보조원 한 명이 캠퍼스 안을 돌아다니면서 사람이 많은 곳에서 세 가지 행동을 취했다. 낯선 사람과 지나칠 때 눈을 마주치거나, 눈 맞춤 후에 미소를 짓거나, 아예 사람이 존재하지 않는 것처럼 무시하면서 지나갔다. 그런 다음 몇 발짝 뒤에 다른 연구원이 그 낯선 사람을 불러 세우고는, 자신이 연구 대상이 된 줄도 모르는 그 사람에게 짧은 설문조사를 부탁했다.

조사 결과는 놀라웠다. 첫 번째 연구원에게 무시를 당한 사람들은 긍정적으로 알은체를 했던 사람들보다 사회적 단절을 더 많이 느낀다고 응답했다. 연구진은 아무리 관계도 없는 낯선 사람이라고 해도 명백히 무시를 당하면 부정적 영향을 받게 된다는 결론을 내렸다.

순전히 화학적인 작용일 수도 있다. 무시를 당하면 미소의 긍정적 영향이 그리워진다. 미소는 기분을 좋게 하는 신경전달물질인 도파민과 세로토닌, 엔도르핀을 분비한다.[18] 그리고 많은 사람들이 경험으로 알고 있듯 미소는 전염된다. 이미 수많은 연구 결과로 뒷받침된 사실이다.[19] 그러니 미소를 짓고 다른 누군가가 그 미소를 돌려준다면 두 사람 모두 기분이 좋아지는 호르몬의 이점을 누릴 수 있다.

주위의 낯선 이들에게 진심으로 마음을 쓰면 그들의 인생이 바뀔 수도 있다. 미국노동통계청에 따르면 봉사활동의 대략 70퍼센트는 공식 기관이 아니라 자발적으로 참여하는 지역민들로 구성된다고 한다.[20] 사람들이 자기 지역에 도서나 음식을 나눠주기 위해 만든 '작은 무료 도서관Little Free Library'이나 '작은 무료 식료품 창고Little Free Pantry'를 생각해 보면 된다. 수많은 익명의 기부자들이 이곳에 들러서 읽을거리나 음식을 채워놓는다.

도움이 필요한 사람을 보고 직접 나서는 평범한 시민들도 있다. 뉴욕에서 11월의 어느 추운 밤, 노숙자 한 명이 맨발로 인도를 걷고 있었다.[21] 노숙자는 차가운 땅바닥에 발가락이 얼까 봐 발뒤꿈치로 걷는 중이었다. 경찰관인 로런스 디프리모Lawrence DiPrimo가 이 노숙자를 목격하고 말을 걸었다. 대화를 나누면서 노숙자의 신발 사이즈를 알아낸 디프리모는 잠시 사라졌다가 돌아왔다. 그의 손에는 방금 산 부츠가 들려 있었다.

이 이야기는 지나가던 행인 한 명이 노숙자 앞에서 무릎을 꿇은 채 끈을 매주던 디프리모의 사진을 찍으며 세상에 알려졌다. 신발 가게의 점원도 디프리모가 부츠를 사는 이유를 듣고는 직원용 할인을 해주었다고 한다. 이게 바로 사랑이다.

내 남은 사랑을 쏟을 대의는 무엇인가

특정한 대의에 정서적인 교감을 느낀다면 그 대의를 위해 더 열정적으로 사랑하려는 노력을 기울일 수 있다.

리앤 로리셀라Leanne Lauricella[22]는 원래 기업 이벤트 기획가로 뉴욕에서 정신없이 바쁘게 커리어를 쌓고 있었다. 돈 많은 고객들을 위해 근사한 행사를 여는 게 그녀의 주된 업무였다. 어느 날 동료 한 명이 '공장식 사육'이라는 단어를 언급했다. 이 단어의 뜻을 전혀 몰랐던 리앤은 그날 저녁에 인터넷에 검색을 했다가 경악을 금치 못하고 그 자리에서 다시는 육류를 먹지 않겠다고 결심했다. 그리고 축산에 대해 공부하기 시작했다.

공부의 일환으로 농장을 방문하게 된 리앤은 동물들 특히 염소와 사랑에 빠졌다. 염소가 얼마나 재미있고 똑똑하고 집중력 있는 동물인지 발견한 그녀는 염소들을 머리에서 떨쳐낼 수가 없는 지경에 이르렀다. 결국 리앤은 염소 두 마리를 구조했다. 그리고 TV 프로그램 〈선즈 오브 애너키Sons of Anarchy〉의 주인공들 이름을 따서 염소들을 '잭스'와 '오피'라고 부르기 시작했다.

리앤은 거기에서 그치지 않고 '고츠 오브 애너키Goats of Anarchy' 라는 이름으로 인스타그램 계정을 만들어 잭스와 오피의 일상을 공유했다. 사람들은 잭스와 오피에 큰 관심을 보여줬다. 잭스와 오피를 돌보는 게 너무나 즐거웠던 리앤은 염소를 몇 마리 더 입양했다. 그중에는 특별한 치료가 필요한 염소들도 있었다. 리앤은 염소에 집중하기 위해 직장을 그만두었다.

현재 고츠 오브 애너키는 자선단체로 등록되어 3만 6000평이 넘는 땅에서 250마리의 동물들을 돌본다. 리앤과 자원봉사자들은 염소를 돌보면서 일반인들을 위한 교육 프로그램을 운영 중이다.

지금 딛고 선 지구를 사랑하라

지구에게 사랑을 보여주기란 쉽지 않다. 너무 크기 때문이다. 자연의 모든 요소를 해결하기는커녕 알아보기조차 쉽지 않다. 우리는 지구가 우리의 집이며 책임이라고 믿도록 교육받지 않았다. 그래서 지구가 스스로를 돌볼 것이라고 생각하거나 지구를 돌보는 건 정부가 할 일이라고 생각한다.

지구와 교감할 방법을 찾아내면 지구가 훨씬 더 작게 느껴질 것이다. 라디와 나는 하와이에 있는 볼케이노스 국립공원을 방문했다가 하와이 원주민들이 수백 년 전에 바위에 새겨놓은 동그라미 모양의 암각화를 보았다. 가이드는 아이들이 태어나면 어른들이 원을 새기고 그 안에 탯줄을 놓아서 아이가 영원히 지구와 교감하게 했다고 설명해 주었다. 이 교감은 단순히 자연을 위한 사랑이 아니다. 자연도 우리에게 사랑을 나눠줄 수 있다.

미국 원주민을 비롯한 여러 토착 문화를 보면 자연을 존중하는 전통이 많다.[23] 물이나 흙, 바람, 불에게 바치는 노래나 춤도 있다.

요가에는 '수리아 나마스카르Surya Namaskar'라는 동작이 있는데 '태양에게 하는 인사'라는 뜻이다.[24] 켈트족을 비롯한 고대인들은 모여서 계절의 순환을 축하하는 축제를 열었다.[25] 융 심리학자 에리히 노이만Erich Neumann은 말했다. "빛과 어둠의 대조는 모든 민족의 영적인 세계에 영향을 주어 주형을 만들게 했다."[26]

인체가 자연의 영향을 받는다는 사실도 현대 과학을 통해 밝혀졌다. 미국 정신건강 연구소National Institute of Mental Health에서 '빛과 24시간 주기 리듬Light and Circadian Rhythms' 파트장을 맡고 있는 사메르 하타르Samer Hattar는 이렇게 말한다. "빛은 단순히 앞을 볼 수 있게 도와주는 것 이상의 영향을 미친다."[27]

실제로 빛은 많은 신체 기능에 영향을 미친다. 시신경은 해가 뜨고 지는 정보를 바탕으로 생체 시계를 설정한다. 잠이 들고 깨는 사이클부터 신진대사와 기분에 이르기까지 모든 게 햇빛의 영향을 받는다(인공적인 빛도 영향을 주지만 우리 몸은 밝은 햇빛에 노출되었을 때 가장 잘 기능한다). 신경과학자 앤드루 휴버먼Andrew Huberman이 말하듯이 실제로 우리는 햇빛을 충분히 쐬지 못하면 일종의 '빛 굶주림 light hunger'을 경험할 수도 있다.[28] 어떤가? 생각보다 다양한 방식으로 지구와 연결되어 있지 않은가? 이 사실을 알면 우리 행성을 더 잘 돌봐야겠다는 생각이 절로 든다.

사랑의 원을 뚫고 밖으로 나가보라. 다음 쪽의 그림처럼 당신이 가장 잘 아는 사람들이 속한 편안한 영역에서 출발해 점점 더 멀리, 개인적으로 알지 못하는 사람들이 있는 곳까지 나아가라.

◆ 사랑의 영역은 계속 확장된다

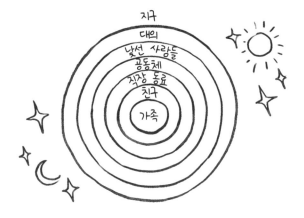

다른 사람들이 다 하기 때문에 따라서 하는 봉사는 무지 속에서 하는 봉사다. 공로를 인정받으려 하거나 나에게 신세 지는 사람이 생기기를 바라며 하는 봉사는 열정에서 나온 봉사다. 그 어떤 인정도, 결과도 바라지 않으면서 순수한 사랑을 보여주고자 하는 봉사가 바로 선의에서 나온 봉사다.

처음 이 책을 읽기 시작했을 때 당신은 어쩌면 사랑이 집 문 앞에 나타나서 온 정신을 쏙 빼놓고 어딘가로 데려가 주기를 바랐을지도 모른다. 아니면 사랑을 찾기 위해서라면 못할 일이 없다고 생각했을지도 모른다. 사랑을 획득해야 하고, 노력으로 쟁취해야 하고, 달성해야 하고, 받아야 한다고 생각하기 때문이다. 그래서 관심과 칭찬이라는 형태의 사랑을 찾아다니며 다른 이들이 나를 인정해 주기를 바란다. 그러나 실제로 사랑을 경험하는 가장 근사한 방법은 사랑을 나눠주는 것이다.

　어느 장소에 들어설 때 스스로 이렇게 물어보면 어떨까? '어떻게 하면 오늘 여기 있는 모든 사람을 사랑할 수 있을까?' 이렇게 말해보라. '나는 그냥 사랑을 줄 거야.' 하루를 이렇게 시작한다는 건, 남은 하루를 그렇게 살아낸다는 건 정말 멋진 일이다. 만약 누군가 부정적이거나 퉁명스러운 기운을 뿜어내고 있다면 다가가서 걱정이 있는지 물어보라. 정말 간단하지 않은가?

　사랑을 나눠주어라.

*

　이 책을 시작할 때 나는 꽃을 사랑하면 매일 물을 준다고 했다. 이제 당신은 꽃을 심는 사람이다. 타인을 위해서 씨앗을 뿌리고, 물을 주고, 그늘을 만들어주는 사람이다. **평생 사랑을 찾아다녀도 영영 찾지 못할 수 있다. 하지만 평생 사랑을 나눠주며 기쁨을 누릴 수도 있다.** 사랑이 찾아오기만을 기다릴 게 아니라 사랑을 경험하고 실천하고 만들어낸다면 말이다. 그러면 남은 일생 동안, 하루도 빠짐없이 매일매일 다른 사람이 주는 사랑이 얼마나 깊은지 경험하게 될 것이다.

세상에 쓰는 러브레터

✳ 스승님 한 분과 인도 남부의 해안가를 거닐고 있었다. 어찌 된 영문인지 수천 마리의 물고기가 파도에 밀려 올라왔다가 바다로 돌아가지 못하고 해변 위에서 서서히 죽어가고 있었다. 스승님은 그것들이 다시 살아날까 싶어 물고기를 하나씩 다시 바다로 던져 넣었다. 해변에 올라와 있는 물고기가 너무 많았기 때문에 나는 그 물고기들을 다 구제할 수는 없다고 생각했다. 그래서 스승님께 물고기들을 왜 구하는지 물었다. 스승님이 말했다. "자네한테는 물고기 한 마리에 불과하지만 저 물고기한테는 세상 전부라네."

스승님이 현실에서 실천한 행동이 실은 선종의 어느 이야기에 전해져 오는 메시지라는 걸 나중에 알게 됐다. 불가사리를 다시 바다에 던져 넣은 어느 스승의 이야기였다.

오늘날에는 고통과 괴로움의 뉴스가 넘쳐난다. 그 뉴스를 보면서 우리는 궁금해한다. 이렇게 작은 노력을 기울인들 차이가 있을까? 하지만 나는 필요한 사람들에게 긍정적인 바람과 좋은 에너지를 보내준다면 누군가에게 반드시 닿을 거라고 생각하고 싶다. 그 사람에게 의미가 되리라고 믿고 싶다. '한 사람'을 돕는 일의 가치를 우리는 과소평가한다. 세상에 보내는 러브레터를 써본다면 오늘 만나는 모든 사람에게 어떻게 행동할지 되새기게 될 것이다.

세상 모든 사람에게

오랜 기간 나는 사랑이 나를 좋아해 주는 사람을 내가 좋아하는 일'인 줄 알았어. 아주 어릴 때부터 그걸 받아서 돌려주는 식으로 사랑을 경험했거든. 물론 그것도 아름다운 경험이었지만 그런 방식에는 한계가 있지. 사랑에 대한 경험을 내가 아는 사람들, 어떤 식으로든 나와 교류하는 사람들로 한정하게 되니까 말이야.

나는 더 많은 사랑을 경험하고 싶어. 더 큰 사랑, 내 뒷마당에 한정되지 않는 사랑, 내가 만든 세상의 경계를 넘어 세상 전체로, 인류 전체로 뻗어나가는 사랑, 생물학이나 보답 여부를 넘어서는 사랑, 지인들을 넘어서는 사랑 말이야. 알고 보니 꼭 너를 알아야만 사랑할 수 있는 건 아니더라고. 아니, 어떻게 보면 나는 이미 너를 알고 있어. 우리는 인류라는 공통점이 있으니까. 우리 모두 여기 이 장소에 함께 있잖아. 고전하고 승리하고 최선을 다하면서. 우리 모두를 서로와 이어주는 건 사랑일 거야. 그걸 알아보기 어려울 때도 있다는 걸 알아. 우리는 서로 다른 의견과 가치관 그리고 신념으로 나뉘어 있으니까. 그렇지만 그 모든 걸 넘어 우리 모두는 아주 강력한 공통점을 하나 가지고 있어. 누구나 사랑을 경험하고 싶어 한다는 거지.

그게 바로 내가 지금 너에게 하려는 말이야. 네가 누구든, 살면서 무슨 일을 했든 혹은 하지 않았든 사랑을 줄게. 장담하지만 너는 그 사랑을 받을 가치가 충분해. 지금 무슨 일을 겪고 있더라도 누군가는 너를 사랑한다는 사실을 꼭 알길 바라. 주저 없이, 평가 없이, 온전히, 완전하게 너를 사랑한다는 걸.

사랑을 담아서 내가

교감을 위한 명상

✳ 이 명상은 모든 형태의 사랑을 알아보고 공유하는 데 초점을 맞춘다. 더 깊이 주변 세상과, 사랑과 연결되는 것을 느낄 수 있다.

명상 준비

1. 편안한 자세를 취한다. 의자에 앉아도 좋고 바닥이나 방석 위에 똑바로 앉아도 된다. 누워도 상관없다.
2. 눈을 감는 게 좋다면 눈을 감는다. 그렇지 않다면 초점만 가볍게 풀어주어도 된다.
3. 눈을 감고 있든 뜨고 있든 시선을 부드럽게 아래로 내린다.
4. 숨을 크게 들이쉰다. 그리고 내쉰다.
5. 처음에는 마음이 잡히지 않아도 괜찮다. 마음을 차분하고 균형 잡히고 고요한 곳으로 부드럽게 다시 데려온다.

사랑을 나눠주는 명상

1. 숨을 깊이 들이쉰다. 그리고 내쉰다.
2. 그동안 살면서 받았던 모든 사랑을 생각해 본다.
3. 그동안 표현하고 나눠주었던 모든 사랑을 생각해 본다.

4. 이제 내 안의 모든 사랑을 느껴본다. 스스로에게 받았던 사랑을 포함해 모든 곳에서 받았던 사랑을 느껴본다. 내 안에 간직하기로 했던 모든 사랑을 기억해 본다. 그 사랑을 마음으로 느껴본다. 그 사랑이 온몸으로 흘러가며 발, 다리, 팔, 가슴, 머리까지 되살아나는 것을 느낀다.

5. 그 사랑이 점점 더 강해져 힘을 발휘하는 것을 느낀다. 그리고 그 사랑이 가슴에서부터 뿜어져 나오는 것을 느낀다.

6. 이 사랑이 내가 아는 사람, 내가 아끼는 사람에게로 가는 것을 본다.

7. 그 사랑이 지금 힘들어하고 있는, 내가 아는 모든 이들에게까지 가서 닿는 것을 본다.

8. 이제 그 사랑이 내가 한 번도 만나보지 못한 사람들 혹은 매일 만나는 낯선 사람들에게까지 투영되는 것을 느낀다.

9. 이제 내 안의 사랑이 그보다 더 멀리 확장되어 전 세계 모든 사람에게 닿는 것을 느낀다.

감사의 글

『베다』와 『바가바드 기타』의 가르침은 내 인생과 내가 만나는 사람, 내 커리어에 큰 영향을 주었다. 그 가르침을 오늘날의 사람들에게 의미 있고 실용적인 형태로 해석하고 옮겨보려고 했던 작은 시도가 바로 이 책이다. 이 책을 통해 당신도 목적과 의미가 있고 서로 힘이 되는 관계를 맺을 수 있기를 바란다.

이 책을 쓰는 데 도움을 주었던 많은 분들에게 감사의 마음을 표현하고 싶다. 에이전트 제임스 러빈James Levine은 이 책의 수많은 원칙을 몸소 실천해 보며 본인의 55년 결혼 생활을 돌아보았을 때 정말로 도움이 되는 내용이라고 나를 안심시켜 주었다. 내 담당 편집자 에이먼 돌런Eamon Dolan에게도 감사하고 싶다. 스스로도 헌신적이고 사랑이 넘치는 관계를 이어가고 있는 에이먼은 모두를 위해 더 좋은 책을 쓰라고 나를 계속 격려했다.

나와 협업하는 힐러리 리프틴Hilary Liftin에게도 감사하다. 힐러리는 도중에 포기하는 일 없이 다른 사람과 맞춰가는 게 가능한 사람이다. 힐러리는 이 책의 교훈들을 가르치고 실천하는 데도 대단한 능력을 보여주고 있다. 켈리 매드론Kelly Madrone과 그의 배우자는 결혼 전 절친한 친구로 지내다가 사랑에 빠졌다. 서로를 너무나 잘 알았기 때문이다. 이 책에 멋진 조사 내용과 통찰이 포함될 수 있었던 것도 그 덕분이 아닐까 싶다.

내 스케줄을 다 챙기면서도 용케 늘 미소를 잃지 않는 조던 굿맨Jordan Goodman은 이 책에 나오는 규칙들을 모조리 따르고 있다고 주장한다(그렇지만 나 때문에 정신없이 바쁜 걸 감안하면 조던이 정말로 이 책을 읽었는지는 의문이다). 니콜 버그Nicole Berg는 크리에이티브 측면에서 많은 의견을 내주었고, 책(원서)의 표지 및 본문 일러스트를 헌신적으로 챙겨주었다.

로드리고 커랠Rodrigo Corral과 애나 커랠Anna Corral 부부는 한 팀으로 일하며 표지(원서) 디자인과 일러스트를 책임졌다. 두 사람은 아주 작은 노력과 말 한마디가 신뢰를 키워준다는 사실을 발견했다. 영국 하퍼콜린스HarperCollins의 올리 말콤Oli Malcolm에게도 감사하다. 올리는 결혼 8년차인데 아내가 회사의 중핵이라고 말한다. 올리는 인내심이 대단한데 어쩌면 아내 덕분일지 모른다.

자신들의 삶 속으로 나를 들여보내 준 내담자들에게도 감사하다. 덕분에 나는 사람의 감정을 더 깊이 이해할 수 있었다. 이 책의 아이디어들을 현실에 적용해 볼 수 있었고, 사람들이 진정한 교감을 나누고 변화해 가는 모습도 지켜볼 수 있었다. 감사할 따름이다.

작가의 노트

이 책을 쓰면서 여러 종교와 문화에 담긴 지혜들, 영감을 주는 리더나 과학자들의 혜안을 끌어왔다. 인용한 문장이나 아이디어의 출처를 밝히기 위해 최선을 다했다. 그 노력이 다음 쪽의 '주'에 반영되어 있다. 정말로 멋진 문장이나 아이디어를 발견했는데 출처가 여러 곳이거나 특정할 수 있는 출처가 없이 널리 퍼져 있는 경우가 일부 있었다. 고대 문헌이 출처라고 하는데 원문을 찾을 수 없던 때도 있었다. 그런 경우에는 조사원의 도움을 받아서 자료의 출처에 대해 독자들에게 최대한 유용한 정보를 제공하려고 노력했다. 또한 이 책에 내 내담자나 지인들의 실제 사례도 소개했는데, 그들의 사생활을 보호하기 위해 이름을 비롯해 신분을 특정할 수 있는 세부 사항은 변형했음을 밝힌다.

주

들어가는 글 - 사랑은 매일 조금씩 완성해 가는 행복이다

1. Terence M. Dorn, Quotes: The Famous and Not So Famous (Conneaut Lake, PA: Page Publishing Inc., 2021).

2. Tim Lomas, "How I Discovered There Are (at Least) 14 Different Kinds of Love by Analysing the World's Languages," The Conversation, February 13, 2018, https://theconversation.com/how-i-discovered-there-are-at-least-14-different-kinds-of-love-by-analysing-the-worlds-languages-91509.

3. Neel Burton, "These Are the 7 Types of Love," Psychology Today, June 15, 2016, https://www.psychologytoday.com/au/blog/hide-and-seek/201606/these-are-the-7-types-love.

4. "Love: Love Across Cultures," Marriage and Family Encyclopedia, accessed May 9, 2022, https://family.jrank.org/pages/1086/Love-Love-Across-Cultures.html.

5. Chrystal Hooi, "Languages of Love: Expressing Love in Different Cultures," Jala blog, February 10, 2020, https://jala.net/blog/story/30/languages-of-love-expressing-love-in-different-cultures.

6. Hooi, "Languages of Love."

7. Marian Joyce Gavino, "The 'Pure' Intentions of Kokuhaku," Pop Japan, February 13, 2018, https://pop-japan.com/culture/the-pure-intentions-of-kokuhaku/.

8. Hooi, "Languages of Love."

9. Fred Bronson, "Top 50 Love Songs of All Time," Billboard, February 9, 2022, https://www.billboard.com/lists/top-50-love-songs-of-all-time/this-guys-in-love-with-you-herb-alpert-hot-100-peak-no-1-for-four-weeks-1968/.

10. S. Radhakrishnan, "The Hindu Dharma," International Journal of Ethics 33, no. 1 (October 1922): 8–21, https://doi.org/10.1086/intejethi.33.1.2377174.

11. "Ashram," Yogapedia, February 11, 2018, https://www.yogapedia.com/definition/4960/ashram.

12. Ashley Fetters, " 'He Said Yes!' Despite Changing Norms, It's Still Exceedingly Rare for Women to Propose in Heterosexual Couples," Atlantic, July 20, 2019, https://www.theatlantic.com/family/archive/2019/07/women-proposing-to-men/594214/.

13. Alexandra Macon, "7 Ways Engagement-Ring Buying Is Changing," Vogue, April 12, 2019, https://www.vogue.com/article/how-engagement-ring-buying-is-changing.

14. "This Is What American Weddings Look Like Today," Brides, August 15, 2021, https://www.brides.com/gallery/american-wedding-study.

15. D'vera Cohn and Jeffrey S. Passel, "A Record 64 Million Americans Live in Multigenerational Households," Pew Research Center, April 5, 2018, https://www.pewresearch.org/fact-tank/2018/04/05/a-record-64-million-americans-live-in-multigenerational-households/.

16. "What Percentage of Americans Currently Live in the Town or City Where They Grew Up?" PR Newswire, November 5, 2019, https://www.prnewswire.com/news-releases/what-percentage-of-americans-currently-live-in-the-town-or-city-where-they-grew-up-300952249.html.

17. Jamie Ballard, "A Quarter of Americans Are Interested in Having an Open Relationship," YouGovAmerica, April 26, 2021, https://today.yougov.com/topics/lifestyle/articles-reports/2021/04/26/open-relationships-gender-sexuality-poll.

18. Jason Silverstein and Jessica Kegu," 'Things Are Opening Up': Non-Monogamy Is More Common Than You'd Think," CBS News, October 27, 2019, https://www.cbsnews.com/news/polyamory-relationships-how-common-is-non-monogamy-cbsn-originals/.

1부 고독: 나를 이해하며 사랑을 준비한다

1. Richard Schiffman, "Ancient India's 5 Words for Love (And Why Knowing Them Can Heighten Your Happiness," YES!, August 14, 2014, https://www.yesmagazine.org/health-happiness/2014/08/14/ancient-india-s-five-words-for-love.

제1법칙 홀로 지내며 나를 관찰하라

1. "Poems by Hafiz," The Poetry Place, August 13, 2014, https://thepoetryplace.wordpress.com/2014/08/13/poems-by-hafiz/.

2. Stephanie S. Spielmann, Geoff MacDonald, Jessica A. Maxwell, Samantha Joel, Diana Peragine, Amy Muise, and Emily A. Impett, "Settling for Less Out of Fear of Being Single," Journal of Personality and Social Psychology 105, no. 6 (December 2013): 1049–1073, https://doi: 10.1037/a0034628.

3. Superbad, directed by Greg Mottola, Columbia Pictures/Apatow Productions, 2007.

4. Cast Away, directed by Robert Zemeckis, Twentieth Century Fox/DreamWorks Pictures/ ImageMovers, 2000.

5. Paul Tillich, The Eternal Now (New York: Scribner, 1963).

6. Martin Tröndle, Stephanie Wintzerith, Roland Wäspe, and Wolfgang Tschacher, "A Museum for the Twenty-first Century: The Influence of 'Sociality' on Art Reception in Museum Space," Museum Management and Curatorship 27, no. 5 (February 2012): 461–486, https://doi.org/10.1080/09647775.2012.737615.

7. Mihaly Csikszentmihalyi, Flow: The Psychology of Optimal Experience (New York: Harper Perennial Modern Classics, 2008), 273.

8. Mihaly Csikszentmihalyi, Creativity: Flow and the Psychology of Discovery and Invention (New York: HarperCollins, 1996).

9. "Confidence," Lexico, accessed June 23, 2022, https://www.lexico.com/en/definition/ confidence.

10. Hamid Reza Alavi and Mohammad Reza Askaripur, "The Relationship Between Self-Esteem and Job Satisfaction of Personnel in Government Organizations," Public Personnel Management 32, no. 4 (December 2003): 591–600, https://doi.org/ 10.1177/009102600303200409.

11. Ho Cheung William Li, Siu Ling Polly Chan, Oi Kwan Joyce Chung, and Miu Ling Maureen Chui, "Relationships Among Mental Health, Self-Esteem, and Physical Health in Chinese Adolescents: An Exploratory Study," Journal of Health Psychology 15, no. 1 (January 11, 2010): 96–106, https://doi.org/10.1177/1359105309342601.

12. Ruth Yasemin Erol and Ulrich Orth, "Self-Esteem and the Quality of Romantic Relationships," European Psychologist 21, no. 4 (October 2016): 274–83, https://doi. org/10.1027/1016-9040/a000259.

13. "Become an Instant Expert in the Art of Self-Portraiture," Arts Society, October 1, 2020, https://theartssociety.org/arts-news-features/become-instant-expert-art-self-portraiture-0.

14. Verse 2.60 from C. Bhaktivedanta Swami Prabhuppada, Bhagavad-gita As It Is (Bhaktivedanta Book Trust International), https://apps.apple.com/us/app/bhagavad-gita-as-it-is/id1080562426.

15. Verse 2.67 from Prabhuppada, Bhagavad-gita As It Is.

16. Rigdzin Shikpo, Never Turn Away: The Buddhist Path Beyond Hope and Fear (Somerville, MA: Wisdom, 2007), 116.

17. Lisa Feldman Barrett, 7½ Lessons About the Brain (New York: Houghton Mifflin Harcourt, 2020), 84–85, 93.

제2법칙 내 과거를 먼저 돌아보라

1. "Vedic Culture," Hinduscriptures.com, accessed October 3, 2022, https://www. hinduscriptures.in/vedic-lifestyle/reasoning-customs/why-should-we-perform-panchamahayajnas.

2. "Samskara," Yogapedia, July 31, 2020, https://www.yogapedia.com/definition/5748/ samskara.

3. Verses 3.19, 3.27 from Prabhuppada, Bhagavad-gita As It Is.

4. Coco Mellors, "An Anxious Person Tries to Be Chill: Spoiler: It Doesn't Work (Until She Stops Trying)," New York Times, September 10, 2021, https://www.nytimes. com/2021/09/10/style/modern-love-an-anxious-person-tries-to-be-chill.html.

5. "The True Meaning of Matha, Pitha, Guru, Deivam," VJAI.com, accessed May 11, 2022, https://vjai.com/post/138149920/the-true-meaning-of-matha-pitha-guru-deivam.

6. "The Freudian Theory of Personality," Journal Psyche, accessed June 21, 2022, http:// journalpsyche.org/the-freudian-theory-of-personality/.

7. Thomas Lewis, Fari Amini, and Richard Lannon, A General Theory of Love (New York: Vintage, 2007).

8. Snow White and the Seven Dwarfs, directed by William Cottrell, David Hand, and Wilfred Jackson, Walt Disney Animation Studios, 1938.

9. Forrest Gump, directed by Robert Zemeckis, Paramount Pictures/The Steve Tisch Company/Wendy Finerman Productions, 1994.

10. Alexander Todorov, Face Value: The Irresistible Influence of First Impressions (Princeton, NJ: Princeton University Press, 2017); Daisy Dunne, "Why Your First Impressions of Other People Are Often WRONG: We Judge Others Instantly Based on Their Facial Expressions and Appearance, but This Rarely Matches Up to Their True Personality," Daily Mail, June 13, 2017, https://www.dailymail.co.uk/sciencetech/article-4599198/ First-impressions-people-WRONG.html.

11. Greg Lester, "Just in Time for Valentine's Day: Falling in Love in Three Minutes or Less," Penn Today, February 11, 2005, https://penntoday.upenn.edu/news/just-time-valentines-day-falling-love-three-minutes-or-less.

12. Lawrence E. Williams and John A. Bargh, "Experiencing Physical Warmth Promotes Interpersonal Warmth," Science 322, no. 5901 (October 24, 2008): 606–607, https:// www.science.org/doi/10.1126/science.1162548.

13. Andrew M. Colman, A Dictionary of Psychology, 4th ed. (Oxford: Oxford University Press, 2015).

14. 500 Days of Summer, directed by Marc Webb, Fox Searchlight Pictures/Watermark/Dune Entertainment III, 2009.

15. "The History of the Engagement Ring," Estate Diamond Jewelry, October 10, 2018,

https://www.estatediamondjewelry.com/the-history-of-the-engagement-ring/.

16. "De Beers' Most Famous Ad Campaign Marked the Entire Diamond Industry," The Eye of Jewelry, April 22, 2020, https://theeyeofjewelry.com/de-beers/de-beers-jewelry/de-beers-most-famous-ad-campaign-marked-the-entire-diamond-industry/.

17. Emily Yahr, "Yes, Wearing That Cinderella Dress 'Was Like Torture' for Star Lily James," Washington Post, March 16, 2015, https://www.washingtonpost.com/news/arts-and-entertainment/wp/2015/03/16/yes-wearing-that-cinderella-dress-was-like-torture-for-star-lily-james/.

18. Jerry Maguire, directed by Cameron Crowe, TriStar Pictures/Gracie Films, 1996.

19. Brokeback Mountain, directed by Ang Lee, Focus Features/River Road Entertainment/Alberta Film Entertainment, 2006.

20. Love Actually, directed by Richard Curtis, Universal Pictures/StudioCanal/Working Title Films, 2003.

21. The Princess Bride, directed by Rob Reiner, Act III Communications/Buttercup Films Ltd./The Princess Bride Ltd., 1987.

22. It's a Wonderful Life, directed by Frank Capra, Liberty Films (II), 1947.

23. Notting Hill, directed by Roger Michell, Polygram Filmed Entertainment/Working Title Films/Bookshop Productions, 1999.

24. The Unsent Project, accessed May 12, 2022, https://theunsentproject.com/.

25. "Understanding the Teen Brain," University of Rochester Medical Center Health Encyclopedia, accessed May 12, 2022, https://www.urmc.rochester.edu/encyclopedia/content.aspx?ContentTypeID=1&ContentID=3051.

26. Daniel Amen, The Brain in Love: 12 Lessons to Enhance Your Love Life (New York: Harmony, 2009), 27.

27. Verse 14.19 from C. Bhaktivedanta Swami Prabhuppada, Bhagavad-gita As It Is (The Bhaktivedanta Book Trust International, Inc.), https://apps.apple.com/us/app/bhagavad-gita-as-it-is/id1080562426.

28. I Know What YouDid Last Summer, directed by Jim Gillespie, Mandalay Entertainment/Original Film/Summer Knowledge LLC, 1997.

29. Charlotte Brontë, Jane Eyre (New York: Norton, 2016).

30. Emily Brontë, Wuthering Heights (New York: Norton, 2019).

31. Stephenie Meyer, Twilight (New York: Little, Brown, 2005).

32. Helen Fisher, Why Him? Why Her? Finding Real Love by Understanding Your Personality Type (New York: Henry Holt, 2009), 208.

33. Amen, The Brain in Love, 65.

34. Amen, The Brain in Love, 65.

35. Alexandra Owens, "Tell Me All I Need to Know About Oxytocin," Psycom, accessed May

12, 2022, https://www.psycom.net/oxytocin.

36. Amen, The Brain in Love, 65.

37. "John & Julie Gottman ON: Dating, Finding the Perfect Partner, & Maintaining a Healthy Relationship," interview by Jay Shetty, On Purpose, Apple Podcasts, September 28, 2020, https://podcasts.apple.com/us/podcast/john-julie-gottman-on-dating-finding-perfect-partner/id1450994021?i=1000492786092.

38. Verse 10.1 from C. Bhaktivedanta Swami Prabhuppada, Bhagavad-gita As It Is (Bhaktivedanta Book Trust International), https://apps.apple.com/us/app/bhagavad-gita-as-it-is/id1080562426; "Bhagavad Gita Chapter 10, Text 01," Bhagavad Gita Class, accessed May 12, 2022, https://bhagavadgitaclass.com/bhagavad-gita-chapter-10-text-01/.

39. Beyoncé, "Halo," I Am... Sasha Fierce, Columbia Records, January 20, 2009.

20. Ayesh Perera, "Why the Halo Effect Affects How We Perceive Others," Simply Psychology, March 22, 2021, https://www.simplypsychology.org/halo-effect.html.

41. Pramahansa Yogananda, "Practising the Presence of God," Pramahansa Yogananda, accessed August 11, 2022, http://yogananda.com.au/gita/gita0630.html.

42. Verse 14.5 from Prabhuppada, Bhagavad-gita As It Is.

43. Verse 14.5, Prabhuppada.

44. Verse 14.5, Prabhuppada.

45. Greg Hodge, "The Ugly Truth of Online Dating: Top 10 Lies Told by Internet Daters," HuffPost, October 10, 2012, https://www.huffpost.com/entry/online-dating-lies_b_1930053; Opinion Matters, "Little White Lies," BeautifulPeople.com, accessed May 12, 2022, https://beautifulpeoplecdn.s3.amazonaws.com/studies/usa_studies.pdf.

46. Emily Wallin, "40 Inspirational Russell Brand Quotes on Success," Wealthy Gorilla, March 20, 2022, https://wealthygorilla.com/russell-brand-quotes/.

47. Eknath Easwaran, Words to Live By: Daily Inspiration for Spiritual Living. (Tomales, CA: Nilgiri Press, 2010).

2부 공존: 너를 이해하며 사랑을 실천한다

1. "Kama," Yogapedia, accessed May 12, 2022, https://www.yogapedia.com/definition/5303/kama; "Maitri," Yogapedia, July 23, 2020, https://www.yogapedia.com/definition/5580/maitri.

제3법칙 함께 사랑을 정의하라

1. Kelsey Borresen, "8 Priceless Stories of People Saying 'I Love You' for the First Time," HuffPost, September 28, 2018, https://www.huffpost.com/entry/saying-i-love-you-for-

the-first-time_n_5bad19b8e4b09d41eb9f6f5a.

2. Martha De Lacy, "When WILL He Say 'I Love You?' Men Take 88 Days to Say Those Three Words—But Girls Make Their Man Wait a Lot Longer," Daily Mail, March 7, 2013, https://www.dailymail.co.uk/femail/article-2289562/I-love-Men-88-days-say-girlfriend-women-134-days-say-boyfriend.html.

3. "Chapter 25—The Nine Stages of Bhakti Yoga," Hare Krishna Temple, accessed May 12, 2022, https://www.harekrishnatemple.com/chapter25.html.

4. Helen Fisher, "Lust, Attraction, and Attachment in Mammalian Reproduction," Human Nature 9, no. 1 (1998): 23–52, https://doi.org/10.1007/s12110-998-1010-5.

5. Jade Poole, "The Stages of Love," MyMed.com, accessed May 12, 2022, https://www.mymed.com/health-wellness/interesting-health-info/chemistry-or-cupid-the-science-behind-falling-in-love-explored/the-stages-of-love.

6. Matthias R. Mehl, Simine Vazire, Shannon E. Holleran, and C. Shelby Clark, "Eavesdropping on Happiness: Well-being Is Related to Having Less Small Talk and More Substantive Conversations," Psychological Science 21, no. 4 (April 1, 2010): 539–541, https://doi.org/10.1177/0956797610362675.

7. Marlena Ahearn, "Can You Really Train Your Brain to Fall in Love?" Bustle, October 19, 2016, https://www.bustle.com/articles/190270-can-you-really-train-your-brain-to-fall-in-love-the-science-behind-building-intimacy-in.

8. Lisa Firestone, "Are You Expecting Too Much from Your Partner? These 7 Ways We Over-Rely on Our Partner Can Seriously Hurt Our Relationship," PsychAlive, accessed May 13, 2022, https://www.psychalive.org/are-you-expecting-too-much-from-your-partner/.

9. Rebecca D. Heino, Nicole B. Ellison, and Jennifer L. Gibbs, "Relationshopping: Investigating the Market Metaphor in Online Dating," Journal of Social and Personal Relationships 27, no. 4 (June 9, 2010): 427–447, https://doi.org/10.1177/0265407510361614.

10. Florence Williams, Heartbreak: A Personal and Scientific Journey. (New York: Norton, 2022), 112.

11. "Response-Time Expectations in the Internet Age: How Long Is Too Long?" High-Touch Communications Inc., accessed June 21, 2022, https://blog.htc.ca/2022/05/18/response-time-expectations-in-the-internet-age-how-long-is-too-long/.

12. Seth Meyers, "How Much Should New Couples See Each Other? To Protect the Longevity of a Relationship, Couples Should Use Caution," Psychology Today, November 29, 2017, https://www.psychologytoday.com/us/blog/insight-is-2020/201711/how-much-should-new-couples-see-each-other.

제4법칙 거울처럼 보고 배우고 가르쳐라

1. Antoine de Saint-Exupéry, Airman's Odyssey (New York: Harcourt Brace, 1984).

2. Jeremy Dean, "How to See Yourself Through Others' Eyes," Psych Central, June 1, 2010, https://psychcentral.com/blog/how-to-see-yourself-through-others-eyes#1.

3. Arthur Aron and Elaine Aron, Love and the Expansion of Self: Understanding Attraction and Satisfaction (London: Taylor & Francis, 1986).

4. Kripamoya das, The Guru and Disciple Book (Belgium: Deshika Books, 2015).

5. Kripamoya das, The Guru and Disciple Book.

6. Sean Murphy, One Bird, One Stone: 108 Contemporary Zen Stories (Newburyport, MA: Hampton Roads, 2013), 67.

7. Doctor Strange, directed by Scott Derrickson, Marvel Studios/Walt Disney Pictures, 2016.

8. Kripamoya das, The Guru and Disciple Book.

9. Jamie Arpin-Ricci, "Preach the Gospel at All Times? St. Francis Recognized That the Gospel Was All Consuming, the Work of God to Restore All of Creation Unto Himself for His Glory," HuffPost, August 31, 2012, https://www.huffpost.com/entry/preach-the-gospel-at-all-times-st-francis_b_1627781.

10. Kripamoya das, The Guru and Disciple Book.

11. "Ramayana Story: Little Squirrel Who Helped Lord Rama!" Bhagavatam-katha, accessed May 14, 2022, http://www.bhagavatam-katha.com/ramayana-story-little-squirrel-who-helped-lord-rama/.

12. Murphy, One Bird, One Stone, 13.

13. Kripamoya das, The Guru and Disciple Book.

14. Kripamoya das, The Guru and Disciple Book.

15. Matt Beck, "The Right Way to Give Feedback," Campus Rec, June 27, 2019, https://campusrecmag.com/the-right-way-to-give-feedback/; Carol Dweck, Mindset: The New Psychology of Success (New York: Ballantine Books, 2006).

16. Dweck, Mindset, 6.

17. Kripamoya das, The Guru and Disciple Book (Belgium: Deshika Books, 2015).

18. Christian Jarrett, "How to Foster 'Shoshin': It's Easy for the Mind to Become Closed to New Ideas: Cultivating a Beginner's Mind Helps Us Rediscover the Joy of Learning," Psyche, accessed May 14, 2022, https://psyche.co/guides/how-to-cultivate-shoshin-or-a-beginners-mind; Shunryu Suzuki, Zen Mind, Beginner's Mind, 50th Anniversary Edition (Boulder, CO: Shambhala, 2020).

19. Kripamoya das, The Guru and Disciple Book.

20. Kripamoya das, The Guru and Disciple Book.

21. Stephen Covey, The 7 Habits of Highly Effective People, 30th Anniversary Edition (New York: Simon & Schuster, 2020).

22. Kripamoya das, The Guru and Disciple Book.

23. Nicole Weaver, "5 Ways You Become More Like Your Partner Over Time (Even If You Don't Realize It)," Your Tango, May 6, 2021, https://www.yourtango.com/2015275766/5-ways-couples-become-more-alike-when-in-love.

24. David Bruce Hughes, "Sri Vedanta-Sutra: The Confidential Conclusions of the Vedas," Esoteric Teaching Seminars, accessed August 11, 2022, https://www.google.com/books/edition/Śrī_Vedānta_sūtra_Adhyāya_2/gfHRFz6lU2kC?hl=en&gbpv=1&dq=Vedic+%22 scriptures%22+meaning&pg=PA117&printsec=frontcover.

제5법칙 서로의 삶의 목적을 헤아려라

1. David Viscott, Finding Your Strength in Difficult Times: A Book of Meditations (Indianapolis, IN: Contemporary Books, 1993).

2. "Dharma," Yogapedia, April 23, 2020, https://www.yogapedia.com/definition/4967/dharma.

3. "Artha," Yogapedia, October 9, 2018, https://www.yogapedia.com/definition/5385/artha.

4. "Kama," Yogapedia, accessed May 12, 2022, https://www.yogapedia.com/definition/5303/kama.

5. "Moksha," Yogapedia, April 23, 2020, https://www.yogapedia.com/definition/5318/moksha.

6. "Dharma, Artha, Kama, and Moksha: The Four Great Goals of Life," David Frawley (Pandit Vamadeva Shastri), Sivananda, accessed May 16, 2022, https://articles.sivananda.org/vedic-sciences/dharma-artha-kama-and-moksha-the-four-great-goals-of-life/; David Frawley, The Art and Science of Vedic Counseling (Twin Lakes, WI: Lotus Press, 2016).

7. Barbara L. Fredrickson, Karen M. Grewen, Kimberly A. Coffey, Sara B. Algoe, Ann M. Firestine, Jesusa M. G. Arevalo, Jeffrey Ma, and Steven W. Cole, "A Functional Genomic Perspective of Human Well-Being," Proceedings of the National Academy of Sciences 110, no. 33 (July 2013): 13684–13689, https://doi.org/10.1073/pnas.1305419110.

8. Anthony L. Burrow and Nicolette Rainone, "How Many Likes Did I Get? Purpose Moderates Links Between Positive Social Media Feedback and Self-Esteem," Journal of Experimental Social Psychology 69 (March 2017): 232–36, https://doi.org/10.1016/j.jesp.2016.09.005.

9. Jackie Swift, "The Benefits of Having a Sense of Purpose: People with a Strong Sense of Purpose Tend to Weather Life's Ups and Downs Better: Anthony Burrow Investigates the Psychology Behind This Phenomenon," Cornell Research, accessed May 16, 2022, https://research.cornell.edu/news-features/benefits-having-sense-purpose.

10. Thich Nhat Hanh, How to Fight (Berkeley, CA: Parallax Press, 2017), 87–88.

11. Kelsey Borresen, "6 Ways the Happiest Couples Change Over Time: Long, Happy

Relationships Don't Happen by Accident: They Take Work and a Willingness to Evolve," HuffPost, March 29, 2019, https://www.huffpost.com/entry/ways-happiest-couple-change-over-time_l_5c9d037de4b00837f6bbe3e2.

12. Sal Khan, "Khan Academy: Sal Khan," interview by Guy Raz, How I Built This, podcast, NPR, September 21, 2020, https://www.npr.org/2020/09/18/914394221/khan-academy-sal-khan.

13. Brigid Schulte, "Brigid Schulte: Why Time Is a Feminist Issue," Sydney Morning Herald, March 10, 2015, https://www.smh.com.au/lifestyle/health-and-wellness/brigid-schulte-why-time-is-a-feminist-issue-20150309-13zimc.html.

14. "F1 Records Drivers," F1 Fansite, accessed June 22, 2022. https://www.f1-fansite.com/f1-results/f1-records-drivers/.

15. HAO, "Lewis Hamilton: Daily Routine," Balance the Grind, April 9, 2022, https://balancethegrind.co/daily-routines/lewis-hamilton-daily-routine/; Lewis Hamilton, "Optimize Your Body for Performance," MasterClass, accessed June 22, 2022, https://www.masterclass.com/classes/lewis-hamilton-teaches-a-winning-mindset/chapters/optimize-your-body-for-performance.

16. "Seven Steps (Seven Pheras) of Hindu Wedding Ceremony Explained," Vedic Tribe, November 17, 2020, https://vedictribe.com/bhartiya-rights-rituals/seven-steps-seven-pheras-of-hindu-wedding-ceremony-explained/.

17. Claire Cain Miller, "The Motherhood Penalty vs. the Fatherhood Bonus," New York Times, September 6, 2014, https://www.nytimes.com/2014/09/07/upshot/a-child-helps-your-career-if-youre-a-man.html.

18. Khan, "Khan Academy."

19. A. P. French, Einstein: A Centenary Volume (Cambridge, MA: Harvard University Press, 1980), 32.

20. Jeremy Brown, "How to Balance Two Careers in a Marriage Without Losing Yourselves: It's Possible: You Just Have to Follow These Rules," Fatherly, January 2, 2019, https://www.fatherly.com/love-money/marriage-advice-two-career-household/.

3부 치유: 부딪치고 보듬으며 사랑을 지킨다

제6법칙 충돌을 두려워하지 마라

1. "M. Esther Harding Quotes," Citatis, accessed May 17, 2022, https://citatis.com/a229/12e75/.

2. Society for Personality and Social Psychology, "Sometimes Expressing Anger Can Help a Relationship in the Long-Term," ScienceDaily, August 2, 2012, www.sciencedaily.com/

releases/2012/08/120802133649.htm; James McNulty and V. Michelle Russell, "Forgive and Forget, or Forgive and Regret? Whether Forgiveness Leads to Less or More Offending Depends on Offender Agreeableness," Personality and Social Psychology Bulletin 42, no. 5 (March 30, 2016): 616–631, https://doi.org/10.1177/0146167216637841.

3. Verse 14.5–9 from the Bhagavad Gita, introduction and translation by Eknath Easwaran (Tomales, CA: Nilgiri Press, 2007), 224–225.

4. Verses 1.21, 28–30, from C. Bhaktivedanta Swami Prabhuppada, Bhagavad-gita As It Is (Bhaktivedanta Book Trust International), https://apps.apple.com/us/app/bhagavad-gita-as-it-is/id1080562426.

5. Sri Swami Krishnananda, "The Gospel of the Bhagavadgita—Resolution of the Fourfold Conflict," Divine Life Society, accessed May 17, 2022, https://www.dlshq.org/religions/the-gospel-of-the-bhagavadgita-resolution-of-the-fourfold-conflict/.

6. Carly Breit, "This Is the Best Way to Fight with Your Partner, According to Psychologists," Time, September 24, 2018, https://time.com/5402188/how-to-fight-healthy-partner/.

7. Art Markman, "Seeing Things from Another's Perspective Creates Empathy: Should You Literally Try to See the World from Someone Else's Perspective?" Psychology Today, June 6, 2017, https://www.psychologytoday.com/us/blog/ulterior-motives/201706/seeing-things-anothers-perspective-creates-empathy.

8. Dimensions of Body Language, "Chapter 17: Maximize the Impact of Seating Formations," Westside Toastmasters, accessed May 17, 2022, https://westsidetoastmasters.com/resources/book_of_body_language/chap17.html.

9. "Ritu Ghatourey Quotes," Goodreads, accessed May 17, 2022, https://www.goodreads.com/quotes/10327953-ten-per-cent-of-conflict-is-due-to-difference-of.

10. Phillip Lee and Diane Rudolph, Argument Addiction: Even When You Win, You Lose—Identify the True Cause of Arguments and Fix It for Good. (Bracey, VA: Lisa Hagan Books, 2019).

제7법칙 보내줄 때를 놓치지 마라

1. "Rumi Quotes," Goodreads, accessed September 5, 2022, https://www.goodreads.com/quotes/9726-your-task-is-not-to-seek-for-love-but-merely.

2. "Types of Abuse," National Domestic Violence Hotline, accessed May 18, 2022, https://www.thehotline.org/resources/types-of-abuse/.

3. Clifford Notarius and Howard Markman, We Can Work It Out: How to Solve Conflicts, Save Your Marriage, and Strengthen Your Love for Each Other (New York: TarcherPerigee, 1994).

4. "Admitting to Cheating: Exploring How Honest People Are About Their Infidelity,"

Health Testing Centers, accessed May 18, 2022, https://www.healthtestingcenters.com/research-guides/admitting-cheating/.

5. Shirley P. Glass, with Jean Coppock Staeheli, NOT "Just Friends": Rebuilding Trust and Recovering Your Sanity After Infidelity (New York: Free Press, 2003), 162–163.

6. Glass, NOT "Just Friends," 192.

7. Jim Hutt, "Infidelity Recovery—Consequences of Punishing the Cheater," Emotional Affair Journey, accessed May 18, 2022, https://www.emotionalaffair.org/infidelity-recovery-consequences-of-punishing-the-cheater/.

8. Glass, NOT "Just Friends," 5, 133.

9. Robert Taibbi, "The Appeal and the Risks of Rebound Relationships: When Every Partner Is 'The One,' Until the Next One," Psychology Today, November 14, 2014, https://www.psychologytoday.com/us/blog/fixing-families/201411/the-appeal-and-the-risks-rebound-relationships.

10. Annette Lawson, Adultery: An Analysis of Love and Betrayal (New York: Basic Books, 1988).

11. K. Aleisha Fetters, "The Vast Majority of Divorces Are Due to Inertia—and 7 More Marriage Insights from Divorce Lawyers," Prevention, February 10, 2015, https://www.prevention.com/sex/relationships/a20448701/marriage-tips-from-divorce-lawyers/.

12. "Growing Together Separately," Relationship Specialists, accessed June 22, 2022, https://www.relationshipspecialists.com/media/growing-together-separately/.

13. "Great Minds Discuss Ideas; Average Minds Discuss Events; Small Minds Discuss People," Quote Investigator, accessed May 18, 2022, https://quoteinvestigator.com/2014/11/18/great-minds/.

14. "Travel Strengthens Relationships and Ignites Romance," U.S. Travel Association, February 5, 2013, https://www.ustravel.org/research/travel-strengthens-relationships-and-ignites-romance.

15. Melissa Matthews, "How to Be Happy: Volunteer and Stay Married, New U.S. Study Shows," Yahoo! News, September 12, 2017, https://www.yahoo.com/news/happy-volunteer-stay-married-u-121002566.html?guccounter=1.

16. Charlotte Reissman, Arthur Aron, and Merlynn Bergen, "Shared Activities and Marital Satisfaction: Causal Direction and Self-Expansion Versus Boredom," Journal of Social and Personal Relationships 10 (May 1, 1993): 243–254.

17. Andrew Huberman, "The Power of Play," Huberman Lab, podcast, Scicomm Media, February 7, 2022, https://hubermanlab.com/using-play-to-rewire-and-improve-your-brain/.

18. Arthur P. Aron and Donald G. Dutton, "Some Evidence for Heightened Sexual Attraction Under Conditions of High Anxiety," Journal of Personality and Social Psychology 30, no.

주

4 (1974): 510–517.

19. Lisa Marie Bobby, Growingself.com.

20. "Marriage and Couples," Gottman Institute, accessed May 18, 2022, https://www. gottman.com/about/research/couples/.

21. Helen E. Fisher, Lucy L. Brown, Arthur Aron, Greg Strong, and Debra Mashek, "Reward, Addiction, and Emotion Regulation Systems Associated with Rejection in Love," Journal of Neurophysiology 104, no. 1 (July 1, 2010): 51–60.

22. Fisher et al., "Reward, Addiction, and Emotion Regulation Systems Associated with Rejection in Love."

23. Florence Williams, Heartbreak: A Personal and Scientific Journey (New York: Norton, 2022), 36–37.

24. "Oxytocin Bonding in Relationships—Dr. C. Sue Carter, Ph.D.—320," interview by Jayson Gaddis, The Relationship School Podcast, Relationship School, December 8, 2020, https://relationshipschool.com/podcast/oxytocin-bonding-in-relationships-dr-c-sue-carter-ph-d-320/.

25. Fisher et al., "Reward, Addiction, and Emotion Regulation Systems Associated with Rejection in Love."

26. Verses 2.17, 23-24 from C. Bhaktivedanta Swami Prabhuppada, Bhagavad-gita As It Is. (The Bhaktivedanta Book Trust International, Inc.). https://apps.apple.com/us/app/bhagavad-gita-as-it-is/id1080562426.

27. Guy Winch, "How to Fix a Broken Heart," TED2017, April 2017, https://www.ted.com/talks/guy_winch_how_to_fix_a_broken_heart.

28. Kyle J. Bourassa, Atina Manvelian, Adriel Boals, Matthias R. Mehl, and David A. Sbarra, "Tell Me a Story: The Creation of Narrative as a Mechanism of Psychological Recovery Following Marital Separation," Journal of Social and Clinical Psychology 36, no. 5 (May 24, 2017): 359–379, https://doi.org/10.1521/jscp.2017.36.5.359.

29. Brett Sears, "Scar Tissue Massage and Management," Verywell Health, April 19, 2022, https://www.verywellhealth.com/scar-tissue-massage-and-management-2696639.

30. Mark Matousek, "Releasing the Barriers to Love: An Interview with Tara Brach," Psychology Today, November 24, 2015, https://www.psychologytoday.com/us/blog/ethical-wisdom/201511/releasing-the-barriers-love-interview-tara-brach.

31. Lisa Capretto, "What Buddhist Teacher Pema Chödrön Learned After a 'Traumatizing' Divorce," HuffPost, May 6, 2015, https://www.huffpost.com/entry/pema-chodron-divorce-lesson_n_7216638.

32. Verse 3.42 from C. Bhaktivedanta Swami Prabhuppada, Bhagavad-gita As It Is (Bhaktivedanta Book Trust International), https://apps.apple.com/us/app/bhagavad-gita-as-it-is/id1080562426.

33. Christin Ross, "Christin Ross at Story District's Sucker for Love," Story District, February 14, 2020, https://www.youtube.com/watch?v=8ClCLIs3h5Q&list=PLDGn_6N3BeYprjF 0ExwvVvWU6ndzshh3d.

34. "Maya," Yogapedia, October 21, 2018, https://www.yogapedia.com/definition/4986/ maya.

35. Williams, Heartbreak, 222–223.

36. "Shambhala Sun: A Wind Through the Heart; A Conversation with Alice Walker and Sharon Salzberg on Loving Kindness in a Painful World," Alice Walker Pages, August 23, 1998, http://math.buffalo.edu/~sww/walker/wind-thru-heart.html.

4부 교감: 내 곁의 모두를 아끼며 사랑을 완성한다

1. "Karuna," Yogapedia, April 10, 2016, https://www.yogapedia.com/definition/5305/ karuna.

제8법칙 - 스치는 모든 것을 사랑하라

1. "Kabir," Poet Seers, accessed May 18, 2022, https://www.poetseers.org/the-poetseers/ kabir/.

2. Joanna Macy, World as Lover, World as Self: Courage for Global Justice and Ecological Renewal (Berkeley, CA: Parallax Press, 2007), 156.

3. "Sannyasin," Yogapedia, August 5, 2018, https://www.yogapedia.com/definition/5348/ sannyasin.

4. Marianna Pogosyan, "In Helping Others, You Help Yourself," Psychology Today, May 30, 2018, https://www.psychologytoday.com/us/blog/between-cultures/201805/in-helping-others-you-help-yourself.

5. "Anne Frank," Goodreads, accessed May 18, 2022, https://www.goodreads.com/ quotes/81804-no-one-has-ever-become-poor-by-giving.

6. Larry Dossey, "The Helper's High," Explore 14, no. 6 (November 2018): 393–399, https://doi.org/10.1016/j.explore.2018.10.003; Allan Luks with Peggy Payne, The Healing Power of Doing Good: The Health and Spiritual Benefits of Helping Others (New York: Fawcett, 1992).

7. "Sat-Chit-Ananda," Yogapedia, April 10, 2019, https://www.yogapedia.com/ definition/5838/sat-chit-ananda.

8. Sampadananda Mishra, "Two Paths: Shreyas and Preyas," Bhagavad Gita, March 14, 2018, http://bhagavadgita.org.in/Blogs/5ab0b9b75369ed21c4c74c01.

9. Jamil Zaki, "Caring About Tomorrow: Why Haven't We Stopped Climate Change? We're

Not Wired to Empathize with Our Descendents," Washington Post, August 22, 2019, https://www.washingtonpost.com/outlook/2019/08/22/caring-about-tomorrow/.

10. "Rumi Quotes," Goodreads, accessed May 18, 2022, https://www.goodreads.com/author/quotes/875661.Rumi?page=8.

11. Verse 5.18 from C. Bhaktivedanta Swami Prabhuppada, Bhagavad-gita As It Is (Bhaktivedanta Book Trust International), https://apps.apple.com/us/app/bhagavad-gita-as-it-is/id1080562426.

12. Verse 5.18 from C. Bhaktivedanta Swami Prabhuppada, Bhagavad-gita As It Is. (The Bhaktivedanta Book Trust International, Inc.). https://apps.apple.com/us/app/bhagavad-gita-as-it-is/id1080562426.

13. "Russell A. Barkley Quotes," Goodreads, accessed May 18, 2022, https://www.goodreads.com/quotes/1061120-the-children-who-need-love-the-most-will-always-ask.

14. Why We Can Only Maintain 150 Relationships," BBC, accessed May 18, 2022, https://www.bbc.com/future/article/20191001-dunbars-number-why-we-can-only-maintain-150-relationships.

15. Kevin Yip, "Recognizing Value: Blueboard's COO Explains Why Companies Send Employees Skydiving," interview by Sean Ellis and Ethan Garr, The Breakout Growth Podcast, Breakout Growth, February 22, 2022, https://breakoutgrowth.net/2022/02/22/podcast-recognizing-value-blueboards-coo-explains-why-companies-send-employees-skydiving/;Kevin Yip and Taylor Smith, "Kevin Yip & Taylor Smith—Cofounders of Blueboard—the Other Side of Success Equals Sacrifice," interview by Matt Gottesman, H&DF Magazine, April 12, 2022, https://hdfmagazine.com/podcast/ep-37-kevin-yip-taylor-smith-co-founders-blueboard-the-other-side-success-equals-sacrifice/.

16. Kristin Long, "Infographic: 49 Percent of Employees Would Change Jobs to Feel More Appreciated," Ragan, April 23, 2013, https://www.ragan.com/infographic-49-percent-of-employees-would-change-jobs-to-feel-more-appreciated/.

17. Stephanie Pappas, "Why You Should Smile at Strangers," Live Science, May 25, 2012, https://www.livescience.com/20578-social-connection-smile-strangers.html; Neil Wagner, "The Need to Feel Connected," Atlantic, February 13, 2012, https://www.theatlantic.com/health/archive/2012/02/the-need-to-feel-connected/252924/; "Being Ignored Hurts, Even by a Stranger," Association for Psychological Science, January 24, 2012, https://www.psychologicalscience.org/news/releases/being-ignored-hurts-even-by-a-stranger.html.

18. Ronald E. Riggio, "There's Magic in Your Smile," Psychology Today, June 25, 2012, https://www.psychologytoday.com/us/blog/cutting-edge-leadership/201206/there-s-magic-in-your-smile.

19. "Why Smiles (and Frowns) Are Contagious," Science News, February 11, 2016, https://www.sciencedaily.com/releases/2016/02/160211140428.htm.

20. "Volunteering Facts & Statistics," Trvst, June 11, 2021, https://www.trvst.world/charity-civil-society/volunteering-facts-statistics/#cmf-SimpleFootnoteLink1; "Volunteering in the United States—2015," Bureau of Labor Statistics, February 25, 2016, https://www.bls.gov/news.release/pdf/volun.pdf.

21. Dave Anderson, "A Short Story of Great Selflessness in 500 Words," Anderson Leadership Solutions, March 27, 2018, http://www.andersonleadershipsolutions.com/short-story-great-selflessness-500-words/; "Family of Man Who Was Pictured Being Given Boots by NYPD Cop Say They Didn't Know He Was Homeless," Daily Mail, December 2, 2012, https://www.dailymail.co.uk/news/article-2241823/Lawrence-DePrimo-Family-man-pictured-given-boots-NYPD-cop-say-didnt-know-homeless.html.

22. "Our Story," Goats of Anarchy, accessed June 22, 2022, https://www.goatsofanarchy.org/about.

23. Gertrude Prokosch Kurath, "Native American Dance," Britannica, accessed May 19, 2022, https://www.britannica.com/art/Native-American-dance/Regional-dance-styles.

24. The Tradition of Surya Namaskar," Yoga Journal, August 28, 2007, https://www.yogajournal.com/poses/here-comes-the-sun/.

25. McKenzie Perkins, "Irish Mythology: Festival and Holidays," ThoughtCo, December 29, 2019, https://www.thoughtco.com/irish-mythology-festival-and-holidays-4779917.

26. Rosen, "Sun Salutation Poses."

27. "Dr. Samer Hattar—Timing Light, Food, & Exercise for Better Sleep, Energy, and Mood," interview by Andrew Huberman, Huberman Lab, podcast, Scicomm Media, October 25, 2021, https://hubermanlab.com/dr-samer-hattar-timing-light-food-exercise-for-better-sleep-energy-mood/

28. "Dr. Samer Hattar."

찾아보기

8 RULES

OF

LOVE

옮긴이 **이지연**

서울대학교 철학과를 졸업한 후 삼성전자 기획팀, 마케팅팀에서 일했다. 현재 전문 번역가로 활동 중이다. 옮긴 책으로는 『수도자처럼 생각하기』, 『데일 카네기 인간관계론』, 『인간 본성의 법칙』, 『시작의 기술』, 『돈의 심리학』, 『제로 투 원』, 『위험한 과학책』, 『만들어진 진실』, 『매달리지 않는 삶의 즐거움』, 『평온』, 『다크 사이드』, 『포제션』 외 다수가 있다.

사랑의 8가지 법칙

너와 나, 우리를 사랑하는 이유

초판 1쇄 발행 2023년 10월 31일
초판 2쇄 발행 2023년 12월 29일

지은이 제이 셰티
옮긴이 이지연
펴낸이 김선식

부사장 김은영
콘텐츠사업2본부장 박현미
책임편집 남궁은 **디자인** 마가림 **책임마케터** 문서희
콘텐츠사업5팀장 김현아 **콘텐츠사업5팀** 마가림, 남궁은, 최현지
마케팅본부장 권장규 **마케팅1팀** 최혜령, 오서영, 문서희 **채널1팀** 박태준
미디어홍보본부장 정명찬 **브랜드관리팀** 오수미, 김은지, 이소영
뉴미디어팀 김민정, 이지은, 홍수경, 서가을, 문윤정, 이예주
크리에이티브팀 임유나, 박지수, 변승주, 김화정, 장세진, 박장미, 박주현
지식교양팀 이수인, 염아라, 석찬미, 김혜원, 백지은 **브랜드제휴팀** 안지혜
편집관리팀 조세현, 백설희 **저작권팀** 한승빈, 이슬, 윤제희
재무관리팀 하미선, 윤이경, 김재경, 이보람, 임혜정
인사총무팀 강미숙, 지석배, 김혜진, 황종원
제작관리팀 이소현, 김소영, 김진경, 최완규, 이지우, 박예찬
물류관리팀 김형기, 김선민, 주정훈, 김선진, 한유현, 전태연, 양문현, 이민운

펴낸곳 다산북스 **출판등록** 2005년 12월 23일 제313-2005-00277호
주소 경기도 파주시 회동길 490 다산북스 파주사옥
전화 02-704-1724 **팩스** 02-703-2219 **이메일** dasanbooks@dasanbooks.com
홈페이지 www.dasan.group **블로그** blog.naver.com/dasan_books
종이 스마일몬스터 **인쇄** 민언프린텍 **제본** 다온바인텍 **코팅·후가공** 평창피앤지

ISBN 979-11-306-4679-4 (03190)